CYBER CRIMINOLOGY

사이버범죄학

제 2 판

원인 / 유형 / 대책

| 이성식 지음 |

도서출판 그린

머리말

인터넷의 출현과 확산으로 사이버공간은 우리 삶에 중요한 부분이 되었다. 사이버공간은 우리에게 네트워크 및 소통의 증대와 자유로운 의사의 표현, 참여민주주의의 확산 등 많은 긍정적 측면을 제공해 왔지만 또 다른 한편으로 여러 역기능의 측면들은 우리가 해결해 나가야 할 과제로 등장했다. 사이버범죄는 그러한 역기능의 대표적인 현상이다.

사이버범죄에 대한 연구는 사이버역기능, 사이버범죄론 등 다양한 용어로 불려왔지만 오늘날 사이버범죄학으로 자리 잡기 시작했다. 사이버범죄학이란 사이버범죄를 설명하고 그 원인을 모색하기 위해 기존의 범죄학 이론과 논의들을 적용하는 학문영역이다. 범죄학자로서 저자는 그동안의 연구에서 청소년비행과 범죄의 원인 파악에 주력해 왔고 정보사회와 인터넷 시대의 사회현상에 관심을 갖는 정보사회학과에 재직하면서부터 그 이후부터는 온라인 사이버공간에서의 비행과 범죄에 대한 연구에 보다 관심을 가져왔다. 경험적 조사연구를 통한 범죄이론들의 검증과 원인연구에 관심을 가져왔던 저자는 사이버범죄의 원인을 파악하기 위해 기존 이론들을 하나씩 혹은 복합적으로 검증해 왔다. 새로운 이론의 모색 등 아직 해야 할 연구가 많지만 이 책은 그동안의 강의내용과 연구결과들을 정리하고 있다.

사이버범죄의 분야는 사회학, 심리학, 그 외 사회과학, 법학, 그리고 이공계 보안학과 등에서 관심을 갖는 복합학문이라 할 수 있다. 법학전공자들이 사이버범죄에 대응하기 위한 법에 대한 요건이나 해석, 그리고 대책부분에 많은 부분을, 그리고 이공계 분야에서는 해킹 등에 있어서 기술적 해결과 방어, 보안에 관심을 가져왔다면 사회과학자들은 주로 그 현상과 원인에 대한 이해에 주목해왔는데, 범죄사회학자로서 저자는 사이버범죄의 원인 파악에 무엇보다도 관심을 가져왔고 이 책도 그 부분에 주안점을 두기로 한다. 이 책은 저자의 그동안의 연구결과 및 최근까지의 이 주제에 대한 국내외 연구결과들도 담고 있다.

이 책은 지난 2011년에 출간한 사이버범죄학의 개정판이다. 이 책은 크게 네 부분으로 나뉘고 총 열 장으로 구성되어 있다. 제1부는 사이버범죄의 기초에 대한 부분으로, 제1장은 사이버범죄의 정의와 유형, 사이버범죄의 특성, 그리고 대책의 개괄적이고도 기초적인 부분을 다룬다. 아울러 제2부에서는 사이버범죄의 원인부분으로 그동안의 주요 범죄학이론들을 사이버범죄에 적용해 왔던 연구결과들을 정리하는데, 그 이론으로부터의 주요 요인들을 크게 환경요인, 기회요인, 개인요인으로 구분한다. 제2장에서는 환경요인으로 기존의 주요 범죄학이론들로 긴장이론, 차별접촉/사회학습이론, 사회통제이론, 하위문화 및 집합효율성이론, 중화이론에서 다루는 요인들과 논의를, 제3장에서는 기회요인으로 억제이론과 범죄기회이론에 기초한 요인들과 익명성의 영향에 관한 논의를, 제4장에서는 개인요인으로 일반이론에서의 낮은 자기통제력과 새로운 논의로서 사이버자아에 대한 논의를 다룬다. 아울러 제5장에서는 사이버범죄의 원인을 보다 포괄적이고 통합적으로 다루려는 시도들로 통합논의들을 다룬다.

제3부는 사이버범죄를 유형별로 구분하고 그 주요 범죄들에 대해 구체적으로 살펴보는 각론에 해당된다. 여기서는 사이버범죄를 사이버폭력형범죄, 불법콘텐츠범죄, 정보통신망이용재산범죄, 신종침해형범죄로 구분해 보기로 하는데, 제6장에서는 사이버폭력형범죄로 사이버폭력, 사이버성희롱, 사이버스토킹을, 제7장 불법콘텐츠범죄에서는 인터넷음란물, 인터넷성매매, 인터넷도박을, 제8장 정보통신망이용재산범죄에서는 인터넷사기, 저작권침해를, 그리고 제9장 신종침해형범죄에서는 해킹과 악성코드 문제를 다룰 것이다. 각 장에서는 정의와 유형, 특성, 실태, 원인, 대책 부분으로 나누어 기존 논의들을 정리하였다.

마지막으로 제4부에서는 사이버범죄에 대한 대응책에 대해 살펴본다. 여기에는 제10장으로 하나의 장이 있는데, 사이버범죄에 대처하기 위한 정부규제와 자율규제 논의, 정부, 인터넷서비스제공자, 그리고 시민의 역할을 살펴본다. 또 앞서 제3부에서 제시했던 사이버범죄유형별로 그 대책이 다소 차별적일 필요가 있는지를, 그리고 전체적으로는 법, 기술적 대책보다 사이버문화환경의 개선과 윤리교육의 중요성을 강조한다.

아직 더 많은 연구를 해야 하는 입장에서 앞으로도 꾸준히 관심을 갖고 연구하겠지만 아무쪼록 이 책이 후학들에게 도움이 되었으면 한다. 이 책이 나오기까지 주위에 도와주신 여러분들이 있어 그 분들께 감사의 말씀을 전한다. 주위에 늘 좋은 분들이 있어 편안하게 연구하고 글을 쓸 수 있었던 것을 감사하게 생각한다. 마지막으로 이 책의 출판을 허락해주신 출판사 사장님과 관계자분에게도 감사의 말씀을 전한다.

2017년 저자 **이성식**

목 차

제1부 사이버범죄 기초

제 1 장 사이버범죄의 개괄 / 13

제2부 사이버범죄의 원인론

제 2 장 환경요인 / 29

제 5 장 통합논의 / 70

제 3 부 사이버범죄 유형별 고찰

제 6 장 사이버폭력형범죄 / 83

제 1 부

사이버범죄 기초

Cyber Criminology

Cyber Criminology

제1장 사이버범죄의 개괄

제 1 절 사이버범죄의 정의, 유형과 특성

1. 사이버범죄의 정의

정보화의 진전과 더불어 컴퓨터와 인터넷의 사용이 급속히 증가하고 있는 가운데 사이버공간에서는 각종 역기능적 범죄현상이 일어나고 있다. 사이버범죄는 사이버공간에서 나타나는 제반 법위반의 행위라고 포괄적으로 말할 수 있지만 아직 명확하게 정의된 바는 없다. 기존에는 컴퓨터범죄라는 용어가 일반적으로 사용되어 왔는데, 여기에는 컴퓨터운영의 장애를 일으키는 컴퓨터파괴나 컴퓨터내 자료의 부정조작, 컴퓨터스파이 등이 대표적인 형태였다. 이는 인터넷이 도래하기 전으로, 주로 개인 컴퓨터나 기업 혹은 정부의 내부 전산망에 대한 범죄였다. 그러나 1990년대부터 인터넷의 확장으로 말미암아 단순히 컴퓨터에 국한하기보다는 유무선 네트워크상에서 일어나는 소위 인터넷상의 범죄가 등장하고 확대되기에 이르렀다. 이에 컴퓨터범죄라는 용어보다는 인터넷 혹은 사이버범죄라는 용어가 많은 문헌과 보도기사에서 사용되고 있고, 오늘날 일반적으로는 사이버범죄라는 용어가 가장 많이 쓰인다.

McQuade(2006)는 컴퓨터범죄, 컴퓨터관련범죄, 그리고 사이버범죄를 구분하고 있는데, 컴퓨터범죄는 "범죄를 수행함에 있어 하나 혹은 그 이상의 컴퓨터 사용이 요구되는 행위"로 정의하고, 컴퓨터관련범죄는 "범죄를 수행함에 있어서 하나 혹은 그 이상의 컴퓨터가 도움이 되나 반드시 필요한 것은 아닌 행위"로 정의하며, 사이버범죄는 "불법행위를 수행함에 있어 네트워크나 인터넷과 같은 정보시스템을 통한 컴퓨터 혹은 그밖의 IT기기를 사용하는 범죄"로 정의했다. 이렇듯 사이버범죄는 주로 "인터넷과 같은 정보통신망을 매개로 하여 일어나는 범죄행위"로 정의되며, 이때 사이버범죄는 인터넷범죄라고도 볼 수 있다. 그리고 실제로 인터넷을 매개로 일어나는 범죄가 점차 더 확대되고 있다.

하지만 인터넷범죄라고 할 때 이는 인터넷을 매개로 하지 않는 범죄를 포함하지는 못한다는 점에서, 혹자는 컴퓨터범죄라는 용어가 보다 광의의 개념이며, 따라서 인터넷범죄보다는 컴퓨터범죄를 사용하는 것이 적절하다는 주장도 있다(오영근, 2003). 그러나 컴퓨터범죄는 인터넷 정보통신망이 없던 때의 전통적인 컴퓨터범죄에 국한하는 것이 통례이고, 또한 사이버공간에서의 대부분의 많은 범죄가 인터넷사용을 수반하고 있음에도 그렇다고 모든 범죄가 반드시 인터넷을 매개로 하는 것은 아닌 점에서 인터넷범죄라고 부르기는 어렵다고 볼 때 그보다 포괄적인 적절한 의미에서 사이버범죄가 일반적으로 사용되는 용어이다. 즉 사이버범죄는 좁은 의미에서 보면 인터넷과 같은 정보통신망을 매개로 일어나는 범죄로 정의내릴 수 있으며, 이때 사이버범죄는 인터넷범죄라고도 볼 수 있지만 인터넷범죄라는 용어는 인터넷을 매개로 하지 않는 범죄를 포괄하지 못한다는 점에서 통상 사이버범죄라는 용어를 사용한다.

이처럼 사이버범죄는 기존의 컴퓨터범죄를 포함하여 사이버공간에서 행해지는 모든 유형의 범죄를 포괄한다(강동범, 2000). 그러나 사이버범죄를 명확히 구체적으로 정의하지는 않고 보통 "컴퓨터를 포함하여 사이버공간에서 행하여지는 모든 범죄현상"으로 포괄적으로 정의내리는 것이 일반적이다(Thomas and Loader, 2000; 정완, 2009). 그것은 사이버범죄가 국가를 초월하는 초국가적 특성이 있어 국가간에 보편적으로 적용할 수 있는 보다 포괄적인 정의가 필요하기 때문이기도 하다.

2. 사이버범죄의 유형

1) 컴퓨터대상범죄와 컴퓨터이용범죄

이 분류는 초창기의 논의로, 컴퓨터자체가 범행의 대상이 되느냐 아니면 컴퓨터 혹은 인터넷이 범행에 이용되느냐에 따라 나누는 방법이다(Duff and Gardiner, 1996; Barrett, 1997). 예컨대 해킹을 통한 컴퓨터내의 자료변조나 파괴, 바이러스유포와 같은 범죄는 컴퓨터자체가 대상이 되는 범죄에 해당되며, 사이버명예훼손, 인터넷사기, 인터넷도박과 같은 범죄는 컴퓨터를 이용하는 컴퓨터이용범죄에 해당된다고 하겠다.

2) 전통범죄와 신종범죄

이 분류는 여러 방법 중에서도 가장 대표적인 분류방식으로, 사이버범죄를 사이버공간에서 일어나지만 이미 전통적으로 있어 왔던 범죄와 사이버공간에서 새롭게 나타나고 있는 범죄로 나누는 방법이다(김종섭, 2000; 원혜욱, 2000). 예를 들어 사이버명예훼손, 인터넷사기, 인터넷도박 등은 전통범죄에 해당되며, 해킹, 바이러스유포 등은 신종범죄에 해당된다고 할 수 있다. 전통범죄는 전통적으로 있어 왔던 범죄를 컴퓨터로 이용한다는 점에서 앞서 분류에서의 컴퓨터이용범죄에 해당되며, 신종범죄는 컴퓨터대상범죄와 가깝다. 이처럼 이 분류는 앞서 첫 번째 분류와 유사하다고 볼 수 있다. 그러나 전통범죄는 그 안에서 다양한 유형이 있음에도 그것을 하나의 전통형 범죄로 단순화했다는 문제가 있고, 또 아무리 전통적으로 있어 왔더라도 사이버공간상에 일어나게 되는 경우 그 특성이 달라지고 사이버상의 새로운 신종범죄와 크게 다르지 않을 수 있다는 점에서 그 구분이 적절치 않을 수 있다는 지적이 있다.

3) 정보통신보호범죄와 정보통신내용범죄

사이버범죄는 정보통신보호범죄와 정보통신내용범죄로 구분되기도 한다(백광훈, 2001). 전자에는 정보를 위협하는 범죄로, 해킹, 바이러스유포, 저작권침해, 아이디도용 등이 해당되며, 후자는 정보의 내용이 사회질서를 위협하는 범죄로, 사이버성희롱, 스토킹, 명예훼손, 인터넷사기, 인터넷도박, 음란사이트 및 반사회적 유해사이트 운영 등이 해당된다. 이 경우 앞서 전통범죄와 신종범죄를 구분하지 않은 단점이 있지만 나름대로 좋은 분류의 시도로 평가받는다.

4) 해킹관련 여부에 따른 분류

사이버범죄를 해킹기술을 통해 행하여졌는지의 여부로 나누는 방식이 있다(조병인 외, 2000). 사이버테러나 개인정보유출은 해킹을 통해 이루어지는 범죄이지만, 사이버명예훼손 등은 해킹과 큰 관련이 없는 범죄다. 하지만 인터넷사기의 경우 해킹과 관련이 없기도 하고 해킹을 통해 일어나기도 하는 등 그 기준을 통해 명확히 구분할 수 없는 단점이 있다.

5) 폭력여부에 따른 분류

사이버범죄에 관한 대표적 책자의 하나인 Shinder와 Titttel(2002)의 저서에서는 그것을 폭력을 기준으로 폭력범죄, 비폭력범죄, 기타범죄로 세 유형으로 나누었다. 폭력범죄에는 사이버테러, 스토킹, 아동포르노그래피가 해당되고, 비폭력범죄에는 사이버절도, 저작권침해, 인터넷사기, 그리고 해킹과 바이러스유포를 포함시키고, 기타범죄는 사이버성매매, 인터넷도박, 마약거래 등이 해당된다고 했다. 하지만 아동포르노그래피가 비록 중범죄인 폭력범죄이긴 하지만 음란물관련범죄이기도 하여 다소 불분명하고, 비폭력범죄는 폭력범죄와 대비되는 재산상의 피해를 입히는 재산형범죄가 주를 이루지만 재산형범죄와 신종범죄가 함께 포함된다는 점에서 자연스럽지 못하며, 또한 기타범죄는 사회질서관련 범죄를 포함하는듯 하지만 불분명한 명칭을 사용하듯이 여러 단점을 지닌다.

6) 기능별 분류

주리애와 권석만(2001)은 인터넷의 여러 기능을 중심으로 사이버범죄를 크게 셋으로 나누었는데, 정보제공기능, 의사소통기능, 오락기능상의 범죄가 그것이다. 정보제공기능상의 범죄로는 개인정보유출이나 유해정보가 해당되고, 의사소통기능상으로는 사이버성폭력과 언어폭력이, 그리고 오락기능상 범죄로는 인터넷도박과 인터넷중독이 포함된다고 하였다. 이 경우 인터넷 기능을 중심으로 구분한다는 점에서 새롭지만 해킹이나 인터넷사기와 같은 여러 범죄들을 포함하지 못하고, 또한 오락게임상의 언어폭력의 경우는 어느 유형에 해당되는지 모호한 단점이 있다.

7) 피해대상별 분류

사이버범죄 분류에는 범죄피해자가 누구인지를 중심으로 나누는 방식이 있다. Dubey(2004)는 피해대상이 개인, 조직, 사회전체인가에 따라 셋으로 나누었는데, 피해대상이 개인인 경우는 피해가 개인자체인지 개인재산인지로 구분하여, 전자는 사이버폭력, 명예훼손, 스토킹이, 후자는 컴퓨터파괴, 바이러스유포, 저작권침해, 사이버절도가 해당된다고 하였다. 피해대상이 조직인 경우는 피해대상이 일반기업인 경우 해적판 소프트웨어유포가, 정부인 경우는 사이버테러가 해당되며, 피해대상이 사회전체인 경우는 음란물, 도박사이트, 마약거래 등 불건전 혹은 불법사이트를 예로 들고 있다.

8) Wall의 분류

외국의 연구에서 사이버범죄를 분류할 때 가장 많이 언급되는 것은 Wall의 논의이다. Wall은 사이버공간상의 범죄를 폭력범죄(사이버폭력 등), 사기/절도범죄(인터넷사기, 절도, 도박 등), 음란물범죄(음란물유통)로 나누고 그리고 사이버공간상에 새롭게 나타난 해킹이나 사이버테러 등의 침해형 범죄를 추가하여 네 가지 형태로 분류하였다. 이러한 분류는 앞서 전통형과 신종형으로 나눈 방식보다도 좀 더 세분화한 장점을 지닌다. 즉 전통형인 사이버범죄를 폭력, 사기/절도, 음란물범죄로 세분화하면서, 아울러 신종형 범죄를 침해형 범죄로 다루고 있다. 또한 흔히 기존의 범죄를 폭력범죄, 재산범죄, 성범죄 등으로 구분하는데, 첫 번째가 폭력범죄, 두 번째 사기/절도가 재산범죄, 그리고 음란물범죄가 성관련범죄와 연관된다면 이는 기존 전통범죄 분류를 적절히 따른 방식이라고 할 수 있다.

9) 최근의 Wall의 분류

이후에 Wall(2007)은 사이버범죄를 컴퓨터내용범죄, 컴퓨터이용범죄, 컴퓨터전형범죄로 세 유형으로 나누었다. 컴퓨터내용범죄는 내용적으로 불법인 폭력이나 음란물관련범죄가, 컴퓨터이용범죄는 컴퓨터를 이용하여 재산상의 이득을 꾀하는 사기, 절도나 저작권침해 등의 범죄가, 그리고 컴퓨터전형범죄는 전형적인 컴퓨터범죄로 컴퓨터 네트워크를 해치는 해킹, 바이러스유포 등의 행위가 해당된다고 보았다. 이러한 분류는 전통범죄를 컴퓨터내용범죄와 컴퓨터이용범죄로 나누고, 신종범죄를 컴퓨터전형범죄로 본 것이고, 앞서 Wall(2001)이 제시한 폭력범죄와 성관련범죄를 컴퓨터내용범죄로, 재산범죄를 컴퓨터이용범죄로, 침해형 범죄를 컴퓨터전형범죄로 재구성한 것이라 볼 수 있다. 하지만 실제로 컴퓨터내용범죄의 폭력이나 명예훼손 등은 컴퓨터를 보조로 이용하는 경우가 있는 것을 보면 과연 컴퓨터내용범죄와 컴퓨터이용범죄라는 명칭이 상호배타적인지의 문제가 있고, 컴퓨터를 이용하는 컴퓨터이용범죄가 대부분 재산범죄만을 포함하고 있는 것을 보면 오히려 앞서 분류에서처럼 재산상의 범죄라는 명칭이 오히려 적합할 수도 있을 것이다. 국내에서 이성식(2011c)은 이와 유사하게 세 가지 분류로서 사이버내용범죄, 사이버이용재산범죄, 신종전형범죄로 분류한 바 있다.

10) 국내 경찰청 사이버안전국의 분류

국내 대표기관으로 2014년도에 출범한 경찰청 사이버안전국에서는 사이버범죄를 크게 세 가지 유형으로 불법콘텐츠범죄, 정보통신망이용범죄, 그리고 정보통신망침해범죄로 구분하고 있다. 불법콘텐츠범죄는 Wall의 분류상 컴퓨터내용범죄에 해당하는 것으로, 사이버모욕이나 명예훼손, 스토킹 등의 사이버폭력이외에 그 내용이 사회질서를 위협하는 인터넷음란물과 도박 등이 포함된다. 정보통신망이용범죄는 정보통신망을 이용하여 재산상의 이득을 꾀하는 범죄로, 인터넷사기, 금융사기, 그리고 스팸메일 등을 포함시킨다. 그리고 정보통신망침해범죄로는 사이버범죄의 대표적 범죄라 할 수 있는 해킹과 악성코드 등의 소위 신종범죄를 포함한다. 이러한 분류는 경찰청 사이버안전국의 전신으로 기존 사이버테러대응센터가 사용했던 일반사이버범죄와 사이버테러형범죄의 분류로서 전통범죄와 신종범죄의 분류를 세분화한 것으로서, Wall의 최근 분류방식과도 크게 다르지 않으며 앞서 이성식(2011c)의 사이버내용범죄, 사이버이용재산범죄, 신종전형범죄의 분류와도 유사하다.

11) 이 책에서의 분류

이 책에서는 최근의 Wall의 분류를 기초로 하면서 좀 더 세분화한 네 가지 유형의 분류를 제시하기로 한다. 사이버폭력형범죄, 불법콘텐츠범죄, 정보통신망이용재산형범죄, 신종침해형범죄가 그것이다. 사이버폭력형범죄는 사이버폭력 이외에 사이버성희롱과 사이버스토킹을, 불법콘텐츠범죄로는 인터넷음란물과 인터넷성매매, 그리고 인터넷도박 등 주로 불건전 혹은 불법사이트 이용과 관련된 범죄를 말한다. 정보통신망이용재산형범죄는 재산상의 이득을 주 목적으로 하는 범죄로 인터넷사기와 저작권침해가 해당된다. 신종침해형범죄는 대표적 신종범죄로 해킹과 악성코드가 포함된다. 이 분류가 Wall의 컴퓨터내용범죄, 컴퓨터이용범죄, 컴퓨터전형범죄의 분류와 다른 점은 컴퓨터내용범죄를 개인의 인격을 침해하는 폭력형과 사회질서를 위협하는 불법콘텐츠형으로 구분했다는 점이다. 여기서 불법콘텐츠형의 경우 그것을 운영하는 자와 그것을 이용하는 자로 구분하는 것이 적절하지만 여기서는 우선은 함께 다루면서 각기 논의하기로 한다. 그리고 앞서 지적한대로 컴퓨터이용범죄보다는 그것을 정보통신망이용재산형범죄라고 하여 재산범죄의 명칭을 사용하며, 컴퓨터전형범죄는 신종이라는 용어를 추가하여 앞서 전통범죄와 구분하며 아울러 침해형이라는 명칭을 사용하기로 한다.

3. 사이버범죄의 특성

1) 비대면/익명성

아마도 사이버범죄를 얘기할 때 그 특성으로 가장 많이 언급되는 것은 비대면/익명성일 것이다. 사이버범죄는 서로 얼굴을 마주하지 않는 탈육체의 비대면성을 특징으로 한다. 상대와 비대면의 상황에서는 상대의 존재를 덜 의식하고 덜 친밀하게 인식하며, 자기중심적이 됨으로써 우회적 표현보다는 직설적이고 노골적인 표현을 할 가능성이 높다(Sproull and Kiesler, 1986). 또한 비대면의 상황에서는 상대피해를 덜 인식하게 되어, 죄책감 없이 대담하게 행동하게 된다.

익명성은 사이버공간에서 자신이 누구인지 밝히지 않음으로써 서로가 누구인지 모르는 상태에 있는 것을 말한다. 익명의 바다로 불리는 인터넷의 특성은 자유로운 의사표현을 가능하게 하지만 또 다른 한편으로는 자신이 드러나지 않음으로 인해 남의 시선을 신경쓸 필요도 없고, 또 평소에는 해서는 안 된다고 생각하는 것도 탈억제되어 욕구와 충동을 자제하지 못하고 반규범적인 행동을 하게 된다(Kiesler et al., 1984). 또한 자신이 노출되지 않음으로 인해, 발각의 염려가 적어 더욱 대담하게 행동할 수 있다.

사이버공간에서는 이러한 비대면성과 익명성으로 인하여 오프라인 현실의 경우보다 범죄의 가능성이 더 높다고 볼 수 있다.

2) 용이/광역/개방성

사이버범죄는 범죄를 저지르기가 용이하다. 사이버범죄는 육체적으로 힘들이지 않고 손쉽게 앉은 자리에서 한 번의 클릭으로 범죄를 저지르게 된다. 또한 사이버공간에는 누구나 언제 어디서든지 접근이 가능하기 때문에 사이버범죄는 시간과 공간의 제약을 받지 않고 24시간 내내 세계 어느 곳에서도 지리적 제약 없이 항시 가능하다. 이러한 범죄의 용이성은 사이버범죄를 더 촉진할 수 있다.

또한 사이버범죄의 피해는 빠른 전파력으로 광역적으로 펼쳐지며, 또한 그 피해는 엄청난 규모로 발생한다고 할 수 있다. 사이버명예훼손의 경우에서와 같이 한 사람의 개인정보나 사진 등이 게시판에 올려짐으로 해서 일정 사실이 알려지고, 또 많은 사람으로부터 공격을 받게 된다면 그 개인의 정신적인 피해는 상당하다고 볼 수 있다. 인터넷사기의 경우를 보더라도 사이버범죄는 간단한 조작으로 많은 사람을 대상으로 재산상의 피해를 입히게 된다.

사이버범죄는 국내 스팸메일이 외국에 보내지고, 또 외국의 해커가 국내에 침입하고, 외국의 음란물이 전송되듯이 국경과 공간에 제약이 없이 일어난다는 개방성 및 국제성이 또 다른 특징이기도 하다. 이러한 점은 사이버범죄에 있어서 국제적 협력과 공조가 필요하다는 이유가 된다.

3) 탈규범/놀이성

사이버공간은 현실을 뛰어 넘는 가상공간이라고 일컫는다. 즉 사이버공간은 현실에 구속되지 않는 미지의 세계이며 자신이 원하는 바를 실현할 수 있는 초현실적 공간이라는 인식이 높다. 따라서 사이버공간에서 상호작용을 하는 것도 게임하듯 현실과 다른 가상의 세계에서의 상호작용이라 생각하게 되고, 자신의 행위가 실제가 아닌 가상적 행동이라 믿게 된다. 이럴 경우 현실의 규범에 얽매이지 않게 되고 자신의 행위에 책임을 지지 않으며, 사이버범죄를 죄책감 없이 저지르게 될 위험이 높다(Williams, 2006).

사이버공간에는 국경이 없고 또 다양한 주체들이 참여하기 때문에 보편적인 가치규범이 존재하기 어렵다. 또한 사이버공간은 현실을 뛰어넘는 가상공간이며, 현실의 모든 규제로부터 자유롭다는 인식이 있다. 이러한 면이 사이버공간을 혼란스럽고 무질서하게 하는 원인이 되며, 실제로 구성원들도 일정한 기준이 없이 행동한다. 오히려 사이버공간에서 욕설이나 성희롱, 그밖의 범죄행위가 뭐 당연한 것 아니냐는 문화가 존재하고 있기까지 하다. 이러한 가치규범의 부재 속에서는 행동이 내외적으로 통제되지 못하는 경우가 생긴다.

이러한 가운데 사이버범죄는 일종의 놀이로 인식하는 경우가 많다. 이것은 어느 정도 건전한 사이버문화의 조성이 부족하고, 또 사이버범죄를 용인하기 때문인 것이기도 한데, 사이버범죄는 그러한 가운데 소위 재미삼아 호기심에서 저지르는 경우가 많다. 청소년들의 음란물접촉이나 사이버성희롱도 재미삼아 하는 것이고, 해킹도 호기심의 발동으로 저지르는 경우가 많다.

4) 전문/기술성

사이버범죄는 해킹, 바이러스 프로그램의 제작 등 일정 기술 이상의 전문적인 지식과 기술을 요하는 경우가 많다. 이렇듯 사이버범죄는 하층의 범죄가 아니라 중상층의 범죄행위이며, 전문/기술성을 요하기 때문에 수사기관에서도 전문수사관을 양성하고 활용하기도 한다. 그러나 사이버언어폭력 등은 일정 기술을 요하는 것은 아니며 그밖에 여러 인터넷기반의 범죄행위는 기초적인 기술을 갖고 간단한 조작만으로도 범죄를 할 수 있어 반드시 전문/기술성이 그 특징이 된다고 볼 수는 없다.

5) 암수성

사이버범죄는 비대면성과 익명성으로 인해 발각될 가능성이 낮다. 또한 해외에 서버를 두거나 고도의 전문성을 갖는 사이버범죄를 적발하기란 쉽지 않다. 또 피해를 당했다 하더라도 그것은 신체상의 피해가 적고, 또 소액의 재산상의 피해의 경우 그것을 신고하는 경우가 드물다. 해킹처럼 자신의 피해를 인지하지 못하는 경우도 있다. 따라서 공식통계 등에서 제시되는 사이버범죄의 집계는 실제 일어나는 사이버범죄의 극히 일부분이라고 할 수 있으며, 알려진 것보다 그 피해발생의 양상은 더 크다고 할 수 있다.

제 2 절 사이버범죄의 대책

1. 법/제도적 대처

법/제도적 대책은 법과 처벌, 제도의 정비와 같이 정부를 중심으로 하는 대책이다. 이는 법과 처벌규정이 있어야 처벌이 가능하다는 죄형법정주의에 따라 새롭게 나타나는 범죄에 대비하기 위해 새롭게 법과 처벌규정을 제정하는 등의 법 정비를 주 내용으로 한다.

우리나라는 1992년부터 컴퓨터범죄에 관한 규정을 두었고, 1995년 개정형법에서 보다 많은 관련규정을 두었으나 이후 인터넷을 통한 범죄의 심각성으로 특별법을 통해 컴퓨터/인터넷범죄에 대한 규정을 두게 되었는데, 정보통신망이용촉진 및 정보보호 등에 관한 법률이 대표적이라 할 수 있다. 법제정이외에 법집행과 관련해서 경찰은 1995년 해커수사대를 발족했고, 1997년 컴퓨터범죄수사대로 확대했고, 1999년 사이버범죄수사대, 그리고 2000년도에는 사이버테러대응센터를 조직하여 전문인력을 활용한 24시간 수사체제의 확충을 통해 각종 사건을 파악하고, 사이버범죄자를 신속히 단속, 검거하는 활동을 벌이고 있다. 그리고 최근 2014년도에는 사이버안전국으로 개편하였다.

그러나 정부가 사이버공간에서 발생하는 범죄에 처벌조항을 새롭게 신설하고 또 수사의 전문화를 통해 대처하고는 있지만 나날이 새로운 양상을 띄는 범죄에 신속히 대처하는 데는 한계가 있다. 그중 한 예로 음란사이트나 도박사이트의 경우 서버가 외국에 설치되어 있기 때문에 국가형벌권이 미치지 못하는 문제가 있다. 그러한 점에서 사이버범죄를 논할 때 국내법만으로는 한계가 있고 국제적 협조체제를 구축해야 한다는 주장이 있다.

물론 법과 처벌규정, 전문인력 확보, 그리고 신속한 검거활동은 사전에 범죄의지를 막는 데 도움이 될 수 있겠지만 이러한 사법적 대책은 주로 사후대책에 초점을 둔다는 점에서 예방적 측면에는 한계가 있다고 할 수 있어 효과적 대책이라고 보기는 어렵다.

아울러 국가에 의한 통제는 표현의 자유나 사생활침해 등 개인의 법익과 충돌하는 경우가 적지 않다. 기존의 일방향 매체와 달리 인터넷의 쌍방향 커뮤니케이션의 특성에서는 하나의 잣대에 의해서가 아니라 다양한 가치가 존중되어야 하는데, 국가에 의한 통제는 그것을 저해할 수 있다는 우려가 높다. 인터넷실명제와 같은 정부제도를 통해 사이버범죄를 해결하려는 것도 법/제도적 대처의 예라고 볼 수 있는데, 그러나 이러한 제도 역시 표현의 자유 등과 충돌한다는 지적이 있다.

2. 기술/상황적 대처

기술적 대처는 기술을 개발함으로써 범죄의 기회를 사전에 차단하자는 상황차단의 전략에 근거한다. 해킹이나 바이러스, 개인정보침해의 경우 방화벽이나 침입탐지시스템을 설치한다든지, 백신프로그램을 설치, 업데이트하여 바이러스의 침투를 막는 것, 그리고 스팸메일방지 프로그램이나 음란물차단 프로그램을 설치하는 것 등은 그 예에 해당한다.

기술적 대처는 정부보다는 민간부분을 중심으로 자율에 맡기고, 또 첨단 기술을 활용하여 사이버범죄를 차단하려는 것에 주목한다. 첨단기술의 사용이라는 점에서 이와 관련한 서비스를 제공하는 기업이 등장하고 있기도 하다. 이는 사뭇 기존 범죄의 경우에 있어서도 CCTV나 여러 기술적 차단은 민간경비의 범죄기회 차단대책과도 연관성이 높다. 이와 같은 대처는 정부나 법보다는 인터넷사업자 등의 역할이 중요하다 할 수 있다.

하지만 기술적 조치는 한계가 있는데 해커나 음란사이트 운영자 등은 더 나은 기술로 그 차단을 극복해 낼 것이기 때문이다. 이에 더 나은 기술개발로 대응이 가능하나 그에 드는 비용은 크다. 또 동기화된 범죄자는 기술차단이 있을시 대상을 바꾸어 다른 상대에 범죄를 시도할 것이라는 점에서 궁극적인 대처방안이 되지 못한다는 지적이 있다. 더구나 해킹과 같은 기술을 요하는 범죄의 경우는 몰라도 사이버언어폭력이나 성희롱과 같은 범죄를 기술적으로 해결할 수 있을지는 의문이 있다.

3. 사회문화/윤리적 대처

인터넷공간의 문화는 악성댓글이 거리낌 없이 이루어지고 있고, 음란물, 각종 게임과 도박의 공간으로 인식되듯이 인터넷하면 불건전한 것을 떠올리게 된다. 이는 인터넷공간이 현실과 다른 곳이기에 어느 정도 불법이 허용될 수 있다는 인식이 있고 올바른 문화가 정착되기 이전에 인터넷의 사용이 급팽창하여 건전한 문화가 자리잡지 못한 것에 기인한다.

그러한 점에서 사이버범죄를 해결하기 위해서는 어떠한 대처보다도 인터넷문화를 바로 잡는 노력이 가장 먼저 요구된다. 그러한 문화의 조성에는 정부나 인터넷사업자의 역할도 어느 정도 중요하지만 네티즌들이 중심이 되어 자발적인 참여를 통해 건전한 사이버환경을 조성하여야 한다는 것이 강조된다. 더구나 사이버범죄나 불건전정보의 유통을 정부나 경찰이 모두 적발한다는 것은 불가능하기 때문에 시민들이 자율적인 모니터링에 적극 참여하고 신고하는 활동은 매우 중요하다. 그렇지만 그러한 활동이 활성화되기 위해 보다 우선적인 일은 시민들이 사이버범죄의 심각성을 인식하고 스스로 참여를 통해 인터넷을 지키겠다는 의식이 있어야 할 것이다. 그러한 인식이 없이 시민활동에 참여하지는 않을 것이기 때문이다. 따라서 적극적인 홍보와 교육, 시민들의 참여문화 조성이 사이버범죄의 예방에 무엇보다도 중요하다고 하겠다.

인터넷사용의 건전한 문화가 정착되기 위해서는 사이버문화운동도 중요하지만 네티즌들에게 인터넷사용에 올바른 의식을 갖고 바르게 사용할 수 있도록 하는 체계적인 윤리 및 예절교육이 필요하다. 사이버범죄를 얘기할 때 윤리교육이 많이 언급되고 강조되는 것이 이 때문이다. 그러한 교육은 어려서부터 이루어져야 하고 따라서 학교에서 인터넷윤리교육이 체계적으로 이루어져야 한다는 주장이 제기되고 있다.

제2부

사이버범죄의 원인론

Cyber Criminology

Cyber Criminology

제2장 환경요인

제1절 일상긴장

1. 주요 이론과 기존 연구

Merton(1938)의 아노미이론은 당시 미국사회의 높은 범죄율과 하위계층의 범죄를 설명하려고 했다. Merton은 그의 이론에서 하층들이 겪는 구조적 문제를 지적했다. 그에 따르면 하층사람들은 문화적 목표와 성공에 필요한 합법적인 수단이나 기회의 제약으로 좌절하게 되고 그 대처방식으로 범죄를 선택한다고 보았다. 그러한 주장은 거시수준에서도 연구가 진행됐지만 개인의 긴장과 좌절에 주목한 긴장이론가들에 의해 연구되었다. 하지만 긴장이론은 큰 지지를 받지 못했다. 기존 연구들에 따르면 하층이 더 범죄를 저지르는 것은 아니라는 결과를 제시했으며 하층들이 겪는 구조적 긴장의 영향력도 미약한 것으로 나타났다.

이후 긴장이론가들은 하층이외에 중산층의 비행과 범죄도 설명해야 했기 때문에 구조적 한계로 느끼는 성공에서의 좌절보다는 계층과 무관한 일상목표에서의 긴장과 좌절을 범죄의 원인으로 다루기 시작했다. 즉 청소년비행의 연구를 예로 들면 부모로부터 인정받고 부모와 좋은 관계를 유지하며, 학교에서는 좋은 성적을 거두며, 친구들 사이에서는 인기가 있기를 바라는 등의 일상목표를 달성하지 못했을 때 긴장을 경험하며 그것이 비행의 주요 원인이 될 것이라고 보았다(Agnew, 1984). 즉 이러한 수정된 논의에서는 부모와의 갈등, 학업성적의 부진, 친구와의 다툼, 이성친구와의 이별 등 일상생활에서의 긴장이 비행의 주요 원인이 된다고 주장했고, 이러한 논의는 1990년대에 들어 Agnew(1992)에 의해 일반긴장이론으로 발전하게 되었다.

Agnew는 비행의 세 가지 원인으로 목표달성의 실패, 긍정적 자극의 소멸, 그리고 부정적 자극의 발생을 제시했다. 그리고 그러한 긴장들로 인해 부정적 감정을 경험하게 되는데 그것이 비행과 범죄의 궁극적인 원인이라고 보았다. 즉 비행과 범죄는 부정적 감정에 대한 대처방식이며, 여러 긴장들로 경험하는 부정적 감정을 해소하기 위해 범죄를 저지르게 되는 것이라고 보았다.

일반긴장이론의 경험연구에서는 긴장은 위에서 제시한대로 세 가지 차원으로 요인을 나누기보다는 성공에서의 좌절, 어른들과의 부정적 관계, 친구와의 갈등이나 학교부적응 등 여러 일상긴장요인들로 그 영향을 살펴보았는데, 그러한 긴장은 부정적 감정을 유발하고 비행의 주요 원인이 된다는 연구결과를 제시한다(Agnew and White, 1992). 청소년비행 연구를 보면 긴장 중에서는 부모와의 갈등이 매우 중요한 요인이 되며, 부모의 학대나 강압적 양육도 부정적 감정을 유발하여 비행에 영향을 주고, 아울러 친구와의 긴장과 갈등이 주요 요인이 된다는 결과도 제시된다(Agnew, 2001).

긴장이론의 검증에서 부정적 감정 중에는 화나 분노가 중요하고 여러 범죄 중에서도 폭력범죄를 잘 설명하는 것으로 제시되고 있는데, 즉 일상긴장은 부정적 감정 중 화를 일으키고, 여러 유형 중에서도 폭력비행을 잘 설명하는 것으로 평가되고 있다(Mazerolle and Piquero, 1997). 하지만 긴장은 다음에 소개할 차별접촉/사회학습이론의 비행친구접촉이나 비행태도의 영향력보다는 작다는 연구결과가 있다(Piquero and Sealock, 2000).

그런데 일반긴장이론은 통합이론으로서 긴장 및 부정적 감정이외에도 다른 주요 요인들을 범죄의 원인으로 고려하고 있는데, 앞으로 살펴볼 차별접촉/사회학습이론이나 사회통제이론, 그리고 일반이론의 논의를 이론 속에 포함하고 있다. 즉 일반긴장이론에 따르면 긴장과 부정적 감정을 경험하는 청소년들 모두가 비행 가능성이 높은 것은 아니며, 일정 조건이 충족될 때에만 비행을 저지르게 된다고 보았는데, 즉 비행친구와 사귀거나 비행에 대해 호의적인 태도를 갖는 청소년, 사회유대가 낮고, 그리고 비행성향(충동성)이 높은 청소년들이 그러한 긴장이 있게 될 때 비행을 더 쉽게 저지르게 된다고 본다. 이렇듯 일반긴장이론에서는 긴장의 영향력이 조건적이라는 주장을 제시하며 통합이론으로서 주목받고 있다.

2. 사이버범죄연구

일상긴장요인들은 현실에서의 비행과 범죄를 잘 설명하듯이 사이버범죄에도 잘 적용될 수 있다. 기존 초기 연구들에서 이경님과 하연미(2004)는 어머니와의 역기능적 의사소통과 갈등이 사이버비행과 밀접한 관련이 있음을 보고하고 있고, 이성식의 연구(2004a)에서도 부모와의 갈등과 같은 긴장요인은 사이버비행의 주요 원인이 될 수 있음을 제시했다. 또한 학교에서의 부적응이 인터넷음란물접촉에 영향을 준다는 연구결과도(Mitchell et al., 2003) 긴장이론의 시각에서 설명할 수 있다. 긴장이론을 본격적으로 검증한 연구로 이성식과 전신현의 연구(2012)에서는 부모와의 긴장의 영향력은 낮았지만 학교에서의 학업으로 인한 긴장은 사이버비행으로 표출될 수 있다는 결과를 제시했다. 홍영수와 김동기(2011)는 청소년의 스트레스와 긴장이 다른 요인들보다도 사이버비행에 가장 중요한 요인이라는 것을 제시했다. Patchin과 Hinduja(2011)는 청소년의 사이버불링을 설명하기 위해 일반긴장이론을 적용했는데, 일상긴장과 그로 인한 화와 죄책감은 오프라인 전통불링이외에 사이버불링에 중요한 영향력을 갖는다는 것을 제시했다.

일상긴장요인들은 현실에서보다도 사이버비행과 범죄에 더 잘 적용할 수 있다. 그 이유는 긴장과 부정적 감정을 경험할 때 그것을 표출할 가능성은 현실에서보다도 사이버공간에서 더 높기 때문이다. 현실에서는 긴장으로 아무리 화가 나더라도 그것이 폭력으로 표출될 가능성은 상대적으로 낮다. 그것은 신체폭력의 경우 대면의 상황에서 상대의 반격이나 처벌의 염려 등으로 망설이게 되고, 또 그것이 옳지 않고 나쁜 행동이라는 인식이 있을 경우 긴장을 경험한다고 해서 폭력으로 표출하지는 않을 것이기 때문이다. 그러나 사이버폭력은 익명, 비대면의 상황 등 그러한 것들에서 현실과는 다르기 때문에 긴장이 쉽게 폭력으로 표출되기 쉽다. 이성식의 현실과 사이버폭력 비교 연구(2006a)에서는 긴장이 사이버폭력과 현실폭력에 미치는 영향에 있어서 현실보다는 사이버폭력에서 더 크다는 결과를 제시했다. 즉 부모와의 갈등이나 학교에서의 학업긴장이 비록 직접적인 영향을 갖지는 못했으나 총효과에서 보면 현실에서보다도 온라인에서 폭력으로 이어질 가능성이 높다는 결과를 제시했다.

긴장이 현실비행에서보다 사이버비행에 더 영향을 줄 것이라는 것은 일반긴장이론의 통합적 논의를 통해서도 설명할 수 있다. 일반긴장이론에 따르면 긴장과 부정적 감정은 비행의 필요조건이고 더불어 충분조건이 갖추어져야만 비행이 발생할 가능성이 높다고 보았다. 즉 긴장을 경험하게 되는 사람이 비행친구가 있고, 비행이 나쁘지 않다는 생각, 사회유대가 낮거나, 그리고 충동적 성향 등이 있어야 비행을 저지르게 되는 것이지, 그렇지 않은 많은 사람들은 긴장을 경험한다고 해서 비행을 저지르지는 않는다는 것이다(Agnew, 1992). 그런데 사이버공간에서는 사회적 실재감이 낮고 상대와 비대면의 상황이기 때문에, 또 자신의 행위가 그렇게 나쁘다는 생각을 갖고 있지 않기 때문에 긴장을 경험할 때 아무런 제약 없이 그것을 범죄행위로 표출하기가 상대적으로 더 쉽다(이성식, 2006a). 또 사이버공간에서는 그것이 가상의 공간이라는 인식 때문에 현실의 사회유대가 통제요소로 작동할 가능성은 낮다. 사이버공간에서 만나는 주위 사람들이 자신의 행위를 지지할 것이라 믿고, 또 익명의 사이버공간에서는 자신의 행동을 절제하지 못하고 충동적이 되는 탈억제의 현상이 잦다. 이러한 이유에서 사이버공간에서는 긴장과 부정적 감정이 사이버범죄로 결과될 가능성은 크다고 볼 수 있다.

더구나 긴장요인들이 사이버범죄를 더 잘 설명할 수 있는 또 다른 이유로, 현실에서 긴장을 경험하는 사람들이 대안의 공간으로 사이버공간에 의존하게 되고, 그러다가 보면 자신의 긴장과 불만을 사이버공간에서 표출할 기회가 높아지게 되는 것을 들 수 있다. 그동안의 현실에서의 비행연구에서는 부정적 감정 중에서 화나 분노의 영향력은 컸지만 우울과 같은 감정의 영향력은 낮았음을 보고한다. 그런데 현실에서는 그 영향력이 낮았지만 사이버공간에서는 우울을 경험하는 청소년들이 사이버비행을 저지르게 된다는 연구결과가 있다(이성식, 2004a). 즉 현실에서 가정에서나 학업문제로 우울을 경험하는 아이들은 현실도피적인 이유로 대안의 공간으로 사이버공간에 의존하게 되는데, 그 곳에서 위안을 받기도 하지만, 사이버공간에 오래 머물다보면 우연한 기회에 비행을 쉽게 저지를 수 있다(이성식, 전신현, 2017). 이와 같이 현실에서의 긴장은 사이버비행과 범죄의 주요 원인이 된다고 볼 수 있다. 하지만 그동안의 연구결과를 보면 일상긴장의 영향력은 앞으로 소개할 비행친구와의 접촉이나 법위반에 호의적인 태도, 도덕적 신념(윤리의식), 낮은 자기통제력 등의 요인들과 비교해서 상대적으로 그 영향력은 다소 낮은 것으로 나타난다(이성식, 2011b, 2014a).

그렇지만 기존 연구들에서는 일상긴장요인들로 가정이나 학교 등 현실에서의 긴장을 주로 다뤘기 때문에 일반긴장이론의 지지도가 낮다고 볼 수만은 없다. 기존 연구들은 주로 현실에서의 일상긴장을 주요 원인으로 다뤘지만 인터넷이용 시 사이버공간에서의 일어나는 각종 긴장은 사이버범죄의 주요 원인으로 작용할 수 있다. 그 예로 사이버공간에서 범죄피해를 경험하게 되면 그러한 부정적 사건의 긴장으로 범죄가해를 하게 된다는 연구결과가 있다(이정환, 이성식, 2014). 이렇듯 현실에서의 부모와의 갈등과 같은 긴장이 아니라 인터넷에서의 다양한 긴장과 경험을 다룰시 그 영향력은 더 클 수 있다.

한편 사이버공간에서는 남녀 모두 긴장 시 비행이나 범죄로 표출한다고 주장된다. 사실 현실에서는 남성보다 여성의 범죄 가능성은 낮다. 현실에서 남성이 여성보다 범죄를 더 많이 저지르는 이유는 남성은 긴장 시 그 원인을 외부로 귀인하는 등의 차이로 남성이 화를 더 경험하기 때문이다. 그렇지만 여성은 외부에 귀인하기보다는 자신에 귀인하는 경향이 많아 화보다는 우울을 더 경험하여 범죄를 덜 저지른다. 또 여성은 비록 화를 경험한다 해도 여러 가지 조건적 이유로

(비행친구가 적거나 비행태도가 낮고, 사회유대가 높으며, 충동성이 낮은 등) 긴장과 부정적 감정을 범죄로 표출할 가능성이 낮다.

그런데 사이버공간에서는 익명성 등의 이유로 그러한 제약이 없기 때문에 여성의 경우도 긴장 시 범죄로 표출할 가능성이 높고, 심지어는 우울의 부정적 감정의 경우라도 사이버공간에서는 외부로 표출하여 범죄에서 남녀의 차이가 크지 않다는 주장이 있다. 그 예로 이성식과 전신현(2011)은 현실의 집단괴롭힘의 피해 시 남성은 가해로 대응하는 반면 여성은 그렇지 않지만 사이버공간에서는 남성처럼 여성도 피해 시 가해를 한다는 결과를 제시했고, 이정환과 이성식의 연구(2014)에서는 사이버공간에서의 범죄피해의 경우 남녀 모두에서 범죄가해로 표출한다는 것을 그러한 이유로 설명하고 있다.

제 2 절 차별접촉/사회학습

1. 주요 이론과 기존 연구

차별접촉/사회학습이론은 Sutherland(1947)에 기초하는 이론으로 범죄는 주위 환경으로부터 학습한다는 것에 주목한다. 차별접촉이론에 따르면 사회에는 법위반에 호의적인 가치와 호의적이지 않은 가치 모두가 존재한다고 했다. 따라서 우리 주위 사람들을 보면 법위반에 호의적인 사람들이 있는가 하면 그렇지 않은 사람도 있다. 그런데 주위의 사람 중에 법위반에 호의적인 사람과 더 자주 접촉하고 상호작용하게 될수록 법위반에 호의적인 가치와 태도를 학습하게 됨으로 인해 범죄를 저지르게 된다고 보았다. 즉 법위반에 호의적인 주위 사람들과 차별접촉함으로 범죄를 용인하는 태도의 학습이 범죄의 원인이 된다고 주장했다.

차별접촉이론에서는 비행친구와의 접촉을 범죄나 비행의 중요한 원인으로 꼽는다. 즉 어떤 청소년이 일반친구보다 비행친구와 더 접촉하게 될 경우 그 아이는 다른 아이들보다 법위반에 호의적인 태도를 더욱 학습하게 되어 비행을 저지른다는 것이다. 이처럼 비행친구와 얼마나 더 어울리는가에 따라 비행이 설명되며, 비행친구와 얼마나 자주 만나는지(빈도), 얼마나 오래 만나 왔는지(기간), 어릴 때 처음 사귀었던 친구가 비행친구였는지(우선성), 얼마나 친한지(강도)에 따라 학습의 정도가 달라진다고 했다. 그리고 결국 차별접촉이론에서는 법위반에 호의적인 태도학습이 범죄의 궁극적인 설명요인임을 강조했다.

차별접촉이론은 이후 연구들에서 많은 지지를 받아 왔다. 차별접촉이론을 검증하기 위해 초기 연구에서는 비행친구의 수로 그 영향력을 파악한 연구가 있기도 했고, 비행친구와의 빈도, 기간, 우선성, 강도와 비행과의 관계를 살펴본 연구도 있었다(Short, 1957). 그렇지만 차별접촉이론의 관점에서 보면 비행친구를 포함하여 주위 사람들로부터 학습한 법위반에 대한 호의적인 태도가 비행과 범죄의 궁극적인 원인이 되는가를 살펴보아야 하는데, 이후 연구에서는 비행에 호의적인 태도를 내면화한 아이들이 비행을 더 저지른다는 결과를 제시해(Matsueda, 1982;

Jackson et al., 1986; Matsueda and Heimer, 1987), 차별접촉이론을 어느 정도 지지했다.

그러나 차별접촉이론은 범죄연구에 크게 기여를 했음에도 법위반 태도의 학습과정, 즉 비행친구와 만나면 어떠한 이유로, 어떻게 법위반에 호의적인 태도를 학습하는지에 대한 설명이 부족했다는 지적을 받았다. 차별접촉이론은 그러한 점에서 사회학습이론에 의해 보완되었으며, 그 대표적 학자로는 Akers(1985)를 들 수 있다. 사회학습이론은 학습과정을 학습의 원리로 설명했다. 그 대표적 개념이 강화인데, 즉 사람들은 보상이 있으면 그것을 반복하며, 그와는 반대로 어떤 행동으로 처벌을 받을 것이라고 예상되면 그 일을 회피한다는 것이다. 이렇듯 보상과 처벌의 가능성에 의해 앞으로의 행동이 정해진다고 본다. 사회학습이론은 이처럼 차별접촉이론을 보완하여 차별접촉과 태도학습이외에 차별강화를 강조하였고, 아울러 사회학습이론에서는 강화 이외에도 주위 사람들의 행동을 관찰, 학습하고 모방하게 되어 범죄를 저지를 수 있음을 강조했다. 이처럼 사회학습이론에서는 차별접촉이외에 태도학습, 차별강화, 그리고 모방을 범죄의 학습과정에서 중요하게 다루었는데, 이 주장은 여러 연구들에서 지지를 받아왔다(Krohn et al., 1985; 황성현, 2006).

2. 사이버범죄연구

사이버범죄와 관련해서 비행친구와의 차별접촉의 영향력을 보면 이성식(2005a)은 비행친구와 접촉했던 아이들이 사이버비행의 가능성도 높다는 결과를 제시했다. 그렇지만 그 영향력은 현실과 다를 수 있다. 기존의 연구들에서 비행친구와의 접촉은 현실비행에서 가장 강력한 요인으로 평가하듯이 현실에서는 매우 중요한 원인이다. 하지만 사이버비행의 경우는 비행친구의 영향이 낮을 수 있다. 현실 오프라인상에서 청소년비행의 경우는 단독범행보다는 친구들과 함께 하는 집단범죄가 많은 반면, 사이버비행의 경우는 주로 혼자서 컴퓨터 앞에 앉아 단독으로 비행을 저지르게 되며, 따라서 비행친구로부터의 영향은 상대적으로 낮다고 볼 수 있기 때문이다. 실제로 이성식(2006a)은 비행친구와의 접촉의 사이버비행과 현실비행에 미치는 영향을 비교함에 있어서 현실에서는 매우 중요했지만 사이버비행에서 그 영향력은 작았다는 결과를 제시했다.

하지만 비행친구와의 접촉이 사이버비행보다 현실비행에 더 큰 영향력을 갖는 것은 현실과 사이버공간에서의 비행친구를 구분하지 않고 특히 현실에서의 비행친구 수를 현실비행과 사이버비행에 모두 적용했기 때문일 수 있다. 사이버비행을 설명함에 있어 비행친구와의 차별접촉을 현실에서의 비행친구가 아니라 사이버공간에서의 비행친구의 수를 사용했던 이후 연구결과를 보면(이성식, 2008) 차별접촉/사회학습이론의 논의와 일치하게 사이버공간에서 비행친구와 접촉하는 청소년이 사이버비행을 더 저지른다는 결과를 제시했다. 이는 현실에서의 비행친구와의 차별접촉이 사이버비행에 미치는 영향력은 몰라도 사이버공간에서 비행친구와 차별접촉하게 되면 사이버비행을 저지를 가능성이 높다는 것을 제시한다. 실제로 이성식과 전신현(2015)은 사이버불링을 설명하기 위해 현실비행친구와 사이버비행친구와의 접촉의 영향력을 살펴보았는데 현실친구보다 사이버비행친구의 영향력이 더 크다는 결과를 제시했다. 하지만 이 연구에서는 기존 인터넷의 경우는 몰라도 현실의 연장선으로 SNS 이용의 경우는 현실비행친구의 영향도 어느 정도 크다는 결과를 제시한다. 그럼에도 사이버공간에서의 비행친구의 영향력은 현실의 경우와 비교하면 그러한 확장된 네트워크에서의 친구관계는 잘 알거나 밀접한 사이는 아니어서 그들로부터의 학습영향력은 다소 낮을 수 있다. 차별접촉이론에서는 단순한 친구가 아니라 친밀한 친구와의 접촉을 강조하고 있기 때문이다.

그런데 비행친구의 영향력보다도 그동안의 연구결과들을 보면 사이버비행을 설명할 때 가장 중요한 요인은 비행에 대해 갖는 태도라는 것이 강조되고 있다. 사이버공간은 현실을 뛰어넘는 가상적 공간이라는 인식과 또한 비대면의 사회실재감의 부족으로 상대의 피해를 크게 인식하지 못하기 때문에 사이버비행이 나쁘지 않다고 믿는 경향이 많은데, 사이버공간의 특성에 의해서건 사회학습과정에 의한 것이건 형성된 그러한 태도는 비행의 주요 원인으로 작용할 수 있다는 것이다(Joinson, 2003). 사실 차별접촉이론에서 보면 비행의 궁극적인 요인은 비행태도라는 점에서 이는 차별접촉/사회학습이론과 일치하는 결과이고 사실 차별접촉에 의해서건 아니면 다른 이유이건 비행태도가 형성이 되면 사이버공간에서는 그러한 태도대로 행동할 가능성이 매우 높다. 사이버공간에서는 사적 자아의식이 높게 되는데 자신이 생각한대로의 소신과 태도대로 행동할 가능성이 높다고 주장된다. 이성식의 연구(2006a)에서는 오프라인 현실과 비교해 볼 때 사이버공간에서의 비행에 있어 개인태도의 영향력은 상당하다는 결과를 제시하고 있고 여러 설명요인들 중에서도 가장 중요한 요인이라는 것을 제시한다. 즉 사이버비행이나 범죄의 경우 차별접촉/사회학습이론의 주장대로 사이버비행에 대해 갖는 태도는 중요한 설명요인이라고 볼 수 있다.

사회학습이론에서의 차별강화나 모방의 영향력이 차별접촉이나 비행태도의 영향력에 비하면 그 영향력은 다소 적다는 연구결과가 있지만(Skinner and Fream, 1997), 그러나 이성식의 연구(2014a)에서는 사이버범죄를 설명함에 있어 여러 이론들의 요인들과 함께 사회학습이론의 적용 결과를 보면 보상은 $p<.01$ 수준에서 비용은 $p<.05$ 수준에서 보상과 비용의 강화요인이 중요했다는 결과를 제시했다. 한편 사회학습이론의 요인들을 SNS에서의 사이버범죄에 적용한 연구(이성식, 2015)에서는 비행친구와의 차별접촉의 영향은 낮았지만 태도와 모방은 중요하게, 그리고 보상과 비용의 강화요인도 다른 요인들과 함께 작용해 어느 정도 중요한 설명요인임을 제시했다. 사회학습이론은 이후 다루겠지만 주로 온라인 저작권침해 원인 연구에서 적용되어 왔고 지지받았는데(Higgins and Makin, 2004; Higgins and Wilsons, 2006; 이성식, 2011a), 이성식의 연구(2011a)에서는 저작권침해 친구와의 차별접촉과 태도학습이외에 저작권침해로 얻는 보상이 모두 $p<.001$ 수준에서 중요한 설명요인임을 제시했다. 그러나 이 연구에서도 태도가 가장 영향력이 높은 요인임을 제시했다.

제 3 절 사회유대

1. 주요 이론과 기존 연구

Hirschi(1969)의 사회통제이론은 왜 어떤 사람이 범죄를 저지르는가보다는 왜 많은 사람들이 범죄를 안 하는가의 질문을 던지고 그 해답을 구하려고 했다. Hirschi에 따르면 사람들은 누구나가 범죄동기를 갖고 있다고 보았고, 따라서 범죄동기는 누구나 갖고 있기 때문에 범죄의 설명요인이 되지는 못한다고 본다. 그런데 누구나 범죄동기를 갖고 있지만 왜 많은 사람들이 범죄를 안 하는 것인가? 그 통제기제는 무엇인가? Hirschi는 그것이 사회유대라고 주장한다. 즉 사회에 유대를 가질수록 범죄의 동기는 통제되며, 범죄를 안 하게 되는 것이라고 본다. 많은 사회구성원들은 그러한 사회와의 유대를 형성하고 있기 때문에 범죄를 안 하지만, 그렇지 못한 사회유대가 낮은 사람은 자신의 범죄동기를 통제하지 못하여 범죄를 저지르는 것이라고 주장한다.

Hirschi는 사회유대의 요소를 네 가지로 설명했는데, 애착, 관여, 참여, 신념이 그것이며, 사회에 애착이 높고, 관여를 하며, 참여를 하고, 사회의 도덕적 신념을 받아들이는 사람들은 범죄를 안 하지만 그렇지 못한 사람들은 범죄를 하게 된다고 주장한다. 사회통제이론은 주로 청소년비행과 연관하여 다루어졌는데, 애착은 부모, 선생, 친구 등 주위의 중요한 사람들과 맺는 애정적 결속관계를 말하고, 관여는 청소년들이 사회에서의 일(학업)에 얼마나 열심이며, 중요하게 생각하는가를, 참여는 인습적인 사회활동에 얼마나 많은 시간을 할애하는가를, 그리고 신념은 사회의 도덕적이고 인습적인 가치를 얼마나 받아들이고 있는가를 말한다.

기존의 연구에서는 부모와의 애착의 경우, 부모를 사랑하고, 부모와 자주 대화를 하는 아이들이 비행을 할 가능성이 낮다는 결과를 제시한다. 하지만 선생님과의 애착이나 친구와의 애착은 비행과 미약한 관계만을 갖는다고 주장된다 (Wiatrowski et al., 1981; Liska and Reed, 1985). 관여는 주로 학교공부에의 관여를 중심으로 연구되어 왔는데, 학교공부에의 관여는 비행을 설명함에 있어 매우 중요한 요인이 된다는 것을 제시하고 있다(Cernkovich and Giordano, 1992). 참여는 관여와 큰 구분 없이 사용되고 있는데, 학교공부나 과외활동, 취미나 여가활동 등에 많은 시간을 보내는 아이들은 그만큼 그 일에 관여한다고 볼 수 있기 때문이다. 아울러 사회의 도덕신념을 잘 받아들이는 청소년은 비행의 가능성이 낮지만 그렇지 않은 청소년들은 비행 가능성이 높으며, 종교적 신념이 비행에 중요하다는 연구결과도 있다.

기존 연구들에서 Hirschi의 이론은 어느 정도 지지를 받았다. 그렇지만 사회유대와 비행 및 범죄와의 관계는 그 설명력이 다소 낮다는 지적이 있어 왔다. 사회통제이론에서는 비행친구와의 접촉과 같은 요인이 비행의 원인이 되지 못한다고 보았지만 사회유대요인들을 비행친구와의 접촉과 같은 요인과 비교하면 그 설명력이 다소 낮고, 부모와의 애착은 비행친구와의 접촉을 매개로 간접적인 영향력을 갖는다는 연구결과가 많다(Matsueda and Heimer, 1987; Agnew, 1993; 황성현, 2006). 또한 부모와의 애착은 비행에 대한 태도에 의해 매개된다는 국내외 연구결과도 있다(김준호, 김선애, 1996; Simons et al., 2007). 즉 부모와 애착이 낮은 청소년들은 비행친구와 사귀고 혹은 비행태도를 지니게 됨으로써 비행을 하게 된다는 것이다. 이와 같은 논의들은 사회통제이론보다는 오히려 차별접촉/사회학습이론을 지지한다. 아울러 사회통제이론은 사소한 지위비행을 잘 설명할 뿐, 보다 심각한 범죄행위를 설명하는 데에는 부족하여 한계가 있다고 지적을 받았다. 즉 학교공부를 소홀히 하는 아이는 흡연이나 미성년자 입장불가의 장소에 출입은 하지만 그렇다고 폭행이나 강도를 저지르는 것은 아니라는 것이다.

2. 사이버범죄연구

사회유대가 낮은 청소년은 사이버공간에서 비행과 범죄를 저지를 수 있다. 초기연구에서 윤영민(2000)은 부모와의 약한 사회유대가 인터넷음란물접촉과 연관이 있다는 결과를 제시했고, 장준오(2004)도 부모의 자녀에 대한 감독과 통제부족이 사이버비행에 영향을 준다는 것을 제시하고 있다. 또한 한종옥(2004)은 부모와의 애착이 낮고 학교생활에 관여가 적은 청소년이 사이버비행을 저지른다는 결과를, 그리고 성동규와 동료들(2006)은 부모와의 애착이 사이버폭력의 주요 설명요인이 된다는 결과를 제시해 사회통제이론의 적용 가능성을 언급하였다.

그렇지만 위의 연구들은 그와 같은 부모관련 요인만을 적용한 결과이며 다른 이론들의 요인들과 영향력을 비교할 필요가 있는데 이 요인들을 함께 고려했을 때는 그 영향력이 약하다는 결과를 보이고 있다(이성식 2006a, 2011b). 사실 오프라인의 현실과 비교해서 사회유대의 작용은 사이버공간에서는 상대적으로 더 약하다는 결과가 많다. 사이버공간에 있게 되면 아이들은 그동안만큼은 현실과 다른 공간에 있다는 인식이 크다. 게임 등 가상공간에 있게 되면 그 안에서의 행동은 그것을 공유하는 타자에 의해 영향을 받을 수 있을지는 모르지만 현실에서의 부모나 주위 사람들의 영향으로부터는 상대적으로 자유롭게 된다. 사이버공간에서는 사회규범이나 주위 사람들의 통제보다는 행위자 자신의 개인가치와 판단이 더 작용한다고 볼 수 있는데, 이처럼 부모 등 현실의 주위 사람과의 사회유대가 범죄를 통제할 수 있는 가능성은 오프라인의 현실에서는 어느 정도 작동할 수 있을지 모르지만 사이버공간의 온라인에서는 낮다(이성식, 2006a, 2011b). 이성식(2011b)은 사회유대 및 여러 이론의 요인들을 현실 오프라인과 사이버 온라인비행에 각각 적용하여 그 영향력을 살펴보았는데 부모와의 애착과 같은 유대요인은 현실비행을 잘 설명하지만 사이버비행의 설명에서 그 영향력이 유의미하지 않다는 결과를 제시했다.

그런데 무엇보다 사회유대의 요소로 도덕적 신념이나 윤리의식은 사이버공간에서의 비행을 통제할 수 있는 중요한 역할을 한다. 차별접촉/사회학습이론에서의 비행태도와 사회통제이론의 도덕적 신념은 동전의 앞뒷면과 같은 것이어서 앞서 차별접촉/사회학습이론의 논의에서 비행에 대해 갖는 태도가 사이버공간에서의 비행을 잘 설명하듯이, 사회통제이론에서 사회유대의 한 요소로 도덕적 신념은 사이버비행을 설명하는 중요한 요인이 될 수 있다. 이성식(2011a)은 사회유대의 요인중 다른 요인들보다 도덕적 신념의 영향력이 가장 크다는 결과를 제시했다. 실제로 김수정의 연구(2004)에서는 개인윤리의식의 영향력이 중요해 사이버비행이 나쁜 행위라는 인식과 윤리의식의 함양이 사이버비행을 통제하는 데 있어 중요한 요인으로 작용한다는 결과를 제시했고, 이성식의 연구(2011b)에서는 주위유대가 현실비행에서만 중요했던 결과와 달리 도덕적 신념은 현실뿐만 아니라 사이버비행에서 모두 중요한 설명요인이었다는 것을 제시했다. 이는 사이버비행의 경우 주위 사람과의 유대나 현실의 일 등에 의해 통제되기보다는 개인의 신념과 태도에 의해 통제된다는 것을 말한다. 하지만 다른 사회유대요인의 작용이 작다면 도덕적 신념과 윤리의식이 중요한 요인이라는 것만으로는 사회통제이론이 지지된다고 보기는 어려운 것이며 그 요인이 태도와 유사한 요인이라고 한다면 이 결과는 오히려 차별접촉/사회학습이론의 논의에 가깝다고 할 수 있다.

그렇지만 부모와의 애착과 같은 현실요인보다 인터넷의 구성원들을 포함한 주위 사람들과의 유대와 사이버범죄와의 관계를 다룬 연구(이성식, 2014b)에서는 어느 정도 관계가 있음을 제시했다. 여기서는 단순히 애정유대관계보다는 범죄로 결과될 주위 사람들과의 유대손실의 측면을 고려하여 그 관계가 나타난 것이지만 그 영향력이 유의미하다는 것을 제시했는데 이는 사이버공간의 구성원들과의 유대와 통제가 중요하다는 것을 제시한다. 하지만 그럼에도 그 영향력은 비행친구와의 차별접촉보다는 다소 약하다는 결과를 제시했다.

제 4 절 인터넷하위문화 및 집합효율성

1. 주요 이론과 기존 연구

하위문화이론이나 사회해체이론은 범죄를 설명함에 있어 행위자를 둘러싸고 있는 거시환경에 주목한 점에서 개인 미시적 접근의 이론들과는 다르다. 하위문화이론은 차별접촉/사회학습이론과 같이 범죄자가 범죄에 대한 가치와 태도를 학습한다는 점을 강조한다. 다만 차별접촉/사회학습이론은 주로 개인간 의사소통과 차별접촉의 미시적 환경측면에 주목했다면, 하위문화이론가들은 행위자를 둘러싼 사회문화적 환경에 주목한 점에서 차이가 있다. 마찬가지로 사회해체이론은 사회통제이론의 거시적 측면의 이론이다. 즉 주위 사람들과의 유대보다는 행위자를 통제하는 거시환경적 특성을 강조하고 그러한 통제기제의 부족이 범죄의 원인임을 강조한다.

하위문화이론가로는 Cohen(1955), Miller(1958), Wolfgang과 Feracutti(1967) 등 여러 이론가들이 있지만 이 이론가들은 공통적으로 하층지역이 친범죄적인 하위문화환경에 있음으로 해서 그 지역이 범죄율이 높고 또 하층이 범죄를 저지르게 된다는 점을 강조했다. 즉 하층들이 하위문화의 환경에 있는 친범죄적 문화에서 범죄가치를 거부감 없이 당연하고 자연스럽게 받아들이는 가운데 그것을 학습함으로써 범죄를 하게 된다고 보았다.

한편 Shaw와 McKay(1969)의 사회해체이론에서는 사회구조적으로 빈곤하고, 인구이동률이 높으며, 인종의 이질성이 높은 지역에서 범죄율이 높다고 주장했다. 초창기에는 그 이유를 하위문화이론식으로 해석한 적도 있었지만, 그것은 이후 사회통제이론식으로 그 지역이 지역구성원들간의 유대나 결속력이 낮기 때문이라고 설명된다. 즉 사회적으로 해체된 지역은 지역의 유대와 결속력이 낮음으로 인해 그 지역의 범죄가 통제되지 못해 범죄율이 높다고 주장한다(Bursik and Grasmick, 1993).

하위문화이론가들의 주장에 대한 경험연구는 많지 않았지만 하층지역이 범죄율이 높은지, 혹은 흑인의 구성율이 높은 미국남부지역에서 폭력의 발생이 많은지에 대한 연구가 있었다. 하지만 과연 하층지역에서 친범죄적 하위문화가 존재하는지에 의문이 제기되어 왔고, 또 미국 남부지역이 폭력범죄율이 높다는 Wolfgang과 Feracutti의 주장도 그것이 과연 하위문화 때문인지, 사회경제적 요인 때문은 아닌지의 비판이 있었다. 하위문화이론에 대한 거시적 검증은 상대적으로 적었지만 사회해체이론에 대한 경험연구는 하위문화 연구보다는 상대적으로 많았다. 그리고 실제로 사회구조적으로 해체된 지역에서 지역의 연결망이나 유대, 지역활동에의 참여가 낮음으로 해서 그 지역이 범죄율이 높다는 연구결과가 있다(Sampson and Groves, 1989; Bursik and Grasmick, 1993). 하지만 Wilson(1996)에 따르면 주 사회와 고립된 하위문화의 지역에서는 구성원들간의 강한 유대가 오히려 사회통제를 저해한다고 제기하였다. 즉 하위문화가 존재하는 곳에서 지역구성원들간의 유대가 높은 지역은 오히려 범죄율이 높을 수 있다는 지적이다. 그러한 이유로 이후 최근 들어서는 유대나 연결망보다는 구성원간에 공유하는 사회통제의 기대감으로서의 집합효율성의 개념이 강조되었다(Sampson et al., 1997). 이는 지역구성원들간의 응집력 또는 신뢰감과 비공식적 통제력을 포함하는 것으로, 실질적으로 지역에서 범죄가 비공식적 주민들에 의해 통제되는가가 범죄통제에 중요하다는 것을 나타낸다. 집합효율성의 영향력은 그동안의 많은 경험연구에서 다소 지지되고 있어 집합효율성이 높은 지역에서 범죄율이 낮다는 연구결과를 제시하고 있다(Sampson et al., 1997; Morenoff et al., 2001).

2. 사이버범죄연구

사이버공간은 국경이 없고 다양한 주체들이 참여하기 때문에 일정한 가치규범이 존재하기 어렵다. 사이버공간에서는 모든 규제로부터 자유로우며, 심지어 사이버범죄가 당연하다고까지 여겨지기도 하는데, 이처럼 인터넷의 친범죄적 문화환경이 사이버범죄의 원인이 될 수 있다. 사이버언어폭력의 경우를 예로 들면 사회영향이론(Fulk et al., 1990)에서 행위자가 속해 있는 사이버공간의 문화규범의 영향력을 강조하였으며 공격적, 비난일색의 토론문화의 장에서 언어폭력을 자주 접하고 학습하게 된 성원들이 그러한 환경의 영향으로 언어폭력을 저지르게 된다고 보았다(Thompsen, 1996; Postmes and Spears, 1998). 이처럼 행위자들이 이용하고 있는 인터넷환경이 친범죄적인가의 환경적 요소는 중요한 요인이 된다. 행위자들은 아무래도 집단환경과 규범의 맥락적 요소에 의해 크게 영향을 받기 때문이다. 국내에서도 이성식(2004b)은 사이버언어폭력의 설명에서 익명성을 포함한 다른 여러 요인들보다도 개인들이 이용하고 있는 사이버공간의 문화규범적 요소가 사이버언어폭력에 가장 큰 영향력을 미친다는 연구결과를 제시하고 있듯이 하위문화적 환경요인은 사이버범죄를 설명하는 중요한 요인이 될 수 있다.

한편 사이버공간의 거시환경요소로서 구성원들간의 집합효율성도 중요할 수 있다. 사이버공간의 개방성과 쌍방향성으로 네티즌 참여자는 정보의 소비자이면서 동시에 적극적인 생산자가 되었다. 따라서 사이버공간에서는 정부주도적 규제보다는 참여자들의 역할과 민간영역이 중요할 수 밖에 없게 되었다(황승흠 외., 2004; 이성식, 2006b). 그러한 점에서 구성원들에 의한 집합효율성이 사이버공간에서 차지하는 역할은 더욱 클 수 밖에 없다. 즉 네티즌 구성원들간의 신뢰와 네트워크, 비공식적 통제는 충분히 사이버범죄를 통제하는 역할을 수행할 수 있다. 이성식과 황지영의 연구(2008)에서는 인터넷사이트별 집합효율성이 인터넷게시판에서의 언어폭력에 매우 중요한 요인임을 밝히고 있는데, 즉 집합효율성이 높은 사이트에서는 언어폭력이 낮게 발생하지만 그 정도가 낮은 사이트에서 언어폭력이 많다는 결과를 제시했다.

이성식(2012b)은 인터넷 악성댓글 설명에 있어서 인터넷사이트의 친불법적인 하위문화 정도와 집합효율성의 영향을 비교했는데 대체로 통제적 요인인 집합효율성보다 범죄유발적인 하위문화의 영향이 더 중요하다는 결과를 제시했지만 남녀별로 달라 통제요인인 비공식적 통제력과 같은 요인은 남자청소년에게서, 그리고 유발요인인 하위문화요인은 여자청소년에게서 더 크다는 결과를 제시했다. 이 연구에서는 악성댓글 가능성이 더 높은 남자에게는 그것을 통제할 수 있는 통제요인이, 그렇지 않은 여자에게는 유발적 환경요인이 중요한 것으로 설명했다.

한편 이성식(2013b)은 어떠한 이유로 SNS보다 인터넷게시판에서 더 불법행동이 더 일어나는지를 연구함에 있어 그것이 하위문화때문인지 집합효율성 차이 때문인지를 살펴보았는데, 인터넷게시판에서는 익명으로 사용하게 됨으로 인해 불법적인 하위문화가 생성되고 그것으로 불법행동이 더 발생한다는 결과를 제시했다. 또한 SNS에서도 페이스북보다 트위터에서 불법행동이 더 발생하게 되는 것이 익명의 더 확대된 네트워크에서 다양한 가치가 혼재하고 갈등하는 가운데 하위문화가 있기 때문이라고 제시해 상대적으로 집합효율성보다는 하위문화가 중요한 요인임을 제시했다.

제 5 절 중화

1. 주요 이론과 기존 연구

Sykes와 Matza(1957)의 중화이론에서는 청소년들이 인습사회에 완전히 구속되지도 않고, 또 그로부터 완전히 자유롭지도 않은 표류의 상태에서 사회내에 존재해 있는 잠재적 가치의 영향 하에 중화의 기술을 통해 자신의 비행행위를 정당화하여 비행을 한다고 주장했다. Sykes와 Matza는 대부분의 비행소년들이 비행이 나쁘다는 인습가치를 가지고 있다는 점을 강조했다. 비행자들은 가정, 학교 등 인습기관에서 인습가치를 받아들이며, 또 실제로 체포, 검거 시 죄책감과 수치심을 보이는 것을 보면 그들은 자신의 행동이 도덕적으로 옳지 않다고 생각한다는 것을 나타내는 증거가 된다고 했다. 중화이론에서는 이처럼 대부분의 비행소년들은 인습가치를 받아들인다고 보았다. 따라서 비행소년과 일반소년간에는 인습가치, 즉 도덕적 신념을 받아들이는 정도에는 차이가 없다고 본다. 따라서 평소 법을 위반해서는 안된다고 생각하는 비행자들은 비행을 함에 있어 자신의 행동을 정당화 또는 합리화할 필요가 있다고 보았다. 즉 중화가 비행의 원인이 될 수 있다는 것이다.

Sykes와 Matza는 그러한 중화에 있어 다섯 가지의 중화의 기술을 제시했는데, 첫째, '책임의 부인'은 비행의 상황이 술에 취했거나 제정신이 아닌 상황, 그리고 어쩔 수 없는 환경상황에서 그럴 수 밖에 없었다고 자신의 책임을 전가하는 것이고, 둘째, '피해사 부인'은 비행의 상대 피해자가 비행의 빌미를 제공했고 피해를 당할만했다는 것이며, 셋째, '손상의 부인'은 돈 많은 사람에게서 돈을 훔치는 것은 큰 손해가 아니라는 식으로 피해자의 피해손상을 부인하는 것, 넷째, '비난자의 비난'은 자신들의 비행을 나무라는 어른이나 경찰들도 법을 위반한다는 것, 그리고 다섯째, '충성심 요구'는 친구와의 의리를 지키기 위해서는 비행이 어쩔 수 없었다는 식으로 친구와의 충성을 강조하는 것으로, 이와 같은 중화의 기술이 비행의 원인으로 작용할 수 있다고 보았다.

실제로 기존의 연구들에서는 중화의 기술을 청소년비행(Hindelang, 1970; Minor, 1981; Mitchell et al., 1990), 시험부정행위나 상점절도(Minor, 1984; Agnew and Peters, 1986), 음주(Dodder and Hughes, 1993), 약물사용(Priest and McGrath, 1970), 그리고 폭력(Agnew, 1994) 등 다양한 유형의 비행과 범죄에 적용해 왔다. 하지만 중화의 기술의 영향력은 어느 정도 지지되기도 하였지만 그 영향력은 다소 약하다는 결과와 함께 복합된 결과를 제시해 왔다.

사실 중화이론은 일반청소년들의 간헐적이고 우연적 비행이나 사소한 일탈을 잘 설명할지는 몰라도 지속적이고 위험한 비행자 혹은 범죄자들의 행동을 설명하기에는 한계가 있다. 위험하고 심각한 범죄자는 인습가치를 받아들이지 않고 있기 때문에 범죄로 죄책감과 수치심을 느끼지도 않고 그래서 중화가 필요없기 때문이다(Topalli, 2005). 그러한 이유 때문에 중화이론은 심각한 범죄보다는 어느 정도 경계가 모호한 예를 들어 대학생들의 음주행동이나 부정행위 등에 잘 적용될 수 있다.

중화는 Sykes와 Matza가 잠재적 가치 논의에서도 언급했듯이 주위 환경이 인습가치가 확고하지 못하고 법위반의 여지를 허용하는 잠재적 가치가 존재할 때 일어난다고 보았다. 즉 청소년들은 사회의 통제와 질서가 굳건한 상황에서는 중화의 여지가 적지만, 잠재적 가치가 존재하고 사회통제가 약한 도덕적 지배로부터 자유로운 상태에서 표류하게 되는데, 그러한 청소년들이 중화를 하고 비행을 한다고 보았다. 이와 관련해서 법위반에 호의적인 환경에 놓이고 인습사회와의 유대가 약한 청소년이 중화의 기술을 더 사용한다는 연구결과가 있다(Thurman, 1984; Mitchell et al., 1990).

2. 사이버범죄연구

중화의 작용은 사이버공간에서 작용할 가능성이 크다. Sykes와 Matza는 중화의 작용이 인습가치가 확고하지 못한 잠재적 가치가 존재하는 곳에서 있을 가능성이 높다고 보았다. 그러한 곳에서는 청소년들이 표류하게 되고 그럼으로써 인습사회규범이 작동하지 못한 채 중화를 하게 된다고 보았는데, 사이버공간은 아직 규범이 확립되었다고 보기 어렵고 또 어느 정도 범죄행위가 발생하기 때문에 중화의 가능성이 높다고 볼 수 있기 때문이다. 그중에서도 심각한 범죄자가 아니라 일반대상자 그리고 그들이 저지를 수 있는 다소 사소한 일탈에 적용될 수 있다. 그들은 법을 위반해서는 안된다는 인습가치의 도덕적 신념을 가지면서도 우연히 저지르게 되는 상황에서 중화를 하기 때문이다.

중화이론을 사이버범죄에 적용한 예는 국내에서 찾아볼 수 있는데, 이성식과 박정선의 연구(2009)에서는 중화의 작용이 악성댓글에 미치는 영향력을 다루었다. 이 결과에서는 차별접촉/사회학습이론에서의 악성댓글자와의 접촉과 사회통제이론의 부모와의 유대, 그리고 거시환경요인으로 악성댓글을 허용하는 환경과 비공식적 통제수준 그리고 앞서 요인들 그리고 차별접촉이론과 사회통제이론 모두에서 제시한 악성댓글에 대한 태도 및 도덕적 윤리의식의 영향력보다도 중화의 영향력이 매우 크다는 결과를 제시해 중화이론이 우세함을 제시했다. 이 연구에서는 사회통제이론대로라면 악성댓글태도가, 차별접촉이론대로라면 태도와 중화 모두가, 그리고 중화이론대로라면 중화만이 중요할 것이라고 보고 세 이론을 비교했는데, 태도는 중요하지 않고 중화만이 중요하다는 결과를 제시해 중화이론을 더 지지했다.

또한 이성식(2012b)은 대학생을 대상으로 인터넷 저작권침해에서 중화의 작용을 다뤘다. 이 연구에서도 중화의 영향력이 매우 높았으며 저작권침해에 대한 태도보다 더 강한 설명력을 갖는 것을 제시했다. 아울러 이 연구에서는 중화이론의 논의대로 법위반시 중화의 작용이 평소 법위반을 해서는 안된다는 도덕적 신념을 갖는 사람들에 의해 작동되는지를 확인하기 위해 중화와 저작권침해에 대한 태도간의 상호작용효과를 살펴보았는데 그 결과가 유의미한 것을 제시해 평소 저작권침해를 해서는 안된다고 생각하는 도덕적 신념이 높은 대학생이 중화를 하여 저작권침해를 한다는 것을 제시했다.

제3장 기회요인

제 1 절 공식처벌

1. 주요 이론과 기존 연구

억제이론은 사법기관의 처벌에 주목하여 그것에 의해 범죄가 설명될 수 있다고 본다(Zimring and Hawkins, 1973; Gibbs, 1975). 앞서 사회통제이론은 주위 비공식사회와의 유대가 범죄를 통제하며 그것이 주된 설명요인이라고 보았지만 억제이론은 공식사법기관의 처벌을 강조한 점에서 차이가 있다. 또한 앞서 이론들이 실증주의 범죄학에 근거해 범죄자와 일반인의 차이에 주목했고 범죄자의 사회환경적 특성을 강조했다면 고전주의 학파에 기반한 억제이론과 같은 논의는 범죄발생의 기회여건에 주목한다. 고전주의 범죄학에 따르면 인간은 누구나 쾌락을 추구하고 고통을 피하려 한다고 가정함으로써 범죄자와 일반인이 차이가 없다고 보았다. 억제이론은 고전주의에 따라 일반인과 범죄자의 특성의 차이는 없으며 누구나 쾌락이 있으면 범죄를 할 잠정적 범죄자이지만 처벌이 있게 되면 범죄를 안하게 될 것이라고 본다. 억제이론은 이처럼 범죄의 원인을 범죄자의 특성이 아닌 외부의 여건으로서 처벌의 여부와 강약에 주목하여, 처벌이 있거나 강화되면 범죄를 하지 않을 것이고, 반대로 처벌과 통제가 느슨해진다면 범죄의 발생 가능성은 높을 것이라 주장한다.

억제이론은 처벌의 신속성, 확실성, 엄격성의 효과에 주목했다. 신속성은 범죄 발생 즉시 처벌이 얼마나 신속하게 이루어지는가를, 확실성은 범죄가 발생하면 반드시 처벌이 이루어지는가를, 엄격성은 처벌이 엄하게 이루어지는가를 말한다. 즉 억제이론가들은 처벌이 신속하고, 확실하고, 엄중하다면 범죄의 가능성은 줄어들 것이라고 주장한다.

억제이론가들은 거시수준에서도 연구를 했지만 개인수준의 연구에서는 과연 처벌이 신속하게, 확실하고, 엄중하게 이루어진다고 인지할수록 그들의 범죄의 가능성은 적은지에 관심을 가졌다. 그동안 초기의 많은 연구들은 특히 처벌의 확실성에 대한 인지도가 범죄에 부(-)적으로 영향을 미치게 된다고 봄으로써 억제이론을 증명하여 왔다(Waldo and Chiricos, 1972; Jensen et al., 1978). 즉 자신이 범죄를 하게 될 때 분명 처벌을 받게 될 것이라고 인지하는 사람들은 범죄의 가능성이 적다는 것이다. 그리고 처벌의 인지도가 약한 사람들이 범죄를 저지른다고 보았다.

그러나 그 이후의 그 동안의 억제이론의 연구 및 주장들은 여러 면에서 비판을 받게 된다. 기존 연구들에서는 처벌과 범죄의 관계만을 다룰 경우 그 관계가 나타나지만 다른 이론에서의 요인들을 함께 다루는 경우 공식기관의 처벌보다는 차별접촉/사회학습이론에서의 비행친구 혹은 법위반에 대해 갖는 호의적 태도나 사회통제이론에서 사회유대의 도덕적 신념과 같은 요소들이 범죄에 보다 밀접한 관련이 있는 설명요인이 된다는 것을 밝혀왔기 때문이다(Tittle, 1980; Paternoster et al., 1983; Paternoster, 1989). 이러한 결과는 많은 사람들이 법을 준수하는 이유가 처벌이 두렵기 때문이 아니라 그것을 하면 안 된다는 도덕적 태도를 갖기 때문이고, 또 부모 등 주위 사람과의 관계나 학업, 직장 등 사회유대 때문이라는 것을 말해주고 있어 억제이론이 한계가 있음을 나타내는 것이라 할 수 있다.

그러나 최근에는 처벌의 효과가 조건적이라는 주장이 제기되었는데, 공식처벌은 사회유대가 강한 처벌로 사회손실 우려가 높은 사람의 범죄를 억제한다는 것이다(Williams and Hawkins, 1986; Sherman and Smith, 1992). Williams와 Hawkins(1986)의 애착손실이나 관여손실 개념에서 보듯이 사회에서 주위와 애착이 높고 어떤 일에서의 관여가 높은 사람에게 처벌은 위협적이고 범죄를 억제할 수 있다고 본다. 그러나 반대의 입장도 있어 억제이론이 처벌의 억제효과의 주장에서 모든 사람을 잠정적 범죄자라고 가정하는데, 모든 대상자들이 아니라 일부만이 잠정적 범죄자라고 그 논의를 수정하게 된다면 이들에게서 처벌의 억제효과가 더 나타날 것이라는 것이다. 이 입장에서 보면 억제효과는 일반대상자보다 이전에 범죄를 저질렀거나 범죄 가능성이 높은 대상의 연구에서 더 지지되며(Piliavin et al., 1986) 그러한 점에서 사회유대가 강한 사람보다는 낮은 사람에게서 그리고 도덕적 신념이 낮은 잠정적 범죄자에게서 처벌의 범죄에 대한 영향력이 강하게 작용한다는 주장이 제기된다(이성식, 2007, 2008d). 그러한 서로 다른 주장에 따라 억제효과는 사회유대가 높지도 않고 낮지도 않은 중간정도에 해당하는 사람에 더 작용한다는 주장도 있다(Pogarsky, 2002). 사회유대가 높은 사람은 처벌과 관계없이 범죄 가능성이 낮고, 또 사회유대가 낮은 잠정적 범죄자도 처벌과 상관없이 범죄 가능성이 높기 때문에 처벌의 효과는 두 집단 모두에게 약하게 작용하여 오히려 그 중간에 해당하는 사람에게 클 것이라는 것이다. 기존 연구들에서는 일관된 연구는 없지만 국내에서는(이성식, 2007) 대체로 두 번째의 잠정적 범죄자론이 지지되고 있으며 특히나 처벌은 도덕적 신념과 상호작용효과를 가져 도덕적 신념이 낮은 사람들에게서 더 작용한다는 결과를 제시하고 있다. 이러한 결과는 처벌의 억제효과가 일부 대상자에게는 지지가 될 수 있음을 제시하고 있다.

2. 사이버범죄연구

기존 현실에서의 연구에서처럼 사이버공간의 경우도 공식처벌의 억제효과는 그다지 크지 않고 다소 약한 것으로 나타나고 있다(이성식, 2005a). 하지만 오프라인 현실과 비교해서 사이버범죄의 경우는 처벌의 효과가 다소 강하게 작용할 가능성이 높다. 기존 연구에서 보듯이 처벌의 효과는 범죄 가능성이 높은 잠정적 범죄자들에게서 더 높다고 하는데, 사이버범죄의 경우 앞서 사이버범죄의 특징으로 익명/비대면성으로 범죄 가능성이 높고 가치규범의 부재 등으로 그것을 용인하는 사람들이 많아 현실의 경우보다 잠정적 범죄자가 더 많다고 볼 수 있기 때문이다. 즉 사이버범죄의 경우는 현실에서보다 처벌의 효과는 다소 강할 것이라고 볼 수 있다.

최근 이성식(2008d)은 사이버범죄에 대해 갖는 처벌의 억제효과에 주목하면서 그 영향력을 알아보았는데, 처벌의 확실성의 억제효과가 꽤 큰 영향력을 갖는다는 것을 제시하고 있고, 더구나 처벌의 억제효과는 도덕적 신념과 윤리의식이 낮은 청소년들에게서 더 강하게 작용한다는 결과를 제시해 그 조건적 논의를 입증하였다. 이 연구결과에서는 사회통제이론이 제시한 부모와의 유대나 학교공부에의 관여와 같은 요인의 영향은 매우 작다는 것을 제시해 앞서 논의한대로 사회통제이론이 사이버비행을 설명하는 데는 다소 한계가 있음을 제시한다. 하지만 그럼에도 불구하고 이 연구결과에서는 처벌의 확실성보다도 개인의 윤리의식(또는 비행에 대해 갖는 태도)의 영향력이 보다 큰 영향력을 갖는다는 것을 제시함으로써 억제이론보다는 차별접촉/사회학습이론을, 그리고 도덕적 신념의 영향력을 강조한 사회통제이론의 일부 논의가 보다 우세할 수 있음을 제시했다.

아울러 이성식(2012c)은 사이버범죄에 대한 처벌의 억제효과가 조건적인지를 다뤘는데, 처벌의 억제효과는 주위와의 유대가 낮고 도덕적 신념(윤리의식)이 낮은 잠정적 범죄자에게서 더 나타난다는 결과를 재입증하였다. 이 연구에서는 처벌과 범죄의 인과관계를 더 명확히 하기 위해 사이버범죄보다는 사이버범죄의도를 다룸에 있어 주위와의 유대나 윤리의식보다도 오히려 처벌의 영향력이 더 크다는 결과를 제시했다.

이와 같이 사이버범죄의 경우는 현실과 달리 억제이론의 논의가 잘 적용될 수 있는 여지가 많다. 사이버범죄는 발각과 처벌 가능성의 낮음이 그 원인이 된다고 하는데, 그러한 점에서도 처벌을 강화하면 범죄의 발생을 줄일 수 있는 방안이 된다고 볼 수 있다. 그럼에도 현실과 다른 사이버공간에서 국가의 처벌강화가 과연 바람직한가의 논란과 그동안의 연구결과를 볼 때 적어도 처벌보다는 도덕적 윤리의식의 강화가 보다 효과적 대처가 될 수 있음을 나타내는 것을 보면 그 대책으로서 처벌은 보다 신중할 필요가 있다고 할 것이다.

제 2 절 범죄기회

1. 주요 이론과 기존 연구

범죄기회이론은 억제이론과 같이 고전주의 학파에 근거한다. 즉 누가 범죄를 하는가보다는 어느 상황에서 범죄가 발생하는가에 주목한다. 그러한 점에서 범죄자에 대한 조사보다는 피해자조사에 관심을 가졌고 누가 왜 어떤 상황에서 피해를 당하는가를 통해 범죄발생의 정황을 파악하려고 했다. 대표적 이론으로는 생활양식이론(Hindelang et al., 1978)과 일상행위이론(Cohen and Felson, 1979)이 있다.

생활양식이론에서는 누가 범죄피해를 당하는가에 관심을 가졌다. 사회인구학적 특성상 남성, 젊은층, 하층, 흑인, 미혼자가 범죄피해를 많이 당한다고 보았는데, 그 이유는 그 층들이 생활양식에 있어 범죄피해의 위험에 많이 노출되기 때문이라고 보았다. 즉 밤에 쇼핑하고, 유흥지역에 가기도 하며, 밤늦게 귀가하는 등의 범죄위험에의 노출이 범죄피해의 원인이라고 보았다.

일상행위이론에서는 범죄발생의 세 요소로, 동기화된 범죄자, 적합한 대상, 감시의 부재를 제시하면서, 동기화된 범죄자가 있고, 그 범죄자의 범죄대상으로 적합한 매력적 대상일수록 그리고 그것을 저지할 감시가 없을수록 피해를 더 당한다고 보았고 이처럼 대상의 매력과 감시의 부재를 범죄발생의 주요인이라고 주장했다.

이처럼 생활양식이론과 일상행위이론은 범죄피해연구를 통해 범죄발생의 원인을 파악하려고 했고 둘 모두 범죄발생의 기회요인에 관심을 가진 점에서 이후 Cohen과 동료들은(1981) 범죄기회이론으로 통합하였고 범죄위험에의 노출, 대상의 매력, 감시의 부재이외에 범죄자와의 근접성의 요인을 제시하였다.

범죄기회이론은 그동안 개인피해나 특히 가구피해를 중심으로 많은 연구들에서 검증되어 왔다. 기존 가구피해 연구들에서는 빈집(범죄위험에의 노출), 집에 고가품이 있고(대상의 매력), 혼자 사는 단독가구이거나 혹은 문단속이 허술한 가구(감시의 부재), 우범지역의 가구(범죄자와의 근접성)가 더 피해를 당한다는 결과를 제시해 그 주장들이 입증되었다(Meier and Miethe, 1993; Spano and Freilich, 2009).

범죄기회이론은 주로 범죄피해를 설명하는 이론으로서 상대적으로 범죄를 설명하는 데는 적절치 못했다. 그렇지만 범죄기회이론대로라면 동기화된 범죄자가 범죄를 저지를 수 있는 우연한 범죄발생의 기회상황이 범죄의 원인이 된다고 볼 수 있다. 범죄기회이론이 범죄발생에서 대상의 매력과 감시의 부재라는 이득과 손실요인을 강조했듯이 범죄자의 입장에서 이득이 높고 손실이 적은 상황에서 범죄를 한다고 볼 수 있는데 이득과 손실로 범죄를 설명하는 합리적 선택이론(Cornish and Clarke, 1986)의 시도는 그 대표적 연구라 할 수 있다.

또한 우연한 기회가 범죄의 원인이 될 수 있다. 범죄위험에의 노출은 피해뿐만 아니라 범죄의 원인이 된다는 주장이 제기되었는데, 즉 친구들과 몰려다니는 경우 범죄피해 뿐만 아니라 우연한 범죄기회의 상황에 접하게 되고 범죄를 저지를 가능성도 높다고 주장한다(Osgood et al., 1996). 즉 범죄자의 입장에서 보면 범죄의 기회, 즉 범죄로 얻는 이득이 많고 손실이 적을수록, 그리고 우연한 기회의 범죄 위험에 더 노출될수록 범죄 가능성이 높다고 볼 수 있다.

2. 사이버범죄연구

범죄기회이론은 사이버공간에서도 적용되어 Yar(2005)는 사이버공간이 현실보다도 범죄를 저지르기에 기회가 용이하다고 보고, 일상행위이론에서와 같이 정보가치가 많은 매력적 대상과 그것을 저지할 공식/비공식 사회통제나 기술적 조치의 감시가 낮은 사람이 재산피해나 해킹이나 바이러스 감염 등 사이버범죄피해를 당한다는 것을 주장했다. 이후 Holt와 Bossler(2009)는 대학생 대상의 온라인 괴롭힘 피해를 설명함에 있어 보안프로그램이나 방화벽설치와 같은 물리적 감시의 증가가 피해방지에는 큰 도움이 되지 못했으나, 매력적 대상으로서 여학생이, 그리고 사이버비행친구가 많은 사회적 감시가 낮은 학생이 감시부재로 피해경험이 더 많다는 결과와 함께 채팅방에 자주 방문해 피해기회에 더 노출된 학생이 더 피해를 당한다는 결과를 제시했다. 그러한 연구는 이후에서도 어느 정도 지지되어 채팅 등 여러 활동이 많아 범죄위험에 노출되고 모르는 낯선 사람과 만나 범죄자와 근접하고 매력적 대상이 피해를 입는다는 결과가 제시되고 있다(Pratt et al., 2010; Marcum et al., 2010; Reyns et al., 2011; Reyns, 2013).

국내연구에서도 이성식(2009a)은 인터넷 블로그 범죄피해의 원인을 다루면서 방문자수가 많거나 개인정보가 노출되어 범죄위험에의 노출 수준이 높고, 또 사회이슈등에 개인의 사적인 의견표현이 많고 게시물 선정성이 다소 높은 매력적 대상이 피해를 더 당하지만 감시의 부재 요인은 그 설명력이 약하다는 결과를 제시했다. 이성식(2014c)은 아울러 SNS에서의 범죄피해의 설명에서 범죄위험에의 노출(SNS 이용시간)이나 감시의 부재(물리적 보안장치나 백신설치, SNS에서의 위반자친구)는 그 영향력이 미약했고 범죄자와의 근접성으로 모르는 낯선 사람과의 교류는 유의미하지 않았으나 대상의 매력에서 매력적 대상의 인지도와 범죄자와의 근접성 요인으로 SNS에서의 법위반 경험정도는 유의미하여 부분적으로 범죄기회이론을 지지하는 결과를 제시했다.

앞서 연구들이 범죄피해를 설명하기 위한 논의였다면 합리적 선택이론에서와 같이 범죄자입장에서 범죄의 이득(대상의 매력)과 손실(감시의 부재)의 논의를 통해 사이버범죄행위를 설명할 수 있다. 사이버범죄를 합리적 선택이론에서 접근한 이성식의 연구(2008b)에서는 이득의 측면으로 재미, 성적충동해소, 정보취득, 물질이득 등의 여러 요인 중에서도 재미와 성충동해소가 사이버범죄의 주요 요인이 되며, 재미추구의 동기가 여러 설명요인들 중에서도 청소년들의 사이버범죄를 설명하는 가장 강력한 요인임을 밝히고 있는데, 그러한 이득의 요인은 개인의 윤리의식과 함께 $p<.001$수준에서 높은 설명력을 가졌고 개인의 윤리의식보다도 사이버범죄에 강력한 요인이 된다는 것을 제시했다. 하지만 그러한 이득 요인은 처벌확실성 인지도나 윤리의식과 유의미한 상호작용을 제시해 처벌인식이 높거나 윤리의식이 높을 때에는 그 영향력이 낮아진다는 결과를 제시했다.

한편 이성식(2010)은 이득과 손실이외에 범죄기회요인들이 오프라인 현실비행과 온라인 사이버비행에 어떠한 영향력을 갖는지를 비교하여 다뤘는데 범죄로 얻는 심정적 이득이외에 범죄로 결과되는 손실요인으로 주위 사람들과의 관계에서의 손실, 처벌 가능성, 그리고 부모의 감독이 현실비행에서는 모두 유의미하다는 결과를 제시했지만 사이버공간에서는 재미이득이라는 심정적 이득의 요인만이 유의미하다는 결과를 제시했다. 사이버범죄는 일종의 놀이로서 재미와 호기심에서 이루어지는 경우가 많고 주로 오락을 목적으로 인터넷을 이용하다가 사회규범에 얽매임이 없이 자신이 원하고 재미를 느끼는 대로 행동하기 쉬운데, 그러한 심정적 이득의 측면이 사이버범죄의 주요 동기가 된다는 것을 밝히고 있다. 이 연구에서는 심정적 이득을 제외하고는 기회요인의 영향력이 다소 낮은 것을 제시하는데 그렇지만 범죄기회이론의 논의를 충분히 다뤘다고는 볼 수 없는데, 그러한 점에서 이성식(2014a)은 사이버공간에서 범죄기회가 많은지의 범죄기회인지를 통해 그 영향력을 살펴보았고 그 영향력은 매우 높다는 결과를 제시했다.

한편 범죄기회이론에서 보면 범죄기회에의 노출이 범죄피해뿐만 아니라 범죄가해에도 영향을 준다고 하듯이 사이버범죄에의 기회노출이 사이버범죄의 주요 요인이 된다고 볼 수 있는데, 인터넷에서 많은 시간을 보내는 아이들 그리고 인터넷중독에 빠진 아이들은 적어도 그렇지 않은 아이들보다 우연한 범죄기회에 더 노출됨으로 해서 사이버공간에서 범죄를 더 저지를 가능성이 높다고 할 수 있다. 실제로 양돈규(2000)는 남녀 초,중,고등학생을 대상으로 실시한 연구에서 인터넷중독과 사이버범죄간에 상관관계가 매우 높음을 제시했고, 이성식의 연구(2005d)에서도 인터넷중독은 사이버범죄의 주요 원인으로 작용한다는 결과를 제시하였다.

하지만 이성식과 동료들 연구(2015)에서는 스마트폰이용범죄를 중심으로 살펴본 연구에서 스마트폰 중독자가 피해를 더 당하긴 하지만 반드시 가해를 하는 것은 아니라는 것을 제시했다. 한편 이성식과 전신현(2017)은 인터넷이용시간이 많을수록 피해와 가해 모두 가능성이 높지만 그것은 저연령층의 초등학생의 경우에서 높다는 결과를 제시해 초등학생의 인터넷사용시간의 조절 필요성을 제시했다.

제 3 절 익명성

1. 주요 이론과 기존 연구

사이버공간에서의 익명의 상황은 사이버범죄의 주요 원인이 된다고 주장된다. 대면의 상황에선 그럴 가능성이 낮지만 자신의 신체와 신분이 노출되지 않는 익명의 상황에선 언어폭력이외에 해킹, 사기 등 다양한 사이버범죄가 쉽게 일어날 수 있다. 그 이유에 대해 가장 많이 언급되는 이론으로는 몰개성화이론(Kiesler et al., 1984)이 있다. 몰개성화이론에 따르면 익명의 상황에 놓이게 될 때 사람들은 내적으로 구속됨이 없이 탈억제되어 공격적인 행동을 하게 된다고 주장한다. Zimbardo(1969)가 그러한 몰개성화의 주장을 제시한 이래 사이버공간에서의 익명성이 과연 어떠한 이유로 탈억제된 현상을 유발하는지에 연구가 제시되었다.

Prentice-Dunn과 Rogers(1982)에 따르면 익명의 상황은 '공적 자아의식'과 또한 '사적 자아의식'의 작용을 감소하게 만듦으로써 몰개성화와 탈억제를 촉진한다고 보았다. 사람들은 남을 의식하는 공적 자아의식이 높을 때 규범적인 행동을 한다. 그런데 익명의 상황에서는 자신의 얼굴은 물론 신분이 노출되지 않게 됨으로 해서 남의 눈을 의식하지 않고 탈규범적으로 자유롭게 행동할 수 있다. 즉 익명의 상황에서는 남의 시선을 의식하지 않는 공적 자아의식의 감소가 있게 되는데, 이러한 이유가 무책임하고 반규범적인 행동의 가능성을 높인다고 볼 수 있다. 몰개성화이론에 따르면 익명의 상황에서는 공적 자아의식의 감소와 아울러 사적 자아의식도 감소하게 됨으로 자신의 내적 태도와 감정에 덜 신경 쓰게 된다고 한다. 따라서 평소 해서는 안된다고 생각하는 내적인 사회금기와 제약으로부터 벗어나 사회규범의식이 약화되고, 자신이 평소 생각해 왔던 내적 기준과 달리 자기조절됨이 없이 절제되지 않은 행동을 할 수 있다는 것이다. 즉 익명의 상황은 개인으로 하여금 사회금기와 제약으로부터 벗어나게 하고, 내적 규제와 감정 조절도 어렵게 하여 욕구와 충동을 통제하지 못하고 방출하게 만들 수 있다(Postmes and Spears, 1998).

사회실재감이론 그리고 사회단서부족이론에서는 사이버공간에서의 대화는 면대면 대화의 경우와 달리 상대가 텍스트 상에서만 존재하기 때문에 사회실재감이 매우 낮고(Short et al., 1976), 아울러 대화자의 외모, 지위, 그 밖의 비언어적 사회단서가 부족하다고 본다. 이 이론에서는 그럼으로 인해 사이버공간의 비대면과 익명의 상황에서는 비인격화된 의사소통이 이루어지기 쉽고, 상대를 덜 인지하게 되고, 상대를 덜 친밀하게, 그리고 더 업무적으로 만나게 된다는 점을 강조한다.

사회적 맥락의 단서가 강한 상황에서는 통상 의사소통의 양식은 타자 중심적이 되고, 자기통제적인 경향을 보인다. 그렇지만 사회적 맥락의 단서가 제한적일 때에는 상대를 덜 인지하여 사람들의 행동은 자기중심적이고, 사회규범의 영향력이 약화되어, 규제되지 않은 행동의 가능성이 높다고 주장한다(Kiesler et al., 1984). 사이버공간의 익명의 상황에서는 사회실재감의 부족으로 타자의 상실로 상대가 고통을 받는 모습을 덜 인지하게 됨으로 해서 큰 죄책감 없이 범죄를 하게 될 수도 있다. 이러한 주장은 미디어풍부성이론에서도 언급되어 사이버공간에서의 대화는 대면적 단서가 풍부하지 못하고 표현의 제한 때문에 전달하려는 의도가 잘못 왜곡될 수도 있어 자칫 갈등을 초래할 수 있다고 본다(Daft and Lengel, 1986). 이처럼 사회실재감과 사회단서의 부족을 이유로 사이버공간의 비대면/익명의 상황에서는 범죄의 가능성이 높을 수 있다.

사이버공간의 익명의 상황은 반드시 반규범적이고 자기조절이 불가능한 행동을 유발하는 것은 아니라는 주장이 있다. 익명의 상황에서는 공적 자아의식과 사적 자아의식이 모두 낮아질 것이라는 몰개성화이론과 달리, 자아의식이론에서는 공적 자아의식의 경우는 몰라도 비대면 대화의 상황에서는 오히려 대면적 상황에서보다 사적 자아의식이 높아진다고 주장한다. Matheson과 Zanna(1988)은 공적 자아의식과 사적 자아의식은 수직적이어서 한쪽이 높으면 다른 쪽은 낮아진다고 하면서, 익명의 상황으로 공적 자아의식의 감소가 일어나면서 사적 자아의식은 높아진다고 보았는데, 그럼으로 인해 익명의 상황은 남의 시선에 신경 쓰지 않고, 오히려 자신의 내적 소신과 태도대로 행동하게 만들고, 또 자신을 솔직하게 표출하며, 자기조절을 할 수 있도록 한다는 주장을 제기했다. 하지만 이 이론은 그러한 내적 태도와 소신이 친규범적인지 아니면 반규범적인지를 고려하지는 못했다. 친규범적 내적 태도를 갖는 사람은 범죄의 가능성이 높지만, 반규범적 태도를 갖는 사람은 범죄 가능성이 낮을 것이기 때문이다. 즉 사이버공간의 익명의 상황에서는 내적 태도가 어떠한지가 중요하고, 사적 자아의식이론대로 그러한 내적 태도가 행동에 영향을 준다고 볼 수 있다.

한편 사회정체성이론에서는 익명의 상황이 반규범적 행동을 야기하거나 개인적 정체성을 노출하기보다는 오히려 집단의 정체성을 활성화시킴으로 해서 집단의 규범에 동조하게 한다고 보고 있다(Reicher et al., 1995). 즉 익명의 상황으로 자기존재의 정체성을 상실하지만 사이버공간 속에서 특정 집단에 소속되어 있는 경우는 그 집단의 규범에 따라 행동한다는 것이다. 이러한 논의는 익명의 상황에서는 규범위반을 더 할 것이라는 앞서 몰개성화나 사회실재감/사회단서부족이론과는 상반된 주장이다. 그러나 집단의 규범을 따르다가 범죄를 할 가능성은 있다. 예컨대 경쟁적인 팬사이트와 같이 두 집단간의 대립상황에서의 경우 익명상황은 자신이 속한 집단의 정체성을 높임으로써 상대집단을 공격하는 행위에 영향을 줄 수 있다. 즉 이 역시 집단의 규범이 무엇인지, 상대집단이 존재하느냐에 따라 익명의 영향은 달라진다고 할 수 있다.

2. 사이버범죄연구

익명성의 영향에 대한 국내 연구로 이성식(2004b)은 사이버플레이밍(언어폭력)의 설명에 있어 익명성이 몰개성화의 논의에서와 같이 공적 자아의식 및 사적 자아의식에 어떻게 영향을 주며, 또한 사회실재감/사회단서부족이론에서와 같이 상대의 존재나 피해에 대한 인지에 영향을 주는지, 그리고 아울러 억제이론의 논의대로 익명의 상황은 발각과 처벌의 두려움을 낮춰 플레이밍을 유발하는지에 관심을 가졌다. 이 연구결과에 따르면 익명성은 사이버플레이밍의 주요 원인이 될 수 있다는 점을 발견했다. 그리고 그 영향은 간접적이어서 몰개성화이론의 논의에서와 같이 공적 자아의식과 사적 자아의식을 모두 낮추게 되고, 공적 자아의식이 낮음으로 인해 자신의 행동에 대한 주위 사람들로부터 수치심을 덜 느끼게 됨으로, 그리고 사적 자아의식이 낮음으로 인해 자기조절을 못하고 충동적이 되고, 또 내적 금기가 약하게 되어 플레이밍을 용인하는 태도를 갖게 됨으로 해서 플레이밍을 저지르게 된다는 결과를 제시했다. 이 연구결과는 대체로 몰개성화이론을 지지하는 결과로 볼 수 있으나, 익명성이 상대의 존재나 피해인지를 낮추고, 처벌의 두려움을 낮추어 플레이밍을 유발하는 것은 아니라는 점에서 사회실재감/사회단서부족이론이나 억제이론의 논의를 지지하지는 못했다. 이 연구는 익명성의 영향력이 크다는 점을 제시했으나 그럼에도 불구하고 행위자가 사용하는 사이트가 얼마나 친언어폭력적인지의 사이버공간문화규범의 영향력과 비교해 보면 사이버문화규범의 영향이 더 크다는 점을 제시해, 익명의 사용을 규제하는 방법보다는 사회문화차원의 개선의 노력이 중요할 수 있음을 강조했다.

앞서 이성식의 연구(2004b)에서는 몰개성화 논의대로 익명의 상황이 사적 자아의식을 낮추어 사이버플레이밍을 용인하는 태도를 갖게 한다는 결과를 제시하고는 있지만 그 경로의 영향력이 높지는 않은 것으로 제시된다. 그렇다고 익명의 상황이 사적 자아의식을 높이는 것은 아니라는 결과를 제시해 사적 자아의식이 증가할 것이라는 사적 자아의식이론을 지지하지도 않았다. 그럼에도 보다 엄밀하게 사적 자아의식이론을 고려해 본다면 익명의 상황과 내적 태도는 서로 선형적인 관계에 있는 것이 아니라 익명의 상황에서는 내적 태도대로 행동한다는, 즉 익명의 상황일 때 태도가 범죄의 주요 원인이 된다는 것을 살펴볼 필요가 있다. 그러한 점을 검증하기 위해 이성식(2005b)은 익명성과 내적 태도의 사이버언어폭력에 미치는 상호작용효과를 살펴보았다. 이 연구결과에서는 그 상호작용효과가 상당히 유의미했으며, 즉 언어폭력에 호의적인 청소년들이 익명의 상황에 있게 될 때 더욱 언어폭력을 저지른다는 결과를 제시했다. 이는 익명의 사이버공간에서는 개인태도의 영향력이 상당하다는 설명이 된다. 이러한 결과는 익명성도 중요하지만 차별접촉/사회학습이론이나 사회통제이론의 논의에서도 언급했듯이 우선적으로는 내적 태도가 중요한 것이어서 윤리의식의 교육이 필요하다는 주장을 가능하게 한다.

그럼에도 불구하고 위의 익명성의 효과에 관한 연구들은 주로 언어폭력에 국한한 점에 사이버범죄 전반에 일반화할 수는 없다고 보아야 할 것이다. 예를 들어 이성식(2008a)은 사이버범죄 연구의 여러 설명요인에서 익명성의 효과는 다른 사회환경적 혹은 개인요인들보다는 낮은 것을 제시했다.

제4장 개인요인

제 1 절 낮은 자기통제력

1. 주요 이론과 기존 연구

Gottfredson과 Hirschi(1990)의 일반이론은 가장 주목받고 있는 이론 중 하나이다. 일반이론은 대부분의 비행이나 범죄가 즉각적인 만족을 위해 즉흥적이면서도 충동적으로 발생한다는 점에 주목했고, 따라서 범죄자와 정상인을 구분하는 특성도 순간만족과 충동성을 통제, 조절할 수 있는 능력으로서의 내적 개인성향 차이에 있다고 보았는데, 그것이 바로 자기통제력이라고 했다.

일반이론은 고전주의 학파와 실증주의 학파의 주장을 통합하려고 했다. 즉 범죄는 즉각적이고 우연한 상황에서 발생한다고 보아 고전주의 학파의 입장을 수용했고, 또 범죄는 정상인과 구분되는 범죄자의 안정된 특성에 의해 설명될 수 있다고 보아 실증주의 입장을 수용하기도 했는데, 그러한 범죄자의 특성이 즉각적이고도 우발적으로 일어나는 범죄의 특성에 맞게 순간만족과 쾌락, 충동을 통제할 수 있는 능력의 차이로서 자기통제력이라고 본 것이다. 이 이론은 고전주의와 실증주를 통합하고 낮은 자기통제력이라는 유일한 원인을 제시하면서 일종의 통합이론을 제시했고 아울러 모든 유형의 범죄를 설명하고 또한 어느 나라나 문화권의 범죄를 설명할 수 있을 것이라는 점에서 일반이론으로서 제시된다.

자기통제력은 순간만족과 충동을 조절할 수 있는지, 스릴과 모험을 추구하기보다는 분별력과 조심성이 있는지, 근시안적이기보다는 앞으로의 일을 생각하는지, 쉽게 흥분하는 성격인지 등을 말하는 것으로, 자기통제력이 낮은 사람은 비행과 범죄를 더 저지른다고 보았다. Gottfredson과 Hirschi는 그러한 내적 성향이 어릴 때 형성된다고 주장했다. 즉 그것은 어릴 때 부모의 양육방법에 의해 결정된다고 하면서, 부모로부터 감독이 소홀하거나 애정결핍 속에, 무계획적 생활습관이 방치되고, 잘못된 행동에 제재가 없이 자란 아이들은 내적 통제력이 낮아 어려서부터 문제행동을 보이기 시작하고, 그 성향은 청소년기를 지나 성인이 되어서도 변하지 않는 지속적이고도 안정된 성향이기에, 청소년기나 성인이 되어서도 우발적이고도 충동적으로 쉽게 비행 또는 범죄에 빠져든다고 보았다.

Gottfredson과 Hirschi는 어릴 때 형성된 자기통제력이라는 내적 성향이 비행이나 범죄의 주 설명원인이라고 보았기 때문에 청소년 성장기의 차별접촉/사회학습이론이나 사회통제이론에서 강조되었던 비행친구와의 접촉이나 사회유대와 같은 요인들의 영향력을 부정했다. 즉 자기통제력을 통제할 경우 비행친구와의 접촉과 사회유대는 비행과 아무 관련이 없는 허위관계가 된다고 주장했으며, 비행친구와의 접촉, 사회유대의 약화, 비행은 모두 어릴 때의 낮은 자기통제력이라는 공통된 원인에서 비롯되는 결과라고 보았다.

일반이론은 그동안의 연구에서 많은 지지를 받아와 자기통제력이 낮은 사람들이 비행이나 범죄의 가능성이 높음이 제시되어 왔다(Grasmick et al., 1993; Wood et al., 1993; Gibbs and Giever, 1995; 민수홍, 2006). 또한 낮은 자기통제력은 비행친구 요인과 사회유대와 독립적으로 비행과 범죄의 주요 원인으로 작용한다는 결과가 제시되고 있다(Nagin and Paternoster, 1993; Evans et al., 1997). 그러나 이후 연구결과들을 보면 낮은 자기통제력이외에 비행친구와의 접촉, 사회유대 모두가 비행에 중요한 설명요인이 된다는 결과를 제시함으로써 비행이나 범죄가 어릴 때 형성된 성향에 의해서만으로 설명될 수 있는지에 많은 논란과 비판이 제기되어 왔으며(Paternoster and Brame, 1997; Baron, 2003; Chapple, 2005), 심지어 낮은 자기통제력의 영향은 비행친구와의 접촉과 사회유대에 매개되어 간접적인 영향만을 갖는다는 연구가 제시되기도 했다(Longshore et al., 2004).

이후에는 일반이론의 검증에서 낮은 자기통제력과 범죄기회를 함께 다뤄야 한다는 주장이 제기되었다. Gottfredson과 Hirschi는 고전주의 학파와 실증주의 학파를 통합하려고 노력했듯이, 낮은 자기통제력은 범죄의 필요조건이고, 범죄 발생의 또 다른 충분조건으로 범죄기회가 갖추어져야 함을 강조하였는데, 여기서 범죄기회란 앞서 범죄기회이론에서 언급한 것과 같이 대상의 매력과 감시의 부재와 같이 범죄로 얻게 되는 순간적이고 즉각적인 이득과 만족, 범죄를 손쉽게 저지를 수 있는 상황여건, 그리고 범죄사실이 발각될 낮은 위험 가능성 등을 말한다(Grasmick et al., 1993; Smith, 2004). 초기에는 낮은 자기통제력의 영향만을 다루었지만 이후 최근까지 이러한 논의를 검증하려는 시도가 본격적으로 시작되었는데, 그러한 논의들은 어느 정도 지지를 받고 있다(Longshore, 1998; LaGrange and Silverman, 1999; Hay and Forrest, 2008). 즉 낮은 자기통제력과 범죄기회와는 상호작용효과를 갖는 것으로 나타나 낮은 자기통제력의 사람들이 범죄기회의 상황에서 더 범죄를 저지른다는 것을 제시한다.

2. 사이버범죄연구

일반이론은 어떠한 유형의 범죄와 상관없이 낮은 자기통제력이 유일하고 중요한 원인이라고 보았기 때문에 그 이론대로라면 현실 오프라인범죄 뿐만 아니라 사이버범죄에도 잘 적용될 수 있을 것이다. 실제로 사이버범죄 연구에서 낮은 자기통제력의 영향은 외국에서 뿐만 아니라(Higgins, 2005; Buzzell et al., 2006; Malin and Fowers, 2009), 국내에서도 (김재휘, 김지호, 2002; 이경님, 하연미, 2004; 민수홍, 2005; 이성식, 2005a, 2010) 꾸준히 큰 지지를 받고 있다. 사이버공간에서는 비대면과 익명의 상황에서 많은 사람들과 접하고 우발적이고도 충동적으로 자신의 감정을 표출할 상황에 많이 접하게 되는데, 자기통제력이 높은 사람들은 그러한 상황에서도 자기조절을 하지만, 그렇지 못한 자기통제력이 낮은 사람들은 쉽게 우발적으로 범죄를 할 것이라고 볼 수 있다.

오프라인 현실과 비교해 볼 때 오히려 낮은 자기통제력의 영향은 사이버공간에서 더 크게 작용할 수 있을지도 모른다. 일반이론에서는 낮은 자기통제력과 범죄기회는 상호작용효과를 갖는다고 하듯이 낮은 자기통제력의 영향이 범죄기회가 용이한 상황에서 잘 작동한다고 볼 수 있는데, 사이버공간은 범죄를 저지르기가 훨씬 쉽고 용이하기 때문이다. 사이버공간에서는 육체적으로 큰 노력 없이도 한 번의 클릭만으로 범죄를 쉽게 저지를 수 있다. 또한 사이버공간의 비대면과 익명의 특성으로 범죄시 발각 가능성이 낮아 범죄기회는 훨씬 용이하다. 따라서 온라인에서는 오프라인보다 범죄기회가 더 많다고 볼 수 있으며, 그러한 점에서 낮은 자기통제력의 사람들은 사이버공간에서 더 범죄를 저지르기 쉽다고 볼 수 있다.

이성식의 연구(2010a)에서는 낮은 자기통제력의 영향을 현실에서 뿐만 아니라 사이버공간의 비행에 적용하여 비교하여 살펴보았는데, 낮은 자기통제력이 현실과 사이버비행 모두에서 매우 강력한 작용을 한다는 결과를 제시했다. 하지만 낮은 자기통제력과 비행기회요인들의 상호작용효과를 살펴본 결과에서는 그 영향력이 미비하다는 결과를 제시해 일반이론의 통합적 논의를 지지하지는 못했다. 그러나 이성식과 박정선(2014)은 모바일 휴대전화 문자폭력에서 낮은 자기통제력의 청소년이 모바일 매체의 기회특성과 상호작용효과를 갖는 것을 제시했고, 이성식과 동료들(2016)은 사이버불링의 통합적 설명에서 일반이론에 근거하여 낮은 자기통제력과 범죄기회의 상호작용을 살펴봄에 있어 범죄기회를 사이버범죄의 기회용이성의 인지도로 다루었는데 낮은 자기통제력과 범죄기회는 유의미한 상호작용효과를 가져 통합적으로 작용한다는 결과를 제시했다.

제 2 절 사이버자아

1. 주요 이론과 기존 연구

자아는 나는 누구인가에 대한 답으로, 자기자신의 신체, 사고, 감정, 성격 및 행위들의 통일된 전체에 대한 생각으로 정의된다(Rosenberg, 1979). 상징적 상호작용이론에 따르면 자아는 사회적 상호작용을 통해 발전하며 그런 점에서 사회의 모습이 반영된다. 예를 들어 주위와의 상호작용과 역할담당과 같은 과정을 통해 사회가 자신에 대해 생각하는 관점을 반영하면서 자신을 규정한다.

범죄이론에서 보면 낙인이론은 자아와 범죄에 관한 대표적 논의가 된다. 낙인이론에 따르면 범죄나 혹은 사소한 일탈로 사법기관에 의해 처벌을 받고 낙인이 찍히게 되면 부정적 자아가 형성됨으로 해서 차후 그러한 자아대로 행동하다 보면 지속적으로 범죄를 저지르게 된다고 보았다(Tittle, 1977; Paternoster and Iovanni, 1989). 또한 그러한 낙인은 반드시 이전에 일탈이나 범죄 없이도 가능하며 부모 등 주위의 비공식낙인에 의해서도 자아가 형성되어 비행이나 범죄에 영향을 미친다(Matsueda, 1992). 이때 역할담당과정으로서 주위 사람, 예를 들어 청소년의 경우 부모의 입장에서 바라본 자신에 대한 평가로 자아의 반사된 평가는 자아형성에 매우 중요하며 그 자아대로 행동하게 된다. 이성식(2007)은 낙인이론의 청소년 패널데이타를 이용한 검증에서 주위의 낙인이 청소년 자신을 비행소년이나 문제아로 생각하는 부정적 자아를 형성하게 하여 청소년비행에 영향을 준다는 결과를 제시했다.

자아와 범죄와의 관계에 대한 논의에서 자긍심은 또 다른 주요 개념으로 다뤄졌다. 자긍심은 자아에 대한 전체적인 평가와 만족도로 자신에 대해 긍정적 혹은 부정적으로 생각하는가를 말한다. 그와 같은 자긍심은 학업성취나 우울, 그리고 비행이나 범죄와도 관련이 높은 것으로 주장된다(Rosenberg, 1989). 비행 및 범죄와 연관해서 보면 Kaplan(1980)은 청소년 연구에서 그러한 자긍심은 비행의 주요 설명요인이 된다고 보았는데, 그것을 자기고양동기로 설명했다. 사람들은 자신에 대한 부정적 태도를 줄이려 하고 긍정적 태도를 유지, 극대화하려는 욕구를 갖고 있다고 보았는데, 자신에 부정적 평가를 하는 경우 자긍심을 높이기 위해 비행을 저지른다는 것이다. 사회에서는 부모로부터 인정도 못 받고 학업성적에서도 뒤처지는 자긍심이 낮은 아이가 주먹이나 대담성만큼은 누구에도 뒤지지 않는다는 식으로 자긍심을 높이려는 동기가 비행의 원인으로 작용할 수 있다고 본 것인데, 그런 점에서 자긍심이 낮은 사람들이 비행이나 범죄를 저지를 가능성이 높다고 주장했다.

2. 사이버범죄연구

기존 연구에서 낙인이론의 논의를 사이버범죄에 적용한 연구는 많지 않다. 사법기관의 처벌로 인한 낙인의 효과를 검증하기 위한 데이터 수집의 어려움뿐만 아니라 주위의 비공식낙인의 경우는 앞서 사회통제이론에서 주위의 사회유대 영향력이 낮은 것과 마찬가지로 주위 현실 구성원의 낙인 또한 그 영향력이 낮을 것이라는 점에서 일 것이다. 실제로 이성식의 연구(2008)에서는 여러 이론의 요인들의 영향력을 살펴보는 연구에서 주위 낙인의 영향력이 매우 낮다는 결과를 제시했다. 아울러 이 연구에서는 자아의 요인으로 자긍심의 영향력을 살펴보았는데 이 또한 설명력이 매우 낮은 것으로 나타났다. 소위 자긍심이 낮은 사람들은 누구로부터 자신의 존재감을 확인하고 싶어하고 그런 이유에서 악성댓글 등 자극적인 글로 주위의 관심을 끌고 싶어 한다는 논의도 있지만, 이성식(2006)은 사이버언어폭력 연구의 여러 설명요인들 중 자긍심과 사이버언어폭력과는 큰 관련이 없다는 것을 밝히고 있다.

오히려 사이버비행의 경우는 기존 자아 논의보다는 사이버자아라는 개념이 더 적용 가능성이 높다. 인터넷매체가 갖는 텍스트기반의 탈육체성, 익명성, 쌍방향성, 탈시공간성, 비연속성 등의 특징은 인터넷에서의 삶이 현실과는 다소 다른 모습을 갖게 한다. 사이버공간에서는 성, 연령, 지위 등 실체를 드러내지 않고 자신을 숨긴 채 자유롭게 의사소통을 할 수 있으며, 그러한 점에서 사이버공간은 사회로부터의 구속과 억압으로부터 자유의 공간이 되고, 욕망에 따라 행동 가능하며, 그것이 때로는 왜곡된 의사표현과 규범위반의 부작용을 초래하기도 한다. 이와 같은 맥락에서 새로운 원인 모색의 일환으로 사이버공간에서의 자아의 모습은 범죄와 연관될 수 있다.

새로운 공간에서 펼쳐지는 사이버공간에서의 자아의 모습은 어떤가? 기존의 물질적 육체에서 자유로워진 자아는 사이버공간에서 탈구조적이고, 탈고정적이며, 유동적인 다양한 자아의 모습을 갖는다(Turkle, 1995). 이러한 자아의 모습은 탈구속적이고 자유로운 긍정적 모습을 지니기도 하지만 때로는 정체성혼란으로 나타난다는 우려가 높기도 하다. 사이버공간에서는 무한히 자유롭게 변하는 유동적인, 통일되지 않고 무정형적이고 안정적이지 않은 '나'가 발견된다. 또 사이버공간 속에서는 어떤 고정된 사회토대를 상실한 채 불안해하며, 또 다중적인 자아를 갖고 존재론적으로 불확실성을 체험하는 불확실한 자아의 모습이 있다. 이러한 자아의 모습에는 자아해체적인 모습이 있어 사회질서와 규범으로부터 벗어나기 쉽고, 따라서 사이버공간에서는 그만큼 비행과 범죄의 가능성이 높다고 볼 수 있다.

이성식(2008c)은 사이버자아가 사이버비행에 미치는 영향에 대해 연구를 시도했다. 이 논문은 청소년들이 사이버공간에서 경험하는 사이버자아의 모습이 사이버공간에서의 비행에 있어 주요 원인이 되는지를 검증하고 있다. 이 연구에서는 기존의 사이버자아의 논의에 근거하여 사이버자아를 탈구조성, 유동성, 다중성, 자유주체성, 이상성, 확장성 등 여섯 가지로 나누어 살펴보고, 그것을 요인분석을 통해 부정적 사이버자아(탈구조성, 유동성, 다중성)와 긍정적 사이버자아(자유주체성, 이상성, 확장성)로 구분했다. 이 연구에서는 청소년이 사이버공간에서 부정적 사이버자아가 형성되면 이로 인해 사이버비행의 가능성이 매우 높음을 제시하고 있다.

제5장 통합요인

제 1 절 기존 논의에서의 요인들 영향력 비교

국내 초기연구로 이성식의 연구(2005a)에서는 청소년들의 사이버비행을 설명함에 있어 그것을 유형별로 신종비행, 전통문제행동, 그리고 인터넷중독으로 구분하고, 여러 예측요인들을 제시해 그 영향력을 살펴보았다. 이 연구에서 다룬 요인들은 긴장이론에서 다루고 있는 부모와의 관계와 학교부적응, 그리고 부정적 감정으로서 우울, 차별접촉/사회학습이론의 사이버비행에 대한 호의적인 태도, 합리적 선택이론에서의 심정적 이득으로서 재미, 일반이론에서의 낮은 자기통제력, 그리고 사이버자아 및 사회인구학적 특성으로 성, 연령, 가족수입 등이었다.

이 조사결과에서 신종비행의 경우는 사이버자아가 $p<.01$수준에서 가장 높은 영향력을 제시했고, 그 다음으로 낮은 자기통제력과 사이버비행에 대한 호의적 태도가 $p<.05$수준에서 유의미했으며, 그밖에 남성이, 그리고 가족수입이 높은 청소년이 신종비행을 더 저지르는 것으로 제시되었다. 전통문제행동은 낮은 자기통제력의 영향력이 $p<.001$수준으로 가장 컸으며, 그 다음으로 비행으로 얻는 재미가 $p<.01$수준에서, 그리고 사이버비행에 대한 호의적 태도와 사이버자아가 $p<.05$수준에서 유의미했고, 성(남성)이 크게 유의미하게 나타났다. 인터넷중독의 경우는 사이버자아, 우울, 낮은 자기통제력이 $p<.001$수준에서, 그리고 그 다

음으로 재미 순으로 영향력을 나타냈다.

이 결과에서 제시하는 것은 사이버비행에서 전통현실비행과 유사한 전통문제행동의 경우는 기존 현실비행연구에서처럼 낮은 자기통제력의 영향이 컸다는 점이며, 그 반면 새로운 유형의 신종비행의 경우는 기존 이론에서 언급하지 않았던 사이버자아의 영향이 가장 컸다는 점이다. 이 연구결과는 기존 현실비행과 새로운 유형의 사이버비행은 그 원인에서 다소 다를 수 있음을 제시한다. 즉 신종비행은 사이버공간에서의 새로운 정체성의 발현에서 비롯될 수 있다는 점이다. 하지만 그럼에도 신종비행의 경우에서도 전통문제행동과 유사하게 낮은 자기통제력과 사이버비행에 대한 태도가 유의미한 것을 제시해 그것이 크게 다르지 않을 수 있음을 제시했다. 전통문제행동도 낮은 자기통제력이외에 사이버비행에 대한 호의적 태도와 사이버자아가 유의미한 영향력을 제시했고, 다만 신종비행과는 다르게 사이버비행으로 얻는 재미의 영향력이 컸는데, 그것을 재미삼아 호기심에서 저지를 수 있음을 제시했다. 인터넷중독은 기존의 연구들에서와 같이 사이버자아, 우울, 낮은 자기통제력의 영향이 유의미한 것으로 제시되고 있다. 전체적으로 긴장요인들의 영향력은 낮았다.

이성식(2009)은 청소년 패널데이타를 사용하여 전국 초등학생을 대상으로 사이버비행의 원인을 살펴보았다. 일상긴장, 낮은 자기통제력, 인터넷사용시간 등으로 긴장이론, 일반이론, 기회이론 등의 세 이론의 주요 요인을 비교검증한 이 연구는 패널데이타를 사용한 점에서 인과관계를 명확히 하고 또 환경, 개인, 기회요인을 비교한 점에서 의의가 있다. 이 연구의 결과에서는 기회요인으로 인터넷사용시간이 $p<.001$수준에서 가장 큰 영향력을, 그 다음으로 낮은 자기통제력이 $p<.001$수준에서, 그리고 긴장요인들 중에서는 부모와 친구와의 긴장은 유의미하지 않았지만 학업긴장이 $p<.05$수준에서 유의미하게 작용했다는 결과를 제시했다. 정혜원(2010)은 청소년 패널데이타를 사용하여 전국 중학생을 대상으로 사이버비행의 원인을 일상긴장, 낮은 자기통제력, 인터넷사용시간 등 세 이론의 요인의 영향력을 살펴보았는데, 낮은 자기통제력이 $p<.001$수준에서 가장 높게, 그리고 부모와 친구관계에서의 긴장은 유의미하지 않았지만 학업긴장이 $p<.001$

수준에서 그 다음으로, 그리고 인터넷사용시간이 p<.001수준에서 유의미하게 사이버비행을 설명한다는 결과를 제시했다. 하지만 이들 연구는 환경, 개인, 기회요인의 대표적 요인을 다뤘지만 패널데이타의 자료의 한계로 여러 요인들을 충분히 다루지는 못했다는 한계가 있다.

이성식(2008a)은 중학생 대상의 청소년들의 사이버범죄의 설명요인을 알고자 여러 요인들을 고려하였고 그것을 개인수준, 주위관계수준, 사회문화수준, 상황기회수준의 네 수준별로 구분하고 각 수준별로 그 영향력을 파악하였는데, 여기서 주위관계와 사회문화수준의 요인들은 환경요인에 해당된다 하겠다. 이 연구결과를 보면 개인수준의 요인은 자기통제력이 p<.01수준에서 중요한 요인이었지만 개인윤리의식이나 자긍심, 부정적 감정 등의 영향력은 유의미하지 않았다. 주위관계수준에서는 부모와의 갈등과 같은 긴장요인이 p<.05수준에서, 사이버비행친구와의 접촉이 p<.01수준에서 유의미한 영향력을 가졌으나 부모와의 유대나 주위의 낙인과 같은 요인은 유의미하지 않았다. 사회문화수준에서는 사이버하위문화와 같은 친비행적 인터넷환경이 p<.05수준에서 유의미했고, 네티즌들의 활동과 같은 집합효율성 요인은 유의미하지 않았다. 그리고 상황기회요인으로서 인터넷사용시간이 많을수록 p<.01수준에서 사이버범죄를 더 저지르며, 그리고 익명상황이 p<.05수준에서 사이버범죄의 중요한 요인임을 나타냈다. 이 결과에서는 낮은 자기통제력과 사이버비행친구와의 접촉, 그리고 인터넷사용시간의 개인, 환경, 기회요인에 해당하는 대표적 요인들이 가장 큰 영향력을 갖는다는 결과를 제시했다.

그동안의 연구들에서는 대학생을 대상으로 한 연구는 드물었는데 이성식(2014a)은 대학생들을 대상으로 긴장이론, 사회학습이론, 일반이론과 기회이론의 네 이론을 중심으로 주요 요인들의 영향력을 비교하였다. 이 연구에서는 가정에서의 긴장 등 긴장요인들의 영향력은 낮았고, 사회학습요인들로 위반자와의 차별접촉이나 태도, 모방의 영향력은 낮았지만 강화요인은 보상이 p<.01수준에서, 처벌의 비용이 p<.05수준에서 어느 정도 중요하다는 결과를 제시했다. 일반이론에서의 낮은 자기통제력도 p<.05수준에서 유의미한 영향력을 제시했다. 이

연구에서는 범죄기회요인들로 사이버공간에서는 법을 위반할 기회가 많고 수월하고 용이하다는 기회인지가 $p<.001$수준에서 가장 크게, 그리고 인터넷사용시간도 $p<.001$수준에서 유의미한 영향력을 제시했다. 아울러 익명성도 $p<.05$수준에서 유의미해 전체적으로 범죄기회이론이 가장 크게 지지되고 기회요인들이 중요하다는 결과를 제시했다. 이와 같은 대학생 대상의 연구결과는 기존 연구들에서보다는 낮은 자기통제력의 영향이 상대적으로 적은 것으로 보아 이는 여러 이론의 요인들이 고려되었기 때문이라고 볼 수 있지만 상대적으로 개인성향의 중요성은 어린 시기에 비해서는 줄어든다고도 볼 수 있다. 아울러 이 연구결과는 기존 연구와 달리 위반자친구나 태도의 영향도 낮았다는 특성이 있고 상대적으로 기회요인이 중요한 것을 제시하고 있다.

최근 스마트폰 이용환경의 변화로 스마트폰 사용상의 범죄에 관한 연구에서 이성식(2014d)은 대학생을 대상으로 긴장이론의 부모와의 긴장과 학업긴장, 차별접촉이론의 위반자와의 차별접촉, 그리고 일반이론의 낮은 자기통제력의 영향력을 비교했는데, 긴장요인들의 영향력은 유의미하지 않았지만 위반자와의 차별접촉은 $p<.01$수준에서, 낮은 자기통제력은 $p<.05$수준에서 유의미한 요인임을 제시했다. 아울러 이성식과 전신현(2015)은 대학생의 SNS이용상의 사이버불링의 원인을 제시함에 있어 긴장이론의 부모와의 긴장과 학업긴장, 차별접촉이론의 현실 및 SNS에서의 위반자와의 차별접촉, 그리고 일반이론의 낮은 자기통제력의 영향력을 비교했는데, 위의 연구결과와 유사하게 긴장요인들의 영향력은 유의미하지 않았지만 현실 위반자와의 차별접촉은 $p<.01$수준에서, SNS 위반자와의 차별접촉은 $p<.001$수준에서 가장 크게, 낮은 자기통제력은 $p<.001$수준에서 유의미한 요인임을 제시했다.

제 2 절 통합연구

1. 경로모델

앞서 논의들이 여러 이론의 요인들의 경쟁을 다룬 것이었다면 그러한 요인들의 통합을 통한 모델구성으로 통합적 논의를 시도한 연구들이 있었다. 그러한 연구 중에는 우선 인과모델을 통해 요인들간의 인과적 경로를 제시하고 통합한 연구가 대표적 연구로 꼽힌다.

남수정(2011)은 일상긴장과 낮은 자기통제력이 인터넷중독의 요인을 통해 간접적으로 사이버비행에 영향을 줄 것이라는 모델을 구성하고 중,고등학생을 대상으로 실시한 연구에서 인터넷중독이 $p<.01$수준에서 가장 크게, 그 다음으로 낮은 자기통제력이 $p<.01$수준에서, 그리고 일상긴장이 $p<.05$수준으로 세 요인들 모두 직접적으로 사이버비행에 유의미하게 작용했다는 결과를 제시했는데, 일상긴장과 낮은 자기통제력은 인터넷중독을 통해 간접적인 영향력도 갖는다는 것을 제시했다. 이때 이 연구애서는 익명사용을 조절변인으로 사용했는데, 긴장과 익명사용이 상호작용효과를 갖는다고 하여 일상긴장의 청소년들이 인터넷을 익명으로 사용하게 되는 경우 사이버비행을 더 저지르게 된다는 결과를 제시했다.

차은진(2012)은 중학생을 대상으로 비록 긴장요인들을 다루지는 않았지만 위의 관련 요인들로 구성한 인과관계의 경로모델을 검증하였다. 이 연구결과에서 낮은 자기통제력이 직접적으로도 사이버비행에 영향을 미쳤지만 인터넷중독을 매개로도 영향을 미쳤고, 인터넷중독의 청소년은 직접적으로 혹은 윤리의식(태도)을 매개로 간접적으로도 사이버비행의 가능성이 높다는 결과를 제시했다. 즉 낮은 자기통제력의 청소년은 인터넷중독에 빠지게 되고 그리하여 윤리의식의 하락으로 사이버비행을 야기할 수 있음을 제시했다.

이성식과 전신현(2012)은 낮은 자기통제력과 일상긴장 및 인터넷사용시간이 사이버비행에 미치는 영향을 살펴봄에 있어 낮은 자기통제력과 일상긴장이 인터넷사용시간을 통해 사이버비행에 영향을 줄 것이라는 모델을 고등학생을 대상으로 청소년 패널데이타를 사용하여 분석했다. 그 결과 낮은 자기통제력이 인터넷사용시간에 영향을 주었고, 부모와의 긴장이 높을수록, 그리고 예상과는 다르게 학업긴장이 낮을수록 인터넷사용시간이 많았지만 인터넷사용시간이 사이버비행에 영향을 주지 않는다는 결과를 제시했다. 이 연구에서는 인터넷사용시간을 유형별로 나누어 살펴보았는데 그것을 교류, 오락, 정보이용으로 구분할 때 낮은 자기통제력과 부모와의 긴장의 학생이 오락사용이 높지만 오락사용은 사이버비행과 관련이 없음을 제시했다. 그런데 학업에 관심을 두고 어느 정도 학업긴장을 갖는 청소년은 정보이용시간이 많아 현실비행의 가능성은 낮지만 그 이용과정에서 긴장을 사이버비행으로 해소하여 사이버비행을 더 저지른다는 결과를 제시했다. 한편 그 결과에서는 낮은 자기통제력은 교류시간의 증가를 낳고 교류시간은 사이버비행을 유발하지만 큰 영향력은 없었다. 이 연구는 패널데이타를 사용했기 때문인지 그 대상이 고등학생이었기 때문인지 알 수 없지만 고등학생의 경우는 인터넷사용시간의 영향력이 낮았고 그것을 유형별로 나눠볼 때 오히려 정보이용시간이 많을수록 긴장과 스트레스의 해소를 이유로 사이버비행을 저지르며 교류시간은 약간으로만, 그리고 오락시간은 사이버비행과 큰 관련이 없다는 것을 제시했다.

한편 이성식(2008c)은 사이버자아를 중심으로 통합모델을 구성했는데, 사이버자아의 사이버비행에의 영향력 뿐만 이니라 누가 사이버자아의 모습을 형성하는지, 그리고 사이버자아는 어떠한 경로로 사이버비행에 영향력을 미치는지를 알아보았다. 이 연구모델에서는 사이버자아의 선행요인으로 부모관계, 학업성적, 친구관계 등의 사회유대와 긴장요인, 자긍심, 그리고 인터넷사용시간과 익명성을, 사이버자아와 사이버비행간의 매개요인으로 사이버공간에서의 윤리의식, 공식처벌인지, 주위 사람들의 비공식통제에 대한 인식을 상정하였다. 이 조사결과에서는 현실에서의 부모 및 친구와 부정적 관계를 갖는 청소년이 부정적 사이버자아의 모습을 가지며, 또 익명으로 인터넷을 사용하는 청소년이 부정적 사이버자아가 형성되는 것으로 나타났다. 사이버공간에서 부정적 사이버자아가 형성되면 직접적으로 사이버비행을 저지르게 될 가능성이 높을 뿐만 아니라 사이버윤리의식 및 공식처벌인지도의 약화를 가져와 사이버비행에 간접적인 영향력을 갖는 것으로 나타났다. 이 결과는 사회유대가 약하고 긴장을 겪는 청소년, 익명으로 인터넷을 사용하는 청소년들이 사이버공간에 의존하다가 현실의 정체성을 잃고, 정체성의 혼란과 불안정하고 혼돈의 다중자아를 경험하다가 사이버공간과 현실을 구분 못하고 사이버공간에서는 법을 위반해도 좋다는 태도와 인식을 갖게 되고, 또한 발각되거나 처벌이 미약할 것으로 생각하다가 비행을 저지른다는 것을 제시한다.

2. 상호작용모델

또 다른 통합적 논의로는 요인들간의 경로모델보다는 소위 조절변인을 사용하여 요인들간의 상호작용효과 등의 통합작용을 살펴본 연구가 있다. 앞서 제시했던 일반긴장이론(Agnew, 1992)은 그러한 대표적 통합이론이다. 즉 일반긴장이론은 긴장을 범죄의 주요 원인으로 고려하면서도 주위와의 유대나 비행친구와의 접촉, 법위반태도나 도덕적 신념, 충동성 혹은 낮은 자기통제력 등 사회통제이론이나 차별접촉이론 그리고 일반이론의 주요 요인들을 조절변인으로 제시하면서, 긴장과 그러한 조절변인들간의 상호작용의 통합작용을 제시하였다. 이정환과 이성식(2014)은 일반긴장이론을 검증하면서 사이버공간에서의 범죄피해경험을 대표적인 긴장요인으로 제시하면서 여러 조절변인들과의 통합작용을 살펴보았는데 그 상호작용효과를 남녀별로 제시했다. 대학생 대상의 연구에서 연구결과는 남성의 경우는 범죄피해와 도덕적 태도간의 상호작용효과가, 여성의 경우는 범죄피해와 낮은 자기통제력간의 상호작용효과가 유의미하다는 것을 제시해 남녀간에 조절변인이 차이가 있을 수 있음을 주장했다. 어쨌든 이 연구는 일반긴장이론의 주장대로 긴장의 요인이 다른 이론의 요인들과 통합적으로 작용할 수 있다는 것을 제시한다.

또한 앞서 통합이론으로서 일반이론(Gottfredson and Hirschi, 1990)에서 제시했던 낮은 자기통제력의 개인성향이외에 범죄기회가 중요하다고 하면서 낮은 자기통제력과 조절변인으로 기회요인과의 상호작용효과에 관심을 가진 연구가 대표적 통합적 연구로 꼽힐 수 있는데, 이후 일반이론의 논의는 개인요인과 환경요인과의 통합에 관한 연구로 발전되었다. 그 대표적 연구가 낮은 자기통제력과 사회학습요인들과의 상호작용효과에 관심을 가진 연구로(McGloin and Shermer, 2009; Meldrum et al., 2009), 사이버범죄 연구에서도 낮은 자기통제력과 사회학습요인들과의 상호작용효과에 관심을 가진 연구가 있는데(Higgins, 2007; Holt et al., 2012; 이성식, 2011a, 2014b), 이 연구들에서는 낮은 자기통제력의 사람들이 위반자와의 접촉이나 법위반태도 등 사회학습요건을 가질 경우 더 더욱 사이버범죄를 저지르게 된다고는 결과를 제시했다. 이러한 연구결과는 낮은 자기통제력만이 유일한 원인이라고 보는 일반이론의 주장이 수정될 필요가 있으며 범죄설명에 있어서 개인성향이외에 환경요인도 함께 고려해야 한다는 주장들을 뒷받침하는 것이라고 볼 수 있다. 또한 이성식(2012a)은 개인요인과 거시환경요인간의 통합에도 관심을 보여 낮은 자기통제력이 하위문화나 집합효율성의 환경요인과 함께 상호작용효과를 갖는지를 검증했다. 이 연구에서는 그 상호작용효과가 낮은 것을 제시했지만 남녀 성별로 차이를 보여 낮은 자기통제력은 남녀 모두에서 유의미했지만 하위문화환경은 여성에게서, 집합효율성환경은 남성에게서 중요했고, 그 상호작용효과에서는 남성에게서는 모두 유의미하지 않았지만 여성의 경우는 낮은 자기통제력과 하위문화요인이 유의미하게 통합적으로 작용한다는 결과를 제시했다.

이성식(2011)은 청소년 사이버비행의 통합적 모델의 시도로서 그 원인을 원인요인과 통제요인으로 나누고 두 요인간의 통합작용을 살펴보았는데, 원인요인은 범죄에 정(+)적으로 작용하는 요인, 통제요인은 부(-)적으로 작용하는 요인이다. 이 연구에서 주요 원인요인으로는 낮은 자기통제력, 부정적 감정, 비행친구와의 접촉을, 주요 통제요인으로는 개인윤리의식, 주위와의 유대, 공식처벌인지를 제시하고, 통합적 논의로서 그 원인요인과 통제요인들간의 상호작용효과를 살펴보았다. 그 연구결과에 따르면 사이버비행에의 영향에서 원인요인으로는 낮은 자기통제력과 비행친구와의 접촉이 중요하였고, 통제요인으로는 개인윤리의식이 중요했다. 그리고 그 통합적 논의에 따라 상호작용효과를 보면 낮은 자기통제력과 개인윤리의식의 상호작용효과가 유의미했고, 비행친구와의 접촉과 공식처벌의 상호작용효과가 유의미하여, 낮은 자기통제력과 같은 개인원인요인은 개인통제요인(윤리의식)에 의해 통제되고, 그리고 비행친구와 같은 사회환경요인은 공식처벌에 의해 통제될 수 있음을 제시해 공식처벌이 비록 독립효과는 유의미하지 않았지만 원인요인의 통제작용에 있어서는 유의미했음을 나타냈다. 이 결과는 전체적으로 원인 및 통제요인을 함께 고려해야 한다는 통합적 논의를 지지했다.

한편 이성식과 동료들의 연구(2016)에서는 카카오톡으로 대표되는 모바일 인스턴트 메신저상의 사이버불링을 설명하고자 통합모델을 구성함에 있어 주요 요인들을 배출요인과 촉진요인으로 나누고 그 요인들의 통합적인 작용을 살펴보려고 했다. 여기서는 현실기반의 요인을 배출요인으로, 모바일 인스턴트 메신저상의 요인을 촉진요인으로 다뤘는데, 즉 청소년들이 학교폭력을 하게 만드는 현실에서의 사회환경이나 개인성향의 배출요인들이 그 작용을 더 촉진하게 하는 모바일 인스턴트 메신저 상의 촉진요인들과 결합될 때 사이버불링에 대한 설명력은 더 높을 것이라고 본다. 이 연구에서는 일상긴장과 낮은 자기통제력을 배출요인으로 다뤘고 모바일 인스턴트 메신저상에서의 사이버불링에 있어서 촉진요인으로 사회학습요인과 기회요인이 중요할 것이라는 점에 주목하고 배출요인과 촉진요인들간의 상호작용효과를 검증하고자 했다. 본 연구결과는 배출요인으로는 부모 및 친구와의 긴장, 그리고 낮은 자기통제력이 그 원인으로 중요했다. 그리고 촉진요인으로 모바일 인스턴트 메신저상의 사이버불링친구와의 차별접촉, 사이버불링태도, 사이버불링기회가 독립적으로 매우 중요했다. 또한 본 연구에서는 어느 정도 배출요인과 촉진요인간에 상호작용효과를 가져 비록 부모와의 긴장은 촉진요인들과 상호작용효과를 갖지 못했지만, 친구와 긴장관계에 있는 청소년이 사이버불링에 긍정적 태도를 갖는 경우와 사이버불링기회가 많은 경우 그리고 사이버불링친구와 사귀는 경우도 사이버불링 가능성이 높은 것을 제시했다. 학업긴장은 독립적인 영향력은 낮았으나 사이버불링태도와 유의미한 상호작용효과를 나타냈다. 또한 낮은 자기통제력은 비록 사회학습요인들과의 상호작용효과는 유의미하지 않았지만 사이버불링기회와의 상호작용효과가 유의미한 것을 제시했다. 이 연구는 사이버불링이 여러 요인들에 의해 설명이 가능하고, 특히 서로가 필요충분조건이 되어 통합적으로 작용할 수 있다는 것을 제시했다. 하지만 통합 가설은 부분적으로만 지지되어 긴장요인은 주로 사회학습요인, 그중에서도 사이버불링태도와, 그리고 낮은 자기통제력은 주로 기회요인과 상호작용효과를 갖는 것을 제시했다.

한편 이성식(2015)은 SNS상의 사이버범죄를 설명하기 위해 사회학습이론을 중심으로 통합적 연구를 진행하였다. 즉 사회학습이론이 제시하는 미시적 사회환경 요인들을 주요 요인으로 다룸과 동시에 그이외에 여러 통합적 요인을 다룸에 있어 개인성향(낮은 자기통제력), 거시환경요인(하위문화), 그리고 범죄를 쉽게 저지를 수 있는 기회요인들을 함께 다루고 이 요인들이 사회학습요인들과 상호작용효과를 가질 것으로 기대했다. 이 연구에서는 사회학습요인들로 위반자와의 차별접촉, 법위반태도, 강화요인으로 보상 및 모방의 영향력을 다뤘는데, 그 결과 사회학습요인으로 법위반태도는 하위문화요인과, 사회학습의 강화요인 보상은 기회요인과, 그리고 모방은 낮은 자기통제력과 상호작용효과를 갖는다는 것을 제시해 통합적 논의를 어느 정도 지지했다.

제3부

사이버범죄 유형별 고찰

Cyber Criminology

Cyber Criminology

제6장 사이버폭력형범죄

제1절 사이버폭력

1. 정의, 유형과 특성

사이버폭력이란 정보통신망을 통해 부호, 문언, 음향, 화상 등을 통해 타인의 명예 혹은 권익을 침해하는 행위를 일컫는다. 사이버폭력은 개인의 인격권 침해 행위로서, 욕설과 명예훼손, 협박, 스토킹, 그리고 사이버성희롱 등을 포함하는 포괄적 개념이다(박종현 외., 2005; 성동규, 2006; 신동준, 이명진, 2006). 여기서는 넓은 의미보다는 보다 좁은 의미의 전형적인 사이버폭력으로 욕설, 명예훼손, 비방, 협박 등의 사이버폭력에 주목하기로 하며, 사이버스토킹과 사이버성희롱은 다음에서 따로 다루기로 하겠다.

최근에는 사이버불링이라는 용어가 제시되기도 하는데, 사이버불링은 좁은 의미로 다수가 한 사람을 괴롭히고 왕따시키는 집단괴롭힘의 의미로 사용되는 경우도 있지만 통상 그러한 집단괴롭힘이외에 플레이밍과 욕설, 명예훼손과 비방, 허위사실유포, 위협, 그리고 스토킹까지도 포괄하는 개념으로(Willard, 2006), 사이버폭력과 거의 유사하다.

사이버플레이밍은 사이버공간에서의 무례한 그리고 누군가를 자극하며 논쟁과 분란을 일으키는 행위로 사이버욕설보다는 경미한 시비를 거는 제반 행위로 볼 수 있다.

사이버욕설 혹은 모욕은 인터넷게시판 등에서 공연히 사람에게 욕설을 하거나 모욕하는 행위이다. 사이버욕설과 모욕은 사실을 적시하지 않은 경멸의 의사를 표시하는 것이라는 점에서 구체적 사실을 적시하는 사이버명예훼손과는 구분된다.

사이버명예훼손은 그것이 사실이건 허위사실이건 구체적 사실을 공연히 적시하여 피해를 주는 행위를 말한다. 정보통신망을 통해 공연히 상당수 사람에게 공개하여 특정인을 비난, 비방하거나 특정 사실이나 허위사실을 폭로하거나 유포하여 개인의 명예를 훼손하는 행위는 모두 사이버명예훼손에 해당된다. 사이버명예훼손은 비방과 유사한 용어로 사용되고 허위사실유포의 경우는 특정인에 대해서 뿐만 아니라 특정 사회사실에 대해 거짓으로 유포하는 행위도 포함된다.

위협, 협박과 공갈은 보다 공격적이고 직접적인 침해행위로 앞서 욕설과 명예훼손 행위와는 구분되는 행위라고 볼 수 있다.

그 외에 사이버불링의 주요 형태인 사이버괴롭힘은 다수 혹은 개인이 누군가를 괴롭히는 행위이고 그와 같은 직접적 공격행위이외에 누군가를 소외시키고 배제하는 집단따돌림 형태로 특정인을 친구목록에서 제외하거나 대화방에 불러놓고 소외시키는 경우가 있다.

Willard(2006)는 사이버불링으로 일곱 가지 행위를 예시했는데, 사이버플레이밍, 사이버명예훼손, 사이버괴롭힘, 소외와 배척, 위장하기, 아웃팅, 그리고 스토킹으로, 앞서 설명한 사이버플레이밍, 사이버명예훼손, 사이버괴롭힘, 소외와 배척이외에 위장하기는 특정인의 아이디를 이용하여 마치 그 사람인 것처럼 행동하여 피해를 입히는 행위, 아웃팅은 누군가가 공개하고 싶지 아니하는 개인 성적 지향이나 정체성을 동의없이 밝히고 폭로하는 행위, 그리고 사이버스토킹은 상대가 원치 않는 행위를 지속적으로 반복하여 공포나 불안감을 일으키는 행위를 일컬을 때 사용한다.

2013년 한국정보화진흥원(조윤오, 2013)에서는 사이버불링의 유형으로 여러 가지를 제시했는데 앞서 플레이밍, 사이버비방(괴롭힘과 명예훼손), 소외와 배제 및 아이디도용(위장하기), 사이버스토킹이외에 사이버명령, 사이버감옥, 사이버갈취, 이미지불링, 안티카페, 그리고 사이버성폭력을 포함시켜 제시하였다. 사이버명령은 특정인에게 원치않는 행동을 강요하거나 심부름을 시키는 행위이고, 사이버감옥은 대화방등에서 특정인을 퇴장하지 못하게 막고 비방 또는 욕설하는 행위, 사이버갈취는 특정인에게 돈이나 사이버머니, 캐릭터를 요구하거나 데이터나 소액결제의 비용을 부담케하는 행위, 이미지불링은 글이 아니라 원치않는 사진이나 동영상을 유포하는 행위를, 안타카페는 괴롭힘을 위해 사이트나 게시판을 만들고 운영하여 피해를 주는 행위를 말하고, 그 외 사이버성폭력은 다음에 소개할 성적으로 수치심과 모욕감을 주는 행위를 말한다.

한편 사이버폭력을 다룰 때 악성댓글이라는 용어가 많이 사용되었는데, 이는 사이버폭력의 유형이라고 보다는 사이버폭력의 형식으로 인터넷게시판에서 어떤 시사나 게시글에 대해 간단한 의견을 다는 댓글의 형식으로 욕설을 포함하여 게시자 또는 특정인을 비난하거나 헐뜯는 내용의 글을 의도적으로 게시하는 행위를 말한다(한국정보문화진흥원, 2007).

사이버폭력은 비대면과 익명의 상황에서 가해자들이 자신을 노출하지 않고 과감하게 할 수 있다는 점과 그럼으로 발각 가능성이 낮다는 점, 그리고 댓글의 형식으로 쉽고 용이하게 저지를 수 있다는 특성이 있다. 그리고 누군가에 대한 비방과 소문으로 폭력이 발생하는 경우 그 확산속도가 매우 빠르고 광범위하며 피해자의 신상정보가 노출되기도 하는 등 그 피해가 크고, 그 가족에게 피해가 미칠 수도 있다. 사이버폭력은 인터넷 네트워크의 특성으로 다수가 그 피해자를 반복적으로 공격하는 특성을 지녀 피해자에게 심각한 결과를 초래할 수 있다.

2. 실태

2013년도에 한국인터넷진흥원의 사이버폭력 실태조사에서 초,중,고등학생 1500명과, 성인 500명 그리고 교사와 학부모를 대상으로 조사를 실시했다. 이 연구에서의 사이버폭력은 욕설, 명예훼손, 따돌림(소외와 배제), 신상정보유출, 스토킹, 성폭력을 포함한 개념으로, 조사결과 초,중,고등학생의 경우 29.2%가 사이버폭력의 경험이 있었는데 중학생이 39.0%, 고등학생이 38.4%, 초등학생이 7.0%순으로 중학생의 경험이 가장 높았던 것으로 나타났고, 성인의 경우는 14.4%가 경험이 있는 것으로 조사되었다. 이 조사에서는 사이버폭력의 이유로 초등학생은 '재미삼아 장난으로'라는 응답이 45.7%로 가장 많았고, 중학생은 '화가 나서'가 68.2%, 고등학생도 '화가 나서'가 64.1%, 성인의 경우도 '화가 나서(상대가 싫어서)'가 가장 높은 이유임을 제시했다.

2015년도 한국인터넷진흥원/방송통신위원회의 사이버폭력 실태조사에서는 초,중,고등학생 1,000명씩 3,000명과, 성인 1,500명 그리고 교사와 학부모를 대상으로 조사를 실시했는데, 초,중,고등학생의 경우 17.5%가 사이버폭력의 경험이 있어 전년도 2014년 14.0%보다는 증가했지만 앞서 2013년도 조사때(29.2%)보다는 감소한 것으로 나타났다. 그 조사에서는 초등학생이 10.1%, 중학생이 20.5%, 고등학생이 22.0%, 순으로 고등학생의 경험이 가장 높았던 것으로 나타났고, 성인의 경우는 17.9%(2014년에는 17.4%, 앞서 2013년도는 14.4%)가 경험하고 증가하고 있는 것으로 조사되었다. 이 조사에서는 사이버폭력의 이유로 청소년의 경우를 보면 '상대방이 먼저 그런 행동을 해서/보복하기 위해'가 43.9%, '상대방이 싫어서/상대방에 화가 나서'가 34.8%, '재미나 장난/스트레스 해소로'가 22.8%, '내 의견과 달라서'가 16.5%, '그냥 아무 이유없이'가 14.6% 순으로 나타났다. 그중 언어폭력(욕설)의 경우는 '상대방이 먼저 그런 행동을 해서/보복하기 위해'가 45.9%로 가장 많았고, 그 다음이 '상대방이 싫어서/상대방에 화가 나서'가 37.1%이었으나, 사이버명예훼손의 경우는 '재미나 장난/스트레스 해소로'가 36.8%, '상대방이 먼저 그런 행동을 해서/보복하기 위해'가 35.3%로 나타났고, 따돌림의 경우도 각각 50.7%, 46.6%로 나타났다. 이 조사에서는 남학생이(24.3%) 여학생(11.0%)보다 가해경험이 많았고, 피해경험도 남학생(19.6%)이 여학생(15.0%)보다 더 많았으며, 남학생은 주로 게임중에, 여학생은 채팅중에 가해를 하는 것을 제시했다. 사이버폭력의 상대를 보면 '누구인지 모르는 사람'이 48.9%, '평소에 알던 사람'이 47.1%, '같은 학교 선후배'가 29.5%, '다른 학교 선후배' 12.5%, '유명인'이 11.4% 순이었다. 언어폭력의 경우는 '유명인'이 52.4%로 가장 많았고, '누구인지 모르는 사람'이 46.3%이었지만, 명예훼손의 경우는 '누구인지 모르는 사람'이 61.8%, '유명인'이 52.9%이었고, 따돌림의 경우 '모르는 사람'도 69.9%로 많았지만 '같은 학교 친구나 선후배' 대상도 54.8%로 많았다.

2013년도 한국정보화진흥원(김봉섭, 2013)에서 실시한 사이버불링 실태조사는 초등학생 5학년부터 고등학생까지 청소년 11,956명을 대상으로 대규모로 실시했는데, 이 조사는 어떠한 형태의 불링이 많이 발생하는지를 제시한다. 그 결과에서는 사이버소외 및 배제가 8.7%로 가장 높게, 그리고 사이버비방 8.4%, 사이버감옥 2.2%, 스토킹 1.8% 순으로 나타났다. 학령층으로는 중학생이 가장 많았고, 초등학생, 고등학생 순으로 제시되었으며, 전체적으로 남학생이 여학생보다 더 많은 가해경험이 있는 것으로 나타났지만, 여학생의 경우는 남학생보다 사이버 배제의 형태가 더 많아 남학생의 경우가 상대를 공격하는 행위라면, 여학생은 상대를 배제하고 따돌리는 형태가 많은 것을 제시했다.

2014년도 한국청소년정책연구원(이창호, 2014)에서는 중,고등학생 각각 2,000명씩 4,000명을 대상으로 사이버불링의 실태를 조사했는데, 지난 3개월 동안의 경험을 조사한 결과 응답자의 19.4%가 경험한 것으로 조사되었고, 카카오톡상에서 신청거부나 대화방제외의 배제형태가 10.1%으로 가장 많았고, 온라인게임에서의 괴롭힘이 9.0%, 채팅서비스를 통한 괴롭힘 7.0%순이었다.

최근 스마트폰 등장과 카카오톡과 같은 모바일메신저와 SNS의 사용의 증가로 현실에서 아는 사람들을 온라인에서 만나는 경우가 늘어났는데, 그로 인해 집단 따돌림 현상이 현실의 연장선에서 일어나게 되었다. 2014년도 한국형사정책연구원(이승현, 노성호, 2014)에서 초등학생 4-6학년 1,188명과 중학생 1,270명 대상으로 실시한 따돌림 실태조사에서 그중 스마트폰 소유자 초등학생 799명과 중학생 1,135명을 대상으로 분석한 조사결과에 의하면 초등학생은 11.3%가, 중학생은 15.8%가 가해경험이 있었다고 응답했고, 그중 초등학생은 '카톡을 통해 누군가를 흉보거나 나쁜 말을 퍼뜨렸다'는 경험이 7.0%로 가장 많았고, 그 다음이 '카톡을 통해 욕하거나 말로 공격함'이 5.6%, '카톡 그룹채팅에 끼워주지 않고 따돌림'이 2.4%순이었고, 중학생의 경우도 그러한 형태의 순서대로 각각 11.3%, 8.2%,

4.8%따돌림을 경험한 것으로 조사되어 카톡에 의한 괴롭힘과 따돌림이 주요 형태임을 제시했다. 마찬가지로 2014년도 정보통신정책연구원(심홍진 외., 2014)에서 중고등학생 1,496명을 대상으로 카카오톡 등 모바일 인스턴트 메신저 이용상의 사이버폭력 실태를 조사한 바에 의하면 모바일 인스턴트 메신저가 다대다 커뮤니케이션을 가능하게 한다는 점에서 일대일 대화나 채팅보다는 그룹채팅상에서 폭력이 더 많다는 결과를 제시했고, 그룹채팅에서는 주로 같은 반 학생의 친구가 가해자 혹은 피해자가 된다는 것을 제시했다. 이 조사에서 대부분 여성보다는 남성이 가해의 경험이 더 많았고 사이버폭력의 주요 형태는 단순한 욕설이 가장 많았다.

3. 원인

외국연구로 Patchin과 Hinduja(2011)는 청소년의 사이버불링을 설명함에 있어 일상긴장과 그로 인한 부정적 감정으로 화가 영향력을 갖는지의 긴장이론을 검증했는데, 그 요인들이 높은 수준의 영향력을 갖는다는 결과를 제시했다. 하지만 이 연구는 긴장이외에 사이버폭력태도와 같은 다른 이론들의 요인을 사용하지 않은 한계가 있다.

이성식(2005b)은 사이버폭력이 현실폭력의 연장선에 있는지를 알기위해 가정폭력의 경험이나 폭력태도의 영향력을 살펴보았고 그 요인들이 사이버폭력과 큰 관련이 없다는 것을 제시했지만 김경은과 윤혜미(2012)는 가정폭력 등 폭력피해경험으로 학습하는 폭력용인태도가 사이버폭력과 연관될 수 있음을 주장했다. 남상인과 권남희(2013)도 부모로부터 욕설과 폭력을 경험하고 비행폭력친구와 사귐으로 도덕적 죄책감이 낮은 학생이 사이버불링 경험이 있다는 것을 제시해 온오프라인에 상관없이 폭력의 학습이 주요 요인임을 제시했다.

이성식과 황지영의 연구(2008)에서는 거시환경요인으로 인터넷게시판 구성원들의 집합효율성으로서 비공식통제력의 정도가 악성댓글을 잘 설명한다는 결과를 제시했다. 이 결과는 악성댓글자의 특성도 중요하지만 인터넷사이트의 환경적 요소가 중요함을 제시한다. 하지만 이성식(2012a)은 인터넷악성댓글에서 집합효율성보다 악성댓글의 하위문화환경이 더 중요하다는 결과를 제시하였다. 이는 인터넷환경으로부터 사이버폭력을 학습함으로써 사이버폭력을 저지르게 된다는 것을 제시한다.

현실에서의 폭력과 비교해보면 사이버폭력은 비대면과 익명의 가해자들이 자신을 노출함이 없이 과감하게 할 수 있다는 점과 아울러 상대의 피해를 보지못해 더 죄책감없이 행동하고, 탈억제로 자기조절 못하여 행동하기 쉽다. 그러한 이유로 Hinduja와 Patchin(2009)은 익명성을 가장 큰 특성으로 꼽으면서 그로부터 전통적 도덕이나 윤리로부터의 탈피가 원인이라고 보았다. 사회문화요인과 비교해보면 익명성의 영향이 크지 않은 것으로 보이지만(이성식, 2006c), 그 영향은 간접적으로 규범의식을 낮추고 위반을 허용한다든지, 혹은 왜곡된 정체성을 형성해 사이버폭력에 영향을 줄 수 있다(이성식, 2004b, 유상미, 김미량, 2011).

사이버폭력은 우발적 행동이라는 점에서 낮은 자기통제력이나 충동성의 개인성향은 중요한 요인으로 작용할 수 있다(Bhat, 2008; 이성식, 2012a, 조아라, 이정윤, 2010). 즉 의견충돌이나 여러 상황에서 폭력이 일어나기 쉬운데, 자기통제력이 높은 사람은 앞으로 다가올 여러 가지를 생각해 자신을 통제하지만 그렇지 못한 사람은 자신을 통제하지 못하고 우발적으로 상대에게 사이버폭력을 행사하게 된다.

사이버폭력의 원인에 관한 연구에서 이성식(2006c)은 기존 이론들로부터 설명요인들을 도출함에 있어 그것을 사회문화규범요인, 개인동기와 성향요인, 그리고 기회상황요인으로 구분했다. 사회문화규범요인으로는 이용사이트의 사회문화환경, 개인태도와 윤리의식, 그리고 집단정체성을, 개인동기로는 그것이 일종의 놀이로서 재미삼아 하는 것인지(재미와 호기심), 평소 자신이 없고 열등감을 느끼는 청소년이 자기과시의 목적으로 하는지(자기과시), 평소 스트레스와 긴장을 표출하고자 하는 동기에서 비롯되는지(일상긴장의 표출)의 동기를 다루고, 개인성향으로는 일반이론에서의 낮은 자기통제력을, 그리고 기회상황요인으로는 공식처벌인지, 인터넷사용시간, 익명사용을 사용했다. 이 연구결과에 따르면 사이버문화환경과 개인태도가 가장 큰 영향력을 갖는다는 결과를 제시해 사회문화규범요인이 가장 중요하다는 것을 제시했고, 아울러 인터넷사용시간이 많아 폭력의 기회에 노출될수록 사이버폭력의 가능성이 매우 높다는 결과를 제시했다. 그보다는 낮은 수준이지만 공식처벌인지와 익명사용의 기회요인도 어느 정도 유의미한 영향력을 나타내 공식처벌의 인식이 낮은 청소년이 그리고 익명으로 인터넷을 사용하는 청소년이 사이버폭력의 가능성이 높다는 결과를 제시했다. 개인동기와 성향요인 중에는 낮은 자기통제력만이 유의미한 영향력을 나타냈지만, 일상긴장, 재미, 자기과시, 그리고 상대집단에 대한 집단정체성의 발현 등의 영향력은 유의미하지 않았다.

성동규와 동료들의 연구(2006)에서도 여러 이론들로부터의 요인들을 다루었는데 그중에서 윤리의식과 태도가 가장 중요한 요인임을 제시했다. 이 연구에서는 또한 부모와의 애착 등 부모와의 관계가 중요한 요인임을 제시했으나 공식처벌인지, 인터넷이용시간이나 익명성 같은 기회요인은 유의미한 영향력이 없다는 것을 보고했다. 이성식의 악성댓글 연구(2009b)에서도 앞서 연구(2006c)에서와 같이 재미, 자기과시, 일상긴장과 같은 요인은 중요하지 않았고 무엇보다도 개인이 악성댓글에 대해 갖는 태도와 윤리의식이 가장 중요한 설명요인인 것을 제시했다.

한편 이성식과 박정선(2009)은 악성댓글의 설명을 위해 중화이론을 적용한 연구결과에서는 여러 요인들 중에서도 중화가 악성댓글에 유일한 설명요인이 된다는 것을 제시한다. 이때 사이트의 비공식통제수준이나 문화환경, 그리고 악성댓글자와의 접촉, 그리고 개인의 태도도 모두 유의미하지 않다는 결과를 제시했는데, 이들 요인들은 중화의 기술을 매개로 간접적으로 악성댓글행위에 영향을 미치며, 최종적으로 중화만이 악성댓글을 설명하는 요인이라는 것을 제시했다. 즉 악성댓글은 인터넷에서는 자연스러운 표현의 자유의 행동일 뿐이라던지, 피해자는 공격 당할만하다는 식의 피해자 부인이나, 신체폭력이 아니어서 그 피해가 크지는 않다는 손상의 부인 등의 생각이 악성댓글의 원인이라고 볼 수 있다.

성동규와 동료들의 연구(2006)에서는 이전의 피해경험이 사이버언어폭력에 가장 중요한 설명요인임을 제시했는데, 이 결과는 사이버언어폭력은 피해자와 가해자가 중첩되듯이 피해의 보복과 응징으로 가해를 하는 것임을 나타낸다. 사실 사이버공간의 익명성을 이용하여 현실에서 폭력의 피해자들은 자신을 괴롭힌 가해자를 보복하고 공격하는 수단으로 인터넷을 이용한다. 앞서 실태조사에서도 상대에 대한 보복이 주요 이유라고 하듯이(한국인터넷진흥원, 2015) 사이버불링연구에서도 사이버불링피해경험은 가해의 중요한 설명요인이라는 결과가 많다(이성식, 전신현, 2011; 김경은, 2013; 이창호, 이경상, 2013). 현실에서는 피해의 가해에의 영향이 남성에게는 나타나지만 보통 여성에서는 나타나지 않는데, 여성의 경우는 현실에서는 피해를 당해도 쉽게 가해를 못하는 것도 익명의 사이버공간에서는 그러한 제약에서 벗어나 상대를 공격함으로써 남녀 차이없이 모두에서 피해의 가해에 대한 영향이 나타난다는 주장도 있다(Hinduja and Patchin, 2007; Kowalski et al., 2008).

한국형사정책연구원의 사이버폭력 보고서(이승현외., 2015)에서는 여러 요인들의 영향을 살펴보았는데 인터넷에서의 피해경험은 가해의 가장 중요한 예측요인임을 제시했고, 그 외에 낮은 자기통제력, 비행친구와의 접촉, 인터넷이용시간, 그리고 누군가에 대한 공감능력의 부족이 주요 요인이었고, 그 외 학교에서의 긴장도 그 영향력이 다소 약하지만 유의미한 영향력을 갖는 것을 제시했다. 하지만 부모와의 긴장이든지 부모관련 변인의 영향은 유의미하지 않았다. 이 연구에서는 기존 연구에서 중요하게 나타나는 인터넷하위문화와 같은 사회문화환경요인이나 사이버폭력에 대해 갖는 태도 등의 요인을 다루지는 않았다.

기존 연구결과들을 종합해 보면 사이버폭력의 경우 네티즌들이 사용하는 사이트의 사회문화환경으로서 폭력의 하위문화 정도와, 개인의 태도나 윤리의식이외에 중화, 그리고 개인의 폭력피해와 같은 요인이 중요한 원인인 것으로 나타나고 있다. 아울러 익명성과 같은 기회요인이나 낮은 자기통제력의 성향이 그 다음으로 어느 정도 중요한 요인이 되는 것으로 평가된다. 이러한 결과로 볼 때 인터넷상에서 의견충돌이나 사소한 언쟁가운데 상대의 공격에 보복하거나 상대에 대해 화가 나는 상태에서 인터넷에서 하위문화가 폭력을 어느 정도 허용하는 환경에 있고 그러한 환경으로 폭력에 대한 허용도가 높은 사람이, 그리고 폭력을 허용하지 않는 사람의 경우는 중화가 이루어지는 가운데 폭력이 일어나는데, 그중에서도 낮은 자기통제력의 이용자가 익명의 상황이나 이용시간이 많은 상황에서 상대를 공격하는 행위라고 볼 수 있으며, 무엇보다도 사회문화규범이나 태도요인의 작용이 가장 중요하게 작용한다고 볼 수 있다.

4. 대책

1) 현행법

대표적인 사이버폭력 중 사이버명예훼손에 관한 관련법으로 형법상의 명예훼손의 구성요건(제307조)으로 사실의 적시(2년 이하의 징역 또는 5백만원 이하의 벌금) 혹은 허위사실(5년 이하의 징역 또는 1천만원이하의 벌금)에 상관없이 불특정다수가 인식할 공연성이 있어야 한다. 그리고 출판물에 의한 비방목적일 경우 가중처벌된다. 그러나 그것이 진실한 사실이면서 공공의 이익시 위법성은 조각된다. 형법상 명예훼손은 반의사불벌죄로 피해자의 고소가 필요하지 않으나 피해자가 원치 않을땐 처벌할 수 없다.

정보통신망법에서는 사이버공간에서의 명예훼손에 대해(44조의 7 제1항 1호) 처벌조항(제70조)을 두고 있다. 정보통신망법 제70조 제1항은 사람을 비방할 목적으로 정보통신망을 이용하여 공공연하게 사실을 드러내어 다른 사람의 명예를 훼손한 자는 3년 이하의 징역 또는 2천만원 이하의 벌금에 처한다고, 제2항은 사람을 비방할 목적으로 정보통신망을 이용하여 공공연하게 거짓의 사실을 드러내어 다른 사람의 명예를 훼손한 자는 7년 이하의 징역, 10년 이하의 자격정지, 또는 5천만원 이하의 벌금에 처한다고 규정하고 있다. 즉 사이버명예훼손의 구성요건은 정보통신망에서라는 점과 공연성, 그리고 비방의 목적을 두고 있으며 사실의 적시(3년 이하의 징역 또는 2천만원 이하의 벌금) 혹은 허위사실(7년 이하의 징역 또는 5천만원 이하의 벌금)이 있어야 한다. 정보통신망법에서는 피해확산이 크다는 전파성의 이유로 형법상에서보다 처벌을 가중하고 있으며, 역시 반의사불벌죄이다.

현행법으로는 사이버모욕죄는 없으며 형법상 모욕죄(제311조)에 의해 욕설과 모욕을 처벌(1년 이하의 징역 또는 2백만원 이하의 벌금)하고 있다. 형법상 모욕죄가 명예훼손과 다른 점은 구체적 사실을 적시하지 않은 경우라는 점이고, 만약 구체적 사실을 적시한다면 명예훼손죄가 된다. 즉 모욕죄는 공연성과 경멸표현만을 구성요건으로 한다. 모욕죄는 개인경멸이기 때문에 공공의 이익과 같은 위법성 조각사유는 없고, 피해자가 고소해야 개입이 가능한 친고죄의 성격을 갖는다.

2) 사이버모욕죄의 추진과 논란

사이버공간에서 욕설과 악성댓글의 증가로 사이버모욕죄의 입법을 추진하려는 움직임이 있었고, 그것에 반대하는 입장이 있어 논란이 있었다. 형법상에는 모욕죄가 있어 그 법을 적용하면 된다는 입장이 있지만, 사이버모욕죄를 추진하려는 입장에서는 명예훼손의 경우도 형법상의 명예훼손죄와 정보통신망법의 사이버명예훼손죄가 있듯이 균형적 측면에서라도 모욕죄보다는 더 엄중한 사이버모욕죄가 필요하다고 본다. 즉 사이버공간의 피해는 그 전파성 때문에 좀 더 엄중히(2년 혹은 3년) 그리고 고소가 필요없이 개입할 수 있는 반의사불벌죄의 형식이 필요하다고 본다(정완, 2009).

그러나 사이버모욕죄를 반대하는 입장에서는(주승희, 2008) 첫째, 사이버모욕은 사실의 적시가 아니라 욕설과 경멸의 표현이라 전파성이 낮고, 또 쌍방 반박이 가능한 점에서 그 심각성이 낮다는 점, 따라서 사실을 적시하는 명예훼손의 경우처럼 사이버공간에서 엄중히 다스리려는 균형성을 맞출 필요는 없으며, 현행 모욕죄로 충분하다는 점, 둘째, 오히려 명예훼손의 경우도 형법으로도 신문, 잡지, 라디오, 기타 출판물에 의한 사실 적시시(제309조) 가중처벌할 수 있듯이 굳이 사이버명예훼손죄가 필요없다는 주장으로 균형성 주장을 비판한다. 셋째, 그것은 정권을 비판하는 네티즌들에 대한 통제수단으로 사용할 수 있고, 따라서 표현의 자유를 위축할 수 있다는 점, 넷째, 그것을 처벌할 경우 주 이용층인 청소년범죄자의 양산 우려가 있다는 점 등을 제시한다.

이와 같은 논란은 사이버모욕죄를 입법하지 않는 것으로 일단락되었다. 그러나 그 논쟁점은 사이버모욕의 경우 그것이 전파성을 갖게 될 경우 얼마나 개인에게 피해가 발생하는지가 논의의 핵심인 듯하다. 따라서 단순히 사이버명예훼손죄와의 균형성이 신설의 이유가 되지는 않으며, 개인의 피해에 대한 보다 많은 연구가 필요하다고 하겠다. 그리고 만약 피해가 크다면 현행 사이버명예훼손죄처럼 균형성을 위해서 사이버모욕죄의 신설을 고려할 수 있다고 하겠다.

3) 인터넷실명제

사이버공간의 익명성이 사이버폭력의 주요 원인이라는 가정하에 인터넷실명제가 그 방안으로 제시된 적이 있다. 실명제를 실시할 경우 많은 이용자들이 보다 책임 있는 발언을 할 것이라는 점에서 폭력의 해결점이 된다고 보며, 실제로 여론조사에서도 실명제 방안을 찬성하였다. 2005년 명예훼손조정본부 보고서에 따르면 익명성이 사이버폭력의 가장 최우선의 원인으로 꼽히며(43.8%), 그 다음이 의식부족(21.5%), 법제도 미비(14.0%), 처벌미흡(13.1%) 순이며, 이성식의 2009년 악성댓글 연구(2009b)에서도 대처방안으로 실명제 방안(39.4%), 처벌의 강화(23.4%), 포털운영자의 적극적인 활동(15.8%) 순으로 중요한 것으로 나타났듯이 실명제가 주요 방안으로 꼽힌바 있다.

하지만 인터넷실명제는 인터넷발전을 저해하고 개인의 표현의 자유를 침해할 것이라는 지적과 우려가 높다. 익명성은 역기능을 유발할 수 있지만 순기능의 측면이 더 많다. 그런데 그 역기능을 막자고 순기능을 훼손하는 것은 어리석은 일이 될 수 있다. 실제로 인터넷상에서 언어폭력이나 악성댓글자는 일부 소수일 뿐인데 그것을 막고자 실명제를 실시할 경우 많은 대다수의 표현의 자유를 제한할 수 있어, 이는 빈대를 잡기 위해 초가삼간 태우는 격이 될 수 있다(황성기, 2008).

또 실명을 할 경우 개인정보와 프라이버시 침해의 우려가 높다. 개똥녀사건에서 보듯이 개인의 신상이 노출될 경우 개인정보가 일파만파로 퍼져나가고 마녀사냥식 공격을 당하기 쉽다. 또한 실명제는 정보의 자기결정권과 충돌이 있게 되는데, 즉 자신의 정보를 공개하지 않고 관리할 권리와 모순이 일어난다. 익명제이든, 실명제이든 개인은 누구나가 그것을 선택할 수 있어야 하는데, 실제 현실에서도 익명의 기고가 가능함에도 인터넷에서 실명제를 강제한다면 그것은 선택권을 보장하지 못하는 문제가 생긴다.

이러한 이유로 완전실명제에 대한 우려로 2007년에 제한적 본인확인제로 일일 평균이용자 30만명 이상의 인터넷 포털서비스는 본인확인절차를 시행하기 시작했고, 2008년부터는 정보통신서비스 제공자에게 주민등록 대체수단을 의무화하고 개인정보에 대한 암호화조치로 i-PIN(internet personal identification number)제도를 시행하기 시작했다. 이 제도는 개인주민번호를 웹사이트가 아닌 본인확인기관에게 제공하고 그곳에서 얻은 본인확인번호를 사용하는 방식이다. 그러다가 2012년 8월 헌법재판소에서는 인터넷실명제가 위헌이라는 판결을 내린후로는 주요 대책으로 고려대상이 되지는 못했다.

4) 표현의 자유와의 논란

사이버공간은 자유의 공간이라는 인식이 높고 따라서 자신의 의사를 자유롭게 표현할 수 있어야 한다는 주장이 강하다. 표현의 자유는 개인의 사상과 의견을 표현할 수 있는 자유로서 언론·출판의 자유와 집회·결사의 자유를 총칭하는 넓은 개념이다. 헌법재판소는 1992년 "헌법 제21조에서 보장하고 있는 언론·출판의 자유, 즉 표현의 자유는 전통적으로는 사상 또는 의견의 자유로운 표명과 그것을 전파할 자유를 의미하고, 개인이 인간으로서 존엄과 가치를 유지하고 행복을 추구하며 국민주권을 실현하는 데 필수불가결한 것"으로 파악하고 있다. 아울러 "오늘날 가장 거대하고 주요한 표현매체의 하나로 자리를 굳힌 인터넷상의 표현에 대하여 질서위주의 사고로만 규제하려고 할 경우 표현의 자유 발전에 큰 장애를 초래할 수 있다...."고 하였다.

그렇지만 현행 헌법 23조 제4항은 표현의 자유가 넘어설 수 없는 한계로 그것이 '타인의 명예와 권리', '공중도덕', '사회윤리'를 침해해서는 안된다는 것을 강조한다. 그럼에도 불구하고 그 제한은 최소한만 허용되어, 언론·출판의 자유로 위험이 명백하거나 명확해야 하고, 과잉으로 금지되어서는 안된다는 판단기준이 있다. 어쨌든 이처럼 두 가지 법익인 자유권으로서의 표현의 자유와 인격권으로서의 명예가 어떻게 조화로워야 하는가가 주요 과제가 된다.

5) 인터넷서비스제공자의 책임

사이버명예훼손이나 모욕의 경우 인터넷 통신망에서의 막대한 영향을 고려할 때 그 정보의 매개자인 인터넷서비스제공자에게 완전히 면책을 주기란 어렵다. 그렇다고 그들에게 사전책임을 묻는 것도 쉽지는 않은 일이다. 사회적 책임론의 입장에서는 포털 등 인터넷서비스제공자가 그 사회적 영향력에서 볼 때 불법정보에 대해 자유롭지 못하며 책임이 있다고 본다. 즉 불법행위인 줄 알면서도 적절한 조치 없이 방치했다면 법적 책임을 지울 수 있다는 것이다. 그러나 그러한 무거운 책임을 지우고 과잉규제하게 되면 인터넷서비스제공자는 법적 책임을 면하기 위해 정보의 흐름을 차단하고 통제하는 등 규제를 강화할 것이고, 그럴 경우 표현의 자유를 위축할 수 있다는 소위 위축효과를 낳는다는 우려가 많다. 즉 인터넷서비스제공자는 정보제공자가 아니라 정보매개자일 뿐 과도한 책임을 지우는 것은 바람직 못하다는 것이다(황성기, 2008).

현행법에 의하면(정보통신망법 제44조의 2항) 정보통신망을 통하여 명예훼손적 내용이 게재됨으로써 법률상 이익이 침해된 자는 해당 정보를 취급한 인터넷서비스제공자에게 당해 정보의 삭제 또는 반박내용의 게재를 요청할 수 있고, 인터넷서비스제공자가 정보삭제의 요청을 받을 때에는 지체없이 필요한 조치를 취하고 이를 신청인에게 통지할 것을 규정하고 있다. 즉 인터넷서비스제공자는 사전의무는 없고, 사전적 조치보다는 삭제요청에 조치를 취하는 것만을 의무화하고, 그 의무와 책임이 불법정도의 존재를 명백히 인식하였거나 삭제 등의 조치를 하는 것이 기술적으로 가능한 범위로 제한해야 한다는 것이 어느 정도 합의된 견해라 할 수 있다(백광훈, 2003; 오경식 외., 2010).

6) 사회문화/윤리차원의 대책

사이버모욕죄의 신설이나 실명제 방안 등 정부중심의 법/제도적 대책은 자칫 국민의 기본권과의 충돌의 여지가 많으며, 또 그것은 최후의 수단이 되어야 한다는 점에서 다른 방안이 강구될 필요가 있다. 이러한 점에서 오히려 사회문화차원의 건전한 문화조성을 위한 자율적인 노력이 강조된다. 그동안의 연구결과에서 처벌강화나 익명성보다는 사이버공간의 문화나 윤리의식이 중요한 설명요인이 된다는 것을 보더라도 사회문화차원의 그리고 아울러 윤리교육과 같은 노력이 대책방안으로 보다 바람직할 것이라는 것을 제시한다. 즉 사이버공간은 법과 제도도 중요하지만 시민들이 자발적 참여를 통해 건전한 사이버문화가 조성되도록 하는 노력이 무엇보다 중요하다는 것이다. 기존 원인연구의 결과를 보더라도 사이버문화의 개선이나 윤리교육이 우선적으로 필요하다고 하겠다. 따라서 정부나 관계기관, 포털사이트, 그리고 시민단체는 윤리교육의 강화와 건전한 인터넷문화를 조성하기 위한 방안을 강구해 나가야 할 것이다.

제 2 절 사이버성희롱

1. 정의, 유형과 특성

사이버성희롱은 소위 사이버성폭력, 즉 통상 상대방의 의사에 반하여 원치 않는 성적 접근이나 폭력의 대표적 행위유형 중 하나로 사이버공간에서 원치 않는 성적 메시지를 일방적으로 보냄으로써 당사자에게 수치심과 혐오감을 일으키는 일련의 행위로 볼 수 있다. 김은경(2001)은 사이버성폭력을 사이버성희롱, 사이버스토킹, 이성언어폭력, 그리고 사이버성매매로 유형화함에 있어, 사이버성희롱을 그 대표적 형태라 보았으며 음담패설이나 원치 않는 성적 대화 요구 등이 해당된다고 했다. 이처럼 사이버성희롱은 성적인 내용의 문자, 동영상을 상대방의 동의 없이 일방적으로 보내 성적 수치심을 유발하는 행위로 정의된다.

사이버성희롱은 주로 사이버성폭력의 한 형태로 다뤄져 그 자체로 유형에 대한 언급은 없다. 사이버성희롱은 이메일이나 쪽지, 게시판 등에서 단순히 가벼운 성적인 농담을 하는 것에서부터, 음란물과 동영상을 전송하는 행위, 그리고 사이버섹스나 혹은 즉석 성적 만남을 제의하는 것 등 여러 유형이 있다.

사이버성희롱은 피해자가 여성이 많은 점에서 매개만 다를 분 현실에서의 연장선이라는 논의가 있지만 여러 점에서 현실에서의 성희롱과는 차이가 있다. 사이버성희롱은 기존의 성폭력 혹은 성희롱과는 달리 비대면으로 신체적 접촉 없이 피해를 유발한다는 점, 그럼으로 물리적 피해보다는 주로 정신적 피해를 유발하고, 익명으로 발각될 염려가 없고 일종의 재미와 놀이라는 생각에 죄책감 없이 일어날 수 있다는 점이 특징이며, 또한 가해자는 피해자에게 손쉽게 접근할 수 있고 따라서 성희롱이 손쉽고 용이하며 기회가 많다는 점, 현실에서는 주로 주위의 아는 사람에게 성희롱이 가해지지만 대부분 우연히 만난 모르는 사람이 대상이 된다는 점, 그리고 소수의 가해자의 행위로 다수의 피해자가 존재한다는 점 등을 특징으로 한다.

2. 실태

초기의 대표적 연구로 한국형사정책연구원의 2000년 보고서(정진수 외., 2000)에 따르면 서울네티즌 남녀 14세 이상 602명 조사에서 사이버성폭력 전체의 가해경험은 113명으로 18.8%를 차지했고, 유형별로는 사이버성희롱이 5.1%이었고, 피해경험은 전체 경험자가 219명(36.4%)로 더 많았는데, 사이버성희롱 피해자는 21.3%이었다. 윤영민(2003)의 성인남녀 8,336명을 대상으로 조사했던 결과에서는 사이버성희롱의 경험자가 조사대상자의 9.6%인 것을 제시했으며, 남정림(2005)은 인터넷게시글을 모니터링한 연구에서 전체 사이버성폭력 게시글 54개 중 성적 침해형으로 사이버성희롱이 23개(42.6%)로 가장 많은 것을 제시했다.

한편 2013년도 한국형사정책연구원(윤해성, 박성훈, 2013)에서의 SNS사용상의 범죄경험 조사에서는 서울과 수도권 14-59세 1,000명 조사에서 사이버성희롱 가해경험자는 조사자의 1.1%로 여러 범죄 중에서 가장 높았고, 피해경험자는 7.3%로 역시 가장 높은 비율을 차지한 것으로 조사되었다.

2013년 한국인터넷진흥원의 초,중,고등학생 및 일반성인 대상의 사이버폭력 실태조사 중 사이버성희롱의 실태를 살펴보면, 초,중,고등학생 청소년의 경우 전체 응답자의 1.9%가 가해경험이 있는 것을 제시했고, 그중 중학생은 3.2%, 고등학생은 2.2%, 초등학생은 0.0%로 중학생이 상대적으로 그 경험에서 많았다. 피해경험의 경우도 청소년 전체는 8.4%로 가해경험자보다 많았는데, 고등학생이 11.8%로 가장 많았고, 중학생이 11.4%, 초등학생이 0.8% 순이었다. 일반인 성인의 경우는 가해경험이 0.8%, 피해경험은 4.6%로 중,고등학생에 비해서는 그 경험이 낮았다. 그 결과를 남녀별로 살펴보면 가해의 경험은 여성보다 남성이 더 많았고(초등학생은 남녀 모두 0.0%, 중학생은 남자 5.0%, 여자 1.3%, 고등학생 남자 3.0%, 여자 1.3%, 성인 남자1.5%, 여자 0.0%), 피해는 남성보다 여성이 더 많은 것으로(초등학생은 남자 0.4%. 여자 1.3%, 중학생은 남자 10.3%, 여자 12.6%, 고등학생 남자 8.7%, 여자 15.3%, 성인 남자 3.4%, 여자 5.9%) 조사되었다.

2015년 한국인터넷진흥원/방송통신위원회의 초,중,고등학생 및 일반성인 대상의 사이버폭력 실태조사 중 사이버성희롱의 실태를 살펴보면, 청소년의 경우

조사대상자의 1.0%가 가해경험이 있었으며, 초등학생 0.5%, 중학생 0.8%, 고등학생 1.8% 순이었고, 청소년의 경우 성희롱의 이유로는 '재미나 장난/스트레스 해소로'가 54.8%, '그냥 아무 이유없이'가 48.4%, '상대방이 먼저 그런 행동을 해서/보복하기 위해'가 41.9%, '내 의견과 달라서'가 29.0% 순이었다. 성인의 경우 4.7%가 가해경험이 있었고 피해는 5.4%가 경험이 있었는데, 가해의 경우 남자는 6.4%, 여자는 3.1%, 피해의 경우는 남자는 6.1%, 여자는 4.7%로, 남성이 여성보다 가해와 피해가 더 많았다.

3. 원인

사이버성희롱은 기존 연구가 많지도 않았지만 그것이 성적 행위라는 점에서 사이버폭력처럼 앞서 여러 사이버범죄의 원인들이 다각적으로 적용되기 보다는 일부 논의들만이 적용되었다. 여기서는 사이버성희롱이 논의에 앞서 우선 성폭력과 성희롱의 원인에 관한 기존 논의를 살펴보기로 하는데, 주요 시각과 입장을 검토해 보기로 한다.

우선 성폭력이나 성희롱은 성충동에 의해 비롯된다는 성충동가설이 있다. 이 입장에 의하면 성희롱의 경우 성적인 행위로서 일부 남성의 지나친 성욕구나 성적 충동과 각성, 남성호르몬의 과다에 의해 비롯되는 것이라고 본다(Qunsay, 1984). 이 입장은 그러한 일부 남성의 통제할 수 없는 성선호 때문이라고 하여 성선호가설로 불리기도 하며 성충동의 비정상성 혹은 개인병리성에 주목하는 점에서 성병리가설이라고도 하는데, 그러한 가설은 기존 연구에서 일부 지지되고 있다(Thornhill and Palmer, 2000).

성희롱은 개인성향으로서 개인의 낮은 자기통제력의 결과라고 보는 입장이 있다. Gottfredson과 Hirschi(1990)의 일반이론에서는 개인의 안정적 성향으로서 낮은 자기통제력을 모든 비행과 범죄의 궁극적이고도 유일한 원인이라고 주장하였는데, 이 입장에서 보면 성희롱도 개인성향으로서 낮은 자기통제력의 결과라고 이해할 수 있다. 이 입장은 성충동의 각성보다는 그것을 얼마나 통제할 수 있는가의 능력을 중시하는 점에서 앞서 성충동가설과는 구분된다. 실제로 성희롱

연구에서 보면 성희롱은 성적 충동과 같은 성관련 요소보다는 성이외의 일반비행과 같이 자기통제력과 같은 개인의 일반적 성향이 중요한 요인이 된다는 것을 밝히고 있다(Lussier et al., 2005).

성충동가설이나 개인성향가설은 개인의 측면에 주목한 점에서 성폭력의 사회문화적 환경요소를 고려하지 못한 한계가 있다. 성폭력을 사회문화적 시각에서 접근한 대표적 논의로 그것이 폭력문화의 산물이거나 혹은 사회환경으로부터 학습된 결과라고 보는 입장이 있다(Amir, 1971; Akers, 1985). 폭력문화가설은 성희롱을 성폭력으로 보고, 그것을 폭력의 연장선으로 보면서 특별히 하층의 폭력문화를 강조하여 하층이 폭력문화에 더 영향을 받음으로 인해 성폭력을 더 저지른다고 주장한다. 이 입장에서는 성희롱을 주위 사람들로부터 폭력을 학습한 결과라고도 보는데, 예컨대 부모로부터의 가정폭력 경험으로 폭력허용도가 높은 청소년이 성폭력과 성희롱을 저지른다는 주장이 있다(신혜섭, 양혜원, 2005; 김재엽 외., 2007).

한편 성희롱은 폭력의 연장선이나 학습이 아니라 성희롱을 직접적으로 학습한 결과라는 사회학습이론에 근거한 주장이 있다. 이 경우 주위의 친한 친구가 성희롱을 저지른 경우 성희롱에 우호적인 태도를 학습하여 성희롱을 저지르는 것이며, 마찬가지로 그것이 포르노음란물로부터 학습한 결과라고 본다(김은경, 2000).

성희롱과 관련하여 가장 주목을 받아왔던 또 다른 대표적 논의로는 그것이 가부장사회의 산물이라는 여성주의의 입장이다. 이 입장에서는 성희롱 혹은 성폭력이 단순히 성충동이나 폭력학습의 결과가 아니라 남녀불평등에 따른 남성의 여성에 대한 억압과 착취의 산물이라고 본다(Brownmiller, 1975). 즉 성희롱은 생물학적 성이 아닌 사회적 성의 문제이고 남녀 불평등에서 오는 남성의 여성에 대한 권력과 지배의 표현이라고 본다. 이 입장에서는 남녀 불평등한 사회에서 성폭력 범죄율이 높다고 보며, 가부장적 전통적 성역할을 갖거나 남성은 강인해야 한다는 잘못된 남성성 혹은 남성지배적 의식을 갖는 사람들, 그리고 강간신화의식이나 여성을 성적 대상으로 보는 경향이 높거나 여성비하적 태도를 갖는 사람이 성희롱의 가해자가 될 가능성이 높음을 주장해 왔다(Burt, 1980; Chroro et al., 2004).

이와 같은 기존 논의를 사이버성희롱에 적용한 국내의 대표적 연구를 살펴보면 우선 초기에 김은경(2001)은 서울시 14세 이상 40세 미만의 남녀를 대상으로 한 사이버성폭력 조사연구에서 남녀구분의 이분법적 성고정관념이나 강간신화와 같은 가부장적 요인이 중요함을 제시했는데, 아울러 낮은 자기통제력, 그리고 온라인에서의 불안정적 정체성이 사이버공간에서의 성희롱의 중요한 설명요인이 된다는 점을 제시했다. 이 연구에서는 특별히 사이버성희롱의 원인으로 가부장의 해체에 따른 남성의 불안감과 무권력감이 성희롱을 유발한다는 것을 강조했다. 즉 전통적 가부장의식을 갖는 남자가 여자의 사회진출로 위기감과 불안감을 느끼게 되면서 그것을 사이버공간에서 해소하는 것으로 보고 있다. 하지만 김은경의 연구에서는 각각의 요인의 일대 일의 사이버성희롱에 대한 영향력을 살펴보았을 뿐 여러 요인들의 서로의 영향력을 통제하지 않은 점에서 상대적 영향력 정도를 살펴보는 데는 어려움이 있었다.

윤영민의 연구(2003)에서는 기존 논의를 성병리론, 역할놀이론, 권력론으로 나눈 후 사이버성희롱의 원인을 다루었는데, 성인남녀를 조사한 이 연구에서는 배우자 유무의 영향력을 통해 성충동과 성병리론의 주장을 확인했고, 아울러 낮은 계층의 가부장의식을 갖는 사람들이 그 영향력이 크지는 않지만 어느 정도 성희롱을 저지른다는 권력론을 지지하는 결과를 제시했다. 그러나 이 연구에서는 무엇보다도 역할놀이론이 우세하여 사이버성희롱은 놀이와 재미 때문에 이루어지는 경우가 많다는 것을 밝히고 있다. 즉 이 연구에서는 사이버성희롱이 성충동이나 지배욕구가 투영된다는 점에서 현실적이기도 하지만, 또한 역할놀이의 측면을 지닌다는 점에서 현실과는 다른 가상적이라는 주장을 한다. 물론 이 연구에서도 개인성향인 자기통제력에 해당되는 충동성의 영향력도 다루고 있는데 그 영향력이 매우 크다는 결과를 제시했다.

남정림의 연구(2005)에서는 인터넷게시판에서의 성희롱을 중심으로 그 원인을 모색하기 위해 앞서 논의에서와 유사하게 성충동론, 놀이론, 그리고 범죄적 성해방론으로 나누었는데, 세 논의가 모두 설득력이 있음을 제시했다. 즉 남성은 성충동을 통제할 수 없다거나, 별다른 이유 없이 재미삼아 성폭력을 하고, 범죄적 성해방론으로서 가부장적 요인이 중요함을 제시했다. 하지만 이 연구는 인터넷게시판에서의 몇 사례를 모니터링하여 분석한 방법에 의존한 점에서 성희롱의 실제 동기와 원인을 파악하는 데에 다소 한계가 있었다고 할 수 있다.

이성식의 연구(2005c)에서는 사이버성희롱의 원인을 파악하기 위해 현실의 성희롱의 원인비교를 통해 사이버공간의 성희롱의 설명요인이 현실에서의 성희롱과 유사한지 아니면 다른지를 파악하고자 했다. 그 주장에 따르면 첫째, 사이버공간에서는 신체적 접촉이 없기 때문에 사이버성희롱의 경우 성적 욕망이나 성충동의 작용으로 이해하기는 다소 힘들다고 본다. 물론 육체를 매개로 하지 않는다고 해서 성적 욕망의 작용이 작을 것이라 보기는 어렵지만 그럼에도 현실에서의 성희롱과 비교해 본다면 그것이 성충동의 발현보다는 다른 요인의 작용이 더 클 것이라고 보는 것이다. 둘째, 그러한 마찬가지 이유로 사이버공간에서의 성희롱은 폭력문화의 산물로 보기 어렵다고 본다. 현실에서는 성폭력이 폭력문화의 학습의 결과일지 모르지만 탈육체의 공간에서는 그것이 단순히 재미 때문에 이루어지는 것이지 신체적 폭력문화의 결과와 연관된다고 보기는 어렵다는 것이다. 셋째, 인터넷기반 사이버공간은 익명성과 비대면성으로 인해 성, 지위, 권력의 단서가 부족하고, 따라서 가부장의 남성지배적이거나 성불평등의 작용이 다소 약하고, 따라서 성희롱이 남성의 여성에 대한 권력행사라고 보기는 다소 어렵고, 따라서 가부장적 요소의 중요성은 상대적으로 덜 할 것이라는 주장을 한다. 실제로 서울시 남녀 중,고등학생을 조사대상으로 하여 현실과 사이버공간에서의 성희롱의 원인을 비교했던 연구결과에 따르면, 현실에서의 성희롱의 경우 성충동이 가장 큰 영향력을 나타냈고, 남성의 지배성이나 강간신화 등의 가부장적 요소가 그 다음으로, 그리고 폭력에 대한 태도가 어느 정도 중요한 영향력을 갖는다는 결과를 제시했으나, 반면 사이버공간에서의 성희롱의 경우는 성충동이나 가부장적 요소, 그리고 폭력태도 등은 현실과 달리 영향력이 약했고, 그 대신 개인적으로 성희롱에 대해 어떠한 태도를 갖는가 하는 성희롱태도가 중요한 요인이 된다는 결과를 제시했다. 한편 이 연구에서는 개인성향으로 낮은 자기통제력의 영향력을 다루어 그 영향력이 유의미한 것을 제시하였는데, 이 결과 역시 사이버공간에서는 탈억제되어 내적 속성이나 충동대로 행동하게 된다는 주장과 일맥상통하다 할 수 있다. 자기통제력과 같은 요인은 사이버공간에서 뿐만 아니라 현실 성희롱에도 모두 중요하다는 결과를 제시했지만, 그러나 전체적으로 볼 때 이 연구에서는 현실과 사이버공간에서의 성희롱의 원인이 다르다는 점에서 그것이 현실의 연장선이라 보기는 어렵다는 주장을 했다.

김소정과 이영철(2011)은 광주시 대학생 대상 연구에서 전통적 성역할을 가진 학생이 사이버성희롱을 더 하는 것은 아니라는 결과를 제시해 앞서 이성식의 연구에서처럼 가부장적 요인의 영향은 낮음을 제시했다. 그러나 기존 연구와는 다른 여러 요인들을 고려하는 가운데 그 결과 인터넷사용시간이 많을수록, 성희롱 행위를 성희롱이라고 인지하지 못할수록, 그리고 온라인에서 새로운 정체성과 자아를 경험할수록 사이버성희롱을 더 한다는 결과를 제시했다. 그리고 그중에서도 무엇보다도 사이버성희롱을 허용하는 태도가 가장 중요한 요인이라는 결과를 제시해 앞서 이성식의 연구와 그 결과가 유사했다.

한편 이성식(2010b)은 남자 중학생을 대상으로 휴대전화 이용상의 성희롱의 원인을 검증했다. 이 연구에서는 휴대전화의 휴대와 이동성의 매체의 특성상 현실과 크게 구분되지 않고 현실의 특성을 가지면서 또 인터넷의 특성도 띨 것이라는 예측을 했다. 아울러 현실에서와 같이 상대가 주로 아는 사이일 것이라는 점이 기존 인터넷에서의 성희롱과 다르다고 보았다. 그 결과는 휴대전화 성희롱에 갖는 호의적 태도가 가장 중요한 요인이었고, 그 외에 성희롱경험자와의 차별접촉, 강화(재미), 그리고 낮은 자기통제력과 가부장가정의 청소년도 성희롱 가능성이 높은 것을 제시했다. 여기서 가부장요인의 작용은 그것이 어느 정도 현실과도 유사한 면이 있기 때문에 유의미하게 나온 것으로 볼 수 있는데 그렇지만 그 영향력은 낮았고 성희롱태도가 가장 중요한 요인인 것을 제시했다. 한편 이 연구에서 폭력가정의 요인은 중요하지 않아 폭력문화 혹은 현실폭력의 연장선이라는 가설은 지지하지 못했다.

앞서 연구들을 보면 사이버성희롱은 성적 충동이라든지 혹은 여성주의의 가부장요인들의 영향은 작고 오히려 사이버폭력에서와 같이 태도나 낮은 자기통제력과 같은 요인들이 중요하게 작용하는 것으로 나타난다. 한국형사정책연구원의 이승현과 동료들의 연구(2015)에서는 여러 요인들을 사이버폭력과 성희롱에 다룸에 있어 두 경우는 매우 유사하다는 결과를 제시했는데, 피해경험이나 낮은 자기통제력의 영향력이 강했고, 그 외에 그 영향력이 사이버성희롱의 경우에서는 다소 낮았지만 인터넷이용시간이나 비행친구와의 접촉도 유의미한 영향력을 갖는 것을 제시했다. 하지만 이 연구에서는 기존 연구에서 중요하게 제시되는 사이버성희롱에 대한 태도와 같은 요인을 다루지는 않았다.

한편 사이버성희롱의 피해연구(Mitchell et al., 2007; Marcum et al., 2010)를 보면 피해자는 여성이 많고, 채팅방을 자주 방문하고 사람들과 이야기를 많이 나누며 아울러 위험노출요인으로서 자신의 정보를 노출한다든가 가벼운 성적 대화를 나누는 등의 위험한 행동을 하는 경우가 있다고 주장한다.

전체적으로 보면 사이버성희롱의 경우 기존 성폭력 연구에서 주요 요인이었던 가부장요인보다는 사이버폭력의 경우와 같이 성희롱에 대해 갖는 태도가 가장 중요한 요인인 것으로 보이며 기존 연구에서 다루지는 않았지만 이 또한 역시 사이버 하위문화 요인으로 인터넷에서 성희롱이 얼마나 만연하고 허용하는가가 중요한 요인으로 작용할 것으로 볼 수 있다. 아울러 낮은 자기통제력이 중요한 요인 중 하나인 것을 보면 이 또한 사이버폭력과 유사한 측면이 있다고 볼 수 있다. 그렇지만 가부장요인이나 성충동의 영향력이 낮은 것을 보면 사이버성희롱은 현실성희롱과는 다른 특징이 있고, 가정폭력 등의 요인이 중요하게 작용하지는 않고 그 동기가 보복이나 화의 표출의 측면이 아닌 것을 보면 현실폭력이나 사이버폭력과 다른 특징을 갖는다고 볼 수 있다. 아울러 기존 연구에서 많이 다루지는 않았지만 익명성이나 인터넷이용시간과 같은 기회요인도 사이버폭력 연구에서와 마찬가지로 어느 정도 중요한 요인이 된다고 볼 수 있을 것이다.

4. 대책

1) 현행법

사이버성희롱은 2010년 제정된 성폭력범죄의 처벌에 관한 특례법 제14조에서 자기 또는 다른 사람의 성적 욕망을 유발하거나 만족시킬 목적으로 전화, 우편,

컴퓨터 기타 통신매체를 통하여 성적 수치심이나 혐오감을 일으키는 말이나 음향, 글이니 도화, 영상 또는 물건을 상대방에게 도달하게 한 자는 2년 이하의 징역 또는 500만원 이하의 벌금에 처한다고 규정하고 있으며 아울러 제14조의 2 제1항에서는 카메라 등을 이용 촬영하고 유포, 전신, 상영한 자에 대해 5년 이하의 징역 또는 1천만원 이하의 벌금에 처한다고 규정하고 있다.

사이버성희롱에 대한 강력한 단속과 처벌은 어느 정도 효과를 볼 수 있다. 처벌의 목적으로는 응징, 억제 등 여러 가지가 있지만 무엇보다 그 행동이 나쁜 행위라는 인식의 재확인의 효과를 거둘 수 있기 때문이다. 많은 가해자들은 자신의 행위가 크게 나쁜 행위인줄 모르는 가운데 성희롱을 저지르고 있지만, 그것에 반해 피해자의 정신적 고통은 크다는 점에서 그 인식의 전환을 위해서라도 사이버 성희롱에 대해서는 적정한 처벌이 필요하다고 볼 수 있다.

2) 개인적 수칙

이용자들의 피해예방조치는 범죄기회를 줄이려는 대책방안이라 할 수 있다. 기술적 조치를 통한 범죄기회차단의 조치로는 성희롱 단어나 문장을 기술적으로 차단하는 것이 있으나 실질적으로 효과를 거둘지는 의문이다. 그것보다는 피해의 기회를 줄이려는 일상생활의 조치가 오히려 효과적일 수 있는데, 예를 들어 아용자가 개인정보를 공개하는 것에 주의를 기울이거나 공개하지 않고, 가급적 실명을 사용하지 않으며, 성과 연령에서 중립적으로 사용할 것을 권고한다(정진수 외., 2000). 또한 원치 않는 성적 대화에는 응하지 않고 무시하는 게 좋은데, 가해자들은 단순히 주의를 끌기 위한 경우가 있기 때문이다. 사이버성희롱은 가부장권력의 과시라고 보는 점에서 피해시 움츠리기보다는 적극적인 대응으로 경고메일을 보내는 것도 바람직하다는 의견도 있다. 사이버성희롱 피해시 적극적으로 신고하도록 하며, 또 혹시 나중을 위하여 가해행위의 내용을 증거로서 저장해 놓는 것도 권고된다. 성희롱 피해자들은 아울러 이용자보호에 적극적인 서비스업체를 이용하도록 권고되기도 한다.

3) 인터넷서비스제공자의 책임

앞서 사이버폭력의 경우에서 다루었듯이 인터넷서비스제공자의 역할은 중요하다. 인터넷서비스제공자의 법적인 사전적 의무사항은 없다고 하더라도 사이버성희롱 피해예방을 위한 홍보활동, 지속적인 모니터링, 불만과 신고의 접수와 즉각적 대응, 그리고 성폭력추방 문화조성 등의 노력을 기울일 때 사이버성희롱은 감소할 수 있기 때문이다.

4) 사회문화/윤리차원의 대책

사이버성희롱에 대한 태도나 의식, 그리고 사회문화차원의 개선 노력은 가장 중요한 대처방안이 될 수 있다. 실제로 이성식(2005c)은 사이버성희롱의 설명에서 사이버성희롱에 대해 갖는 태도가 가장 중요한 원인임을 밝히고 있고 이후 연구에서도 지지된다는 것을(이성식, 2010b, 김소정, 이영철, 2011) 앞서 확인했다. 많은 가해자들이 그것에 대해 죄책감을 느끼지 못하고, 재미삼아 하는 것을 보면 그 피해가 얼마나 심각한지를 알지 못하는 듯하다. 따라서 이를 위한 인식개선의 다양한 노력이 필요하다.

그러나 여성주의 입장에서 보면 사이버성희롱의 문제는 남녀불평등의 가부장문화와 별개로 생각하기 어렵다. 가부장제의 영향이 사이버공간에서 재현되고 남성중심의 사고와 왜곡된 성의식이 현실에서와 마찬가지로 사이버성희롱의 주요 원인이라고 보는 입장에서는(남정림, 2005), 왜곡된 성의식과 가치관의 변화를 위한 교육과 양성평등적 사이버문화의 정착이 주요 방안이 된다고 본다. 이러한 주장에서는 네티켓 중심의 윤리교육도 중요하지만 그보다 더 중요한 것은 사이버공간에서의 성차별적 요소를 줄여나가야 할 필요성을 강조한다. 비록 이성식의 연구(2005c)에서는 사이버성희롱의 경우 현실성폭력과는 다르게 가부장적 요소가 중요하게 작동하지는 않았지만 김은경(2001)과 남정림(2005), 이성식(2012b)은 적어도 가부장적 요소가 중요함을 언급하고 있는데, 그렇다고 한다면 성희롱 추방운동도 중요하지만 남녀평등의 문화운동이나 제도적 노력이 더욱 뒷받침되어야 할 것으로 볼 수 있다.

제 3 절 사이버스토킹

1. 정의, 유형과 특성

스토킹이란 상대방이 싫어하는 행위를 의도적으로 그리고 계속적으로 반복해서 공포나 불안감을 느끼게 하는 행위를 말한다(이건호, 2004). 사이버스토킹은 그러한 행위를 정보통신망을 통해 행하는 행위라고 간단히 정의할 수 있다. 사이버스토킹은 사이버불링의 유형화에서 그 한 형태로 사이버폭력에 가깝기도 하지만 사이버성폭력 유형화에서 김은경(2001)은 사이버성폭력을 사이버성희롱, 사이버스토킹, 이성언어폭력, 그리고 사이버성매매로 유형화하듯이 사이버성희롱에 가깝기도 하다. 그러나 사이버스토킹은 고의적이고 지속, 반복적으로 상대에게 공포나 불안감을 일으키는 행위로, 지속, 반복적 괴롭힘이라는 특성, 더 나아가 공포와 불안감을 일으키는 행위라는 점에서 특징이 있다고 할 수 있다.

사이버스토킹은 전통적 의미의 스토킹과 다른 점이 있다(Bocij, 2004). 사이버스토킹은 여러 다양한 형태의 행위로 괴롭힘을 한다는 것으로, 단순히 위협이나 물리적 폭행 이외에, 피해자에 대한 정보수집, 피해자에게 음란물 등 전송, 바이러스나 다른 방법 등으로 데이터나 컴퓨터시스템을 공격하기, 피해자대신 상품주문하기 등 그 방법이 다양하다. 사이버스토킹에서 가해자와 피해자는 아는 사이이기보다는 모르는 사이가 많고, 가해자는 제3자의 모르는 타인을 끌어들이기도 한다. 가해자는 피해자의 연락처나 정보 등을 올리고 피해자에 대한 거짓정보를 올려(피해자가 자신을 먼저 괴롭혔다는 식으로) 많은 타인(대리인)이 피해자를 괴롭히도록 유도하기도 한다. 또한 사이버스토킹은 단순히 개인의 스토킹행동이 아니라 집단의, 그리고 조직적 차원의 공격이 될 수 있다. 즉 집단, 조직에 의해 개인이 피해를 입을 수도 있고, 개인이 특정 조직(예컨대 기업)에 루머를 퍼뜨려 해를 입힐 수도 있거나 그 가족, 지지자들을 공격할 수 있다. 이러한 이유로 Bocij(2006)는 사이버스토킹을 "개인이나 집단, 조직이 다른 개인이나 집단, 조직을 괴롭히기 위해 정보통신기술을 이용하여 행하는 고의적인 일의 다양한 행위로 정서적인 고통을 주는 행위"로 정의한다. 스토킹은 전통적으로 가해자가 남성인 경우가 많고 피해자는 여성인 점에서 성폭력과 연관해서 다뤘다. 그러나 사이버스토킹은 남녀 차이가 없고 심지어 피해자가 남성이 더 많다는 주장도 있다(Alexy et al., 2005).

기존 스토킹은 대체로 단순집착형, 애정집착형, 애정망상형으로 구분되어 왔다(Zonna, 1993). 단순집착형은 이전에 이미 알고 있던 관계로 주로 이전의 배우자나 애인의 관계에서 옛 관계를 회복하거나 보복을 하기 위한 괴롭힘의 형태로 폭력을 동반하기도 한다. 애정집착형은 주로 가해자가 남성인 경우가 많은데, 가해자와 피해자가 서로 모르는 사이로, 가해자는 정신분열증적 장애로 주로 선물공세나 데이트신청을 하는 경우이다. 애정망상형은 주로 가해자가 여성인 경우가 많고, 가해자가 피해자로부터 사랑을 받고 있다는 환상을 갖는 경우이다.

사이버스토킹은 가해자와 피해자가 아는 사이이기도 하지만 모르는 사이인 경우가 많아(Reyns et al., 2012) 서로 아는 관계인 단순집착형의 가능성은 낮다고 볼 수 있다. 그리고 가해자가 남성이고 피해자가 여성인 애정집착형인 경우가 많을 것이라 볼 수 있으나 꼭 그런 것만은 아니어서 어떠한 유형인지는 명확치가 않다. 그러나 사이버스토킹을 기존 스토킹 분류로 적용하는 것은 적절치 않다. 일찍이 국내 한국형사정책연구원 보고서(정진수외., 2000)에서는 사이버스토킹을 구애형(성적 대화나 만남을 제의), 이지메형(피해자의 이름으로 글을 올려 제3자 다수의 괴롭힘을 유도), 사생활침해형(성관련 개인정보를 게재하여 명예훼손후 다수의 괴롭힘 유도)으로 분류했고, 외국연구에서는 Mishra와 Mishra(2008)가 사이버스토킹을 단순집착형, 망상형, 그리고 응보형으로 구분한 바 있고, McFarlane과 Bocij(2005)는 보복형, 괴롭힘형, 애정집착형, 그리고 집합형으로 분류하기도 했다.

2. 실태

초기연구로 한국형사정책연구원의 2000년 보고서(정진수 외., 2000)에 따르면 서울네티즌 남녀 14세 이상 602명 조사에서 사이버스토킹의 가해경험은 4.2%, 피해경험은 4.5%인 것으로 조사되었다. 사이버스토킹의 가해경험자는 25명중에서 남자가 16명, 여자가 9명이듯이 가해자는 남성이 많았고, 피해자는 27명 중에서는 남자가 12명, 여자가 15명으로 여성이 약간 다소 더 많았다. 한편 윤영민(2003)의 남녀 성인 8,336명 조사연구에서 보면 사이버스토킹의 가해경험자는 3.7%로 조사된 바 있다.

한편 2013년도 한국형사정책연구원(윤해성, 박성훈, 2013)에서의 SNS사용상의 범죄경험 조사에서는 서울과 수도권 14-59세 1,000명 조사에서 사이버스토킹 가해경험자는 조사자의 0.6%, 피해경험자는 6.9%로 두 번째로 높은 범죄인 것으로 조사되었다.

2013년 한국인터넷진흥원의 초,중,고등학생 및 일반성인 대상의 사이버폭력 실태조사 중 사이버스토킹의 실태를 살펴보면, 초,중,고등학생 청소년의 경우 전체 응답자의 2.2%가 가해경험이 있는 것을 제시해 앞서 사이버성희롱의 경우보다 다소 더 많았고, 그중 중학생은 3.6%, 고등학생은 2.0%, 초등학생은 0.8%로 중학생이 상대적으로 그 경험에서 많았다. 피해경험의 경우는 청소년 전체 5.6%로 사이버성희롱보다는 적었다. 고등학생 피해경험자가 7.6%로 가장 많았고, 중학생이 7.4%, 초등학생이 1.2%순이었다. 일반인 성인의 경우는 가해경험이 0.8%, 피해경험은 5.2%이었다. 그 결과를 남녀별로 살펴보면 가해의 경험은 여성보다 남성이 더 많았고(초등학생은 남자 1.1%, 여자 0.4%, 중학생은 남자 5.7%, 여자 1.3%, 고등학생 남자 2.7%, 여자 1.3%, 성인 남자 0.8%, 여자 0.8%), 피해의 경우도 고등학생의 경우를 제외하고 대체로 남성이 여성보다 더 피해가 많은 것으로(초등학생은 남자 1.5%. 여자 0.8%, 중학생은 남자 8.8%, 여자 5.9%, 고등학생 남자 6.8%, 여자 8.5%, 성인 남자 5.4%, 여자 5.0%) 조사되었다.

2015년 한국인터넷진흥원/방송통신위원회의 초,중,고등학생 및 일반성인 대상의 사이버폭력 실태조사 중 사이버스토킹의 실태를 살펴보면, 청소년의 경우 조사대상자의 2.2%가 가해경험이 있었으며, 초등학생 1.7%, 중학생 2.0%, 고등학생 3.0% 순이었고, 청소년의 경우 스토킹의 이유로는 '재미나 장난/스트레스 해소'가 46.3%, '상대방이 먼저 그런 행동을 해서/보복하기 위해'가 38.8%, '내 의견과 달라서'가 26.9% 순이었다. 성인의 경우 6.6%가 가해경험이 있었고 피해는 7.0%가 경험이 있었는데, 스토킹의 이유로는 '상대방이 먼저 그런 행동을 해서/보복하기 위해'가 49.5%로 가장 많았다. 이 결과는 사이버스토킹이 사이버폭력보다는 그 비율이 상당히 낮은 편이지만 사이버성희롱의 경우보다는 다소 높은 경험율을 나타내고 있으며, 남녀비율을 보면 성인의 경우(청소년은 2015년에는 제시되지 않았지만 2013년 조사에서 볼 때에도) 가해자와 피해자 모두 남성이 여성보다 높아 남자는 8.5%, 여자는 4.7%, 피해의 경우는 남자는 7.7%, 여자는 6.3%로, 남성이 여성보다 가해와 피해에서 더 많았다. 상대가 누구인지는 청소년의 조사에서만 제시되었는데 '모르는 사람'이 62.7%로 가장 많았고, '연예인' 47.8%, '같은 학교 친구나 선후배'가 44.8%순이었다.

3. 원인

사이버스토킹에 대한 연구는 그다지 많이 이루지지는 않았다. 초기의 한국형사정책연구원의 보고서(정진수 외., 2000)에서는 사이버스토킹을 구애형, 이지메형, 사생활침해형으로 분류하였는데, 가해경험 중에서 25명 중 구애형이 17명, 피해경험에서도 27명 중 구애형이 20명으로 구애형이 가장 많은 것으로 나타나, 기존의 애정집착형의 형태가 많고 애정문제가 그 원인의 하나인 것으로 제시된다. 이러한 결과는 외국의 연구에서도(Spitzberg and Hoobler, 2002) 애정형이 많았던 것과 일치한다.

그러나 사이버스토킹은 그것이 사이버폭력의 한 형태이듯이 단순히 애정만의 문제는 아니어서 누군가에 대한 보복과 응징에 의한 것이라는 주장이 있다. 사실 그러한 이유로 앞서 Mishra와 Mishra(2008)나 McFarlane과 Bocij(2005)의 사이버스토킹 분류에서도 응보형과 보복형은 주요 유형 중 하나가 된다. Strawhun과 동료들(2013)은 사이버스토킹이 대인폭력과 공격성, 화의 표출인 경우가 많다고 하여 그것이 폭력의 형태를 띈다는 주장을 했다.

사이버스토킹은 아무 이유없이 재미삼아 장난으로 하기도 하는데, Bocij(2006)

도 주장했듯이 누군가의 관심을 끌거나 특히 그것을 단순히 재미삼아 하는 경우가 많다고 보았고 그 동기는 현실의 스토킹의 경우와 다르다고 보았다. 이러한 결과는 초기 한국형사정책연구원의 보고서(2000)에서도 확인되는 바 사이버스토킹의 주된 동기와 이유는 별다른 이유없이 재미삼아 한다는 응답이 가장 많았다. 실제로 앞서 살펴보았듯이 2015년 사이버폭력조사 보고서에서 보면 사이버스토킹의 이유로 재미와 장난이 가장 많았다.

기존 애정형이외에 응보와 화의 분출, 재미 등이 그 주요 동기가 될 수 있으며 그 외에도 사이버스토킹은 정치적인 이유로 해킹을 통해 집단, 조직차원에서 이루어지기도 하며, 때로는 기업을 공격하듯이 이득의 목적을 띄기도 하듯이 여러 이유와 동기로 비롯되며 그러한 점에서 기존 스토킹과는 사뭇 다른 새로운 형태라고 볼 수 있다.

하지만 중요한 것은 사이버스토킹이 비대면성과 그것이 신체적 해가 없다는 점에서 가해자는 그것을 쉽게 용인하는 태도를 갖게 되고 그것이 주요 원인으로 작용한다고 볼 수 있으며 사이버스토킹을 재미삼아 하는 것도 그와 같은 태도에서 비롯된다고 볼 수 있다. 이성식(2010b)은 휴대전화를 이용한 성비행을 다룸에 있어 사이버스토킹의 원인으로 스토킹경험 친구와의 접촉과 스토킹에 대한 태도가 중요한 요인임을 확인했다.

이성식의 연구(2010b)에서는 앞서 연구(2005c)의 사이버성희롱에서 현실의 경우와 달리 가부장적 의식이나 폭력태도의 작용은 중요하지 않듯이 스토킹의 경우에서도 가부장적 요인이나 부모의 폭력 여부는 중요하지 않았음을 제시했다. Bocij(2006)는 사이버스토킹이 상대를 통제하려는 권력동기가 중요하다고 보면서 대리인을 통한 집단다수의 여성에 대한 공격도 권력동기의 작용이라고 제시했지만 그 작용은 미비한 것으로 판단된다. 이는 사이버스토킹이 그것이 권력과 통제가 작용할 여지가 있는 성폭력과는 다른 특성을 가지는 것이라 볼 수 있으며, 그렇다 하더라도 그것이 사이버공간에서 이루어지는 점에서 권력과 현실폭력의 작용은 다소 적다고 볼 수 있다.

사이버스토킹은 그것이 사이버폭력의 한 형태라고 볼 수 있다면 개인성향으로 낮은 자기통제력에서 비롯된다고도 볼 수 있다. 하지만 이성식의 연구(2010b)에서 사이버스토킹에서 사회학습요인들은 그 설명요인으로 중요했지만 낮은 자기통제력의 영향은 중요하지 않았음을 제시했다. 그렇지만 이승현과 동료들(2015)의 한국형사정책연구원의 보고서에 따르면 사이버폭력, 사이버성폭력의 경우에서와 같이 사이버스토킹의 경우도 낮은 자기통제력이 주요 설명요인이 된다는 것을 제시했다.

사이버스토킹은 처벌의 효과가 가능해 사이버스토커가 체포나 처벌의 가능성을 인식한다면 스토킹의 가능성은 낮을 것이라 주장된다(Pittaro, 2007). 자신을 숨길 수 있는 인터넷의 익명성은 사이버스토킹의 주요 원인이 되며(Phillips and Morrissey, 2004), Bocij (2006)는 기회요인으로 쉽게 접근할 수 있는 기회의 용이성, 기술을 다루는 능력, 익명으로 인한 탈억제와 몰개성화를 그 원인으로 제시했다.

Reyns와 동료들(2011)은 생활양식/일상행위의 기회이론을 통해 사이버스토킹의 피해원인을 파악했는데 여러 네트워크에 참여하는 등 피해위험에 노출되거나 낯선 사람과 자주 만나는 등 잠정적 범죄자와의 근접성, 아울러 온라인에 비행과 일탈을 저지르거나 그러한 친구들과 접촉하는 사람도 피해 가능성이 높음을 제시했다. 비록 감시의 부재나 대상의 매력은 크지는 않지만 이는 기회요인이 어느 정도 피해와 연관된다는 것을 제시한다. 그런데 국내 연구에서는 그와 같은 기회요인으로 인터넷이용시간이 많은 사람은 스토킹의 피해와 상관이 없지만 오히려 가해에 주요 설명이 된다는 것을 제시하고 있다(이승현 외., 2015).

이상에서 볼 때 사이버스토킹은 애정이외에 응보와 화, 재미, 심지어 정치적 보복 등 다양한 동기에서 비롯되며 여러 이유 중 무엇이 가장 중요한지에 연구가 부족하지만 적어도 사이버폭력 보고서에 의하면 사이버스토킹은 청소년의 경우 재미와 장난이, 성인은 보복이 가장 중요한 동기임을 제시한다. 응보나 화의 표출이 주요 이유의 하나라는 점에서 오히려 사이버성희롱보다는 앞서 사이버폭력과 가깝고, 더구나 위 조사에서 가해자나 피해자가 모두 여자보다는 남자가 많다는 점에서도 사이버폭력의 하위형태에 가깝다고 볼 수 있다. 사이버폭력이나 사이버성희롱의 경우에서처럼 스토킹에 대해 갖는 태도와 낮은 자기통제력이 주요 설명요인이 될 수 있으며 익명성이나 인터넷이용시간과 같은 기회요인도 중요하게 적용한다고 볼 수 있다. 사이버스토킹은 사이버폭력과 유사한 것이지 그렇다고 현실의 폭력과는 성격이 다르며(가정폭력 등의 영향력이 낮음), 일부 학자는 가부장요인의 요인의 영향에 대한 언급도 있으나 사이버성희롱의 경우와 같이 현실 성폭력과는 다르게 가부장요인의 요인의 영향은 낮다고 볼 수 있다.

4. 대책

1) 현행법

사이버스토킹의 경우 정보통신망법(제44조 7 제1항 제3호)에 의하면 정보통신망을 통하여 공포심이나 불안감을 유발하는 말, 음향, 글, 화상 또는 영상을 반복적으로 상대방에게 도달하게 하는 자는 1년 이하의 징역 또는 1천만원 이하의 벌금에 처한다고 규정하고 있다.

사이버스토킹에 대한 처벌은 정보통신망법에 규정되어 있지만 사이버스토킹에 대한 새로운 법안은 1999년부터 여러 차례 제출된 바 있다. 그것은 위의 정보통신망법으로는 피해자에게 말이나 영상을 전달하는 행위만을 대상으로 삼는다는 점에서 규제범위가 좁고, 공포심이나 불안감의 규정이 모호하다는 이유에서이다. 현행 사이버스토킹 기준은 공포심이나 불안감이 주관적이고 명확하지 않은 이유로 실제로 정보통신망법이 적용되기에는 어려움이 있다. 따라서 실제로는 경범죄처벌법으로 10만원 이하의 벌금으로 처벌하는 경우가 많아 처벌이 미약하다는 지적이 제기된다. 이와 같은 현재의 낮은 처벌은 사이버스토킹을 억제하지 못한다.

따라서 사이버스토킹의 여러 형태, 예컨대 앞서 언급했듯이 다양한 행위를 법규에 포함시켜야 하며, 아울러 공포심이나 불안감도 주관적 감정이 아니라 그 판단기준을 명확히 하며, 아울러 분노, 좌절, 성적 굴욕감 등 여러 감정상의 고통도 포함시켜야 한다는 논의가 제기되어 왔다(이성호, 2005). 그렇지만 사이버스토킹은 여러 행위가 포함되고 정서적 반응이 포함되기 때문에 그것을 명확히 하기도 어렵고 따라서 법을 집행하기도 어려운 한계가 있을 수밖에 없다.

2) 개인적 수칙

기존 피해연구에서 범죄기회요인이 중요하다고 하듯이 이용자들의 피해예방 활동은 주요 대책방안의 하나라 할 수 있다. 그와 관련한 개인적 수칙으로는 인터넷활동에서 낯선 사람과의 잦은 만남을 자제하고 개인정보를 공개하는 것에 주의를 기울이기, 누군가 의심이 되면 불필요한 응답으로 지속적 스토킹을 피하기, 스토커라 판단이 되면 대화를 원치 않는다고 스토킹을 중지하라고 알릴 것, 오프라인에서 만남을 가지지 말 것, 대화내용을 증거로 보관하거나 서비스제공자나 필요시 경찰에 신고할 것 등이 필요하다.

3) 사회문화/윤리차원의 대책

사이버스토킹은 사이버폭력이나 사이버성희롱의 경우와 같이 여러 원인들 중에서도 사회학습요인, 특히 사이버스토킹에 대해 갖는 태도가 중요하다고 볼 수 있다. 많은 가해자들이 그것을 재미삼아 하는 것도 그 피해가 얼마나 심각한지를 모르는데서 비롯된다. 따라서 그러한 의식과 사회문화차원의 개선 노력은 가장 중요한 대처방안이 될 수 있다. 그것이 구애형이라 할지라도 “열 번찍어 안넘어가는 나무 없다”는 속담대로 지속적이고 반복적인 구애가 오히려 적극적이고 용감한 행위라고 인식되기 쉽지만 그 행위가 피해 당사자에게는 얼마나 괴롭힘의 행위가 되는지의 교육이 필요하다.

제7장 불법콘텐츠범죄

제1절 인터넷음란물

1. 정의, 유형과 특성

음란성이라는 개념은 실로 모호한 개념이다. 음란성의 판단은 개인적 판단이나, 또한 각 사회의 문화와 역사에 따라 달라질 수 있기 때문이다. 음란성은 포르노그래피를 법적으로 해석할 때 쓰는 용어로, 일반적으로 음란물은 “그 내용이 성욕을 자극하거나 흥분시키고, 보통인의 정상적인 성적 수치심을 해하고, 선량한 도의관념에 반하는 것”으로 정의된다. 음란이라는 개념은 포괄적이고 모호하지만 노골성과 혐오감, 반사회성을 그 주요 요소로 하는데, 1998년 헌법재판소에서는 음란물을 “인간의 존엄과 인간성을 왜곡하여 노골적이고 적나라하게 성을 표현하여 오로지 성적 흥미만을 자극할 뿐, 예술적 가치는 없고, 또 건전한 성도덕을 크게 해치는 성표현물”로 본다.

인터넷음란물은 컴퓨터 인터넷이라는 새로운 매체를 통해 전달되는 음란물을 말한다. 따라서 새로운 장르나 현상이라기보다는 전달하는 매체가 달라졌다는 점에서 차이가 있을 뿐 전달하는 내용은 영상(동영상과 사진), 만화, 소설 등 기존 음란물과 크게 다를 바 없다. 그러나 음란물의 종류는 더 다양한데, 문자(음란게시물, 소설), 영상(사진, 그림, 만화), 동영상(실시간 혹은 파일형 동영상), 게임(음란게임) 등으로 구분되기도 한다.

인터넷음란물이라고 할 때 통상 노골적이고 성도덕에 반하는 불법적인 하드코어 포르노그래피이외에 소프트코어 포르노그래피를 포함하는 넓은 의미로 사용하는 것이 일반적이라고 볼 수 있다. 하드코어 포르노그래피는 폭력적 성표현물, 비폭력적이지만 인간의 지위와 품위를 손상시키며, 혹은 여성의 남성에 대한 종속을 표현하는 성표현물, 아동 포르노그래피, 그밖에 일반인의 가치관에 배치되는 수간, 근친상간 등의 표현물이 해당되며, 소프트코어 포르노그래피에는 나체, 성기노출이 없는 비폭력적 성표현물, 성기노출이 포함된 비폭력적 표현물이 포함되어 소프트코어인 경우 그것을 음란물로 볼 것인지에는 논란의 여지가 있고, 사회, 문화에 따라 다르다. 음란물을 하드코어와 소프트코어로 구분할 때 소프트코어의 경우는 유해성이 상대적으로 낮아 표현의 자유와 상충되는 면이 있지만 하드코어 포르노그래피의 경우 어느 정도 엄격히 불법으로 규제하고 있는게 보통이다.

우리나라 방송통신심의위원회 심의규정에서 보면 인터넷상에서 신체노출에 있어서 남녀의 성기, 국부, 음모 또는 항문이 노출되거나 지나치게 근접 촬영되어 윤곽 또는 굴곡이 드러난 내용, 이성 또는 동성간의 정사, 구강성교, 성기애무 등 성행위를 직접적으로 묘사한 행동, 자위행위 묘사, 변태성욕을 묘사한 내용과 성폭력, 강간 등을 구체적이나 사실적으로 묘사하고 미화한 내용, 어린이나 청소년을 성대상으로 묘사한 내용을 금하고 있다.

2. 실태

인터넷음란물을 다루는 주요 정부기관인 방송통신심의위원회의 음란물에 대한 심의건수를 보면(여기서는 음란물이외에 뒤에 다룰 인터넷성매매를 포함한 건수) 2009년 6,809건에서 2010년에는 9,744건, 2011년 10,667건, 2012년 15,076건, 2013년 34,634건, 2014년 53,985건, 2015년 55,906건으로 점차 증가한 것을 제시하는데 이는 최근 들어 인터넷음란물의 문제가 점차 심각해진 것으로 볼 수 있다.

인터넷음란물에 대한 실태조사는 주로 청소년들을 대상으로 조사를 실시해 왔다. 그것은 청소년에게 유해하여 그 현황을 알아보고 대책을 세우기 위함이었다. 2003년도 서울시 남녀 중,고등학생 1,113명을 대상으로 실시한 한국형사정책연구원 보고서(이성식, 2003)에서의 인터넷음란물 접촉의 실태를 보면 응답자 전체의 60.2%가 접촉의 경험이 있었다고 응답한 것으로 나타났다. 이 결과를 남녀별로 보면 남자청소년은 응답자의 77.5%가, 여자청소년은 42.8%가 접촉했다고 응답했고, 남학생의 경우 중학생은 응답자의 60%가, 남자고등학생은 응답자의 93.7%가 접촉경험이 있는 것으로 조사되었다. 음란물의 접촉경로는 접촉경험자의 38.5%가 게시판, 동호회 포털사이트 등에서 무료로 다운로드의 방법을 통해 접촉한 것으로 나타났으며, 이메일의 스팸메일을 통해 접촉한 경우도 26.1%로 높게 나타났다.

2010년도 전국 남녀 중,고등학생 2,538명을 대상으로 조사한 연구결과를 보면(홍봉선, 남매애, 2010), 응답자의 78.8%가 인터넷음란물에 접촉경험이 있고, 남자청소년은 87%, 여자청소년은 72.2%가 경험이 있는 것으로 조사되어 앞서 이성식의 연구보다 그 비율이 높은 것을 제시하고 있다. 음란물접촉경로는 '검색 중 우연히'가 42.6%가 가장 많고, '친구나 선후배의 소개'(32.9%), '스팸메일'(10.3%) 순이었고, 접촉장소는 자기집이 73.8%, 누구와 함께 보았는지는 '혼자서'가 73.9%로 가장 많았고, 접촉시간대는 '방과후'가 35.3%, '심야'가 26.7%, '저녁시간'이 18.9%로 방과후 부모님이 안계시는 시간에 접촉하는 것을 알 수 있다. 접촉의 이유로는 '호기심'이 27.8%, '성충동 때문에'가 19.5%, '심심해서 재미로'가 17.1% 순이었다.

2013년도 방송통신심의위원회에서 13세이상 500명 대상의 조사에서는 주요 세 유형의 음란물로 음란물, 폭력음란물, 아동포르노그래피를 제시하고 그 경험을 질문했는데, 음란물접촉(성기노출, 성행위묘사, 유사성행위)의 경험을 4점 척도로 질문한 결과에서 '매우 자주'가 응답자의 2.6%, '자주'가 17.2%, 그리고 '별로 접촉 안한다'가 37.4%, '전혀 접촉 없다'가 42.8%로 제시되어, 20%가량이 자주, 그리고 절반 이상이 적어도 음란물의 경험이 있는 것을 제시했다. 폭력적 성행위의 음란물의 경우는 각각 1.2%, 11.6%, 34.0%, 53.2%의 분포를 보여 거의 절반에 가까운 응답자가 폭력음란물을 경험한 것으로 나타났다. 그리고 아동포르노의 경우는 각각 1.0%, 6.6%, 21.8%, 70.6%로, 응답자의 30% 가량이 경험이 있는 것으로 조사되었다.

2015년도 방송통신심의위원회에서의 인터넷불법/유해정보 실태조사에서는 만 10세이상 1,000명조사에서 음란 및 성매매정보에 얼마나 자주 접하는가의 5점 척도 질문에 25.8%가 '자주 접한다'와 '매우 자주 접한다'는 응답이 있음을 제시했다.

인터넷음란물 접촉의 주요 경로는 초기에는 음란사이트 중심으로 운영되다가 그 주소를 차단하면서 우회하는 방식으로 단속을 피해나갔지만 이후 2010년도에는 웹하드나 P2P를 통한 경험이 가장 많았는데, 웹하드에서 헤비업로더의 등장으로 이에 대한 수사와 웹하드 업종을 등록제로 바꾸면서 개인간의 P2P가 대안으로 등장하여 많이 사용되었고, 이후 토렌트방식이 주요 경로가 되었다. 2015년도 방송통신심의위원회에서의 인터넷불법/유해정보 설문조사에서는 접촉경로로 포털사이트의 카페/블로그를 통한 접촉이 41.9%로 가장 많았고, 모바일메신저 37.8%, 스팸메일 37.7%, 팝업/배너광고가 36.5% 순으로 제시되었다.

3. 원인

앞서 언급했듯이 음란물에 대한 규제문제는 표현의 자유와의 논쟁이 주요 이슈이다. 그런데 그러한 논쟁의 해결점은 과연 인터넷음란물이 사회적으로나 개인적으로 부정적 영향을 미치는가에 있다. 특히나 청소년보호를 위해 음란물이 청소년에게 유해한지, 혹은 여성주의 입장에서 보면 음란물이 성을 상품화하고 여성을 비하하거나 성적 왜곡 등에 영향을 주는지의 유해성 논의가 필요하다 할 수 있다. 그리고 그것이 유해하다면 어느 정도 규제의 필요성의 근거가 될 수 있다.

음란물은 성적 충동을 해소하여 오히려 성범죄를 줄인다는 정화이론가들의 입장이 있지만 그보다는 유해하다는 입장이 우세하다. 음란물의 유해성과 관련하여 여러 입장이 있는데, 우선 성자극이론은 선정적이고 노골적인 음란물이 사람들의 성충동을 더욱 자극함으로써 성범죄 등 다른 많은 부작용을 낳을 수 있다고 본다. 이소희와 성윤숙의 연구(2001)에서도 인터넷음란물에 접촉하게 되면 이성에 대한 강한 호기심과 성충동을 경험한다는 결과를 제시했는데, 그러한 성충동은 성비행에 까지 영향을 줄 수 있다.

사회학습이론에서는 음란물을 접촉하는 경우 강화, 학습, 혹은 모방과정을 통해 음란물에서 묘사된 것처럼 유사한 행동을 할 수 있다고 본다(Check and Malamuth, 1985). 남미애와 홍봉선(2012)은 중,고등학생 청소년들이 인터넷음란물을 보게 되면 성폭력허용도가 높아져 성폭력을 저지를 수 있다는 결과를 제시해 사회학습이론을 지지하였다.

더 나아가 여성주의이론가들은 음란물에서 묘사되는 여성의 비하, 남성에 대한 복종, 여성의 성적 대상화, 그리고 여성에 대한 폭력의 위험성을 경고한다. 여성주의이론은 음란물이 특히 여성 비하적이고 여성에 대한 폭력을 정당화하는 식의 강간신념과 같은 왜곡된 성의식을 낳을 수 있으며, 그러한 이유로 성폭력을 조장한다고 보고 있다(Check and Malamuth, 1983; Allen et al., 1996). 국내연구로 최명일(2008)과 김유정(2010)은 인터넷음란물에 접촉하거나 노출하게 되면 왜곡된 성의식을 갖게 된다는 결과를 제시했다.

그렇지만 음란물이 여성에 대한 부정적 태도나 또한 여성에 대한 공격적, 폭력적 행동에 유의미한 영향력을 미치지 못했다는 연구도 많이 발표되고 있다. Barak과 Fisher(1997)는 기존의 연구결과를 검토해 볼 때 음란물에의 노출 효과가 부정적인 것만은 아니며 연구결과가 일관적이지 못하다고 주장했다. 국내에서도 양소정(2010)은 인터넷음란물이 청소년의 반사회적 혹은 왜곡된 성의식에 미치는 영향은 미비하고 그대신 음란물을 접촉한 혹은 성비행을 저지른 친구들과 얼마나 어울리는가가 그 영향력이 중요하다는 결과를 제시했다. 한편 김정규의 연구(2012)에서는 인터넷음란물이 남녀 모두에 성개방의식에 영향을 주지만 성비행에까지 영향을 주는 것은 아니라는 결과를 제시했다.

이후 음란물이 청소년에게 주는 부정적 영향력은 그것이 음란물의 특성에 따라 다르다는 주장이 제기되었다. 즉 폭력이 없는 음란물은 해롭지 않지만 폭력음란물은 반사회적 태도나, 강간신화의 형성에 영향을 줌으로써 성폭력 등에 악영향을 미칠 수 있다고 주장되는데, 그러한 주장은 많은 지지를 받고 있다. Malamuth와 Check(1981)에 따르면 폭력음란물은 강간신화를 수용하게 하고, 또 강간의 가능성을 높인다는 결과를 제시했고, 그러한 결과는 이성식의 연구(2003)에서도 지지되어 폭력적이지 않은 음란물을 본 청소년보다 폭력음란물을 경험한 청소년의 경우 성폭력 가능성이 더 높다는 결과를 제시했다. 그러한 연구는 외국 Ybarra와 동료들의 종단적 연구(2011)에서 비폭력음란물을 본 청소년과 음란물경험이 없는 청소년과의 차이는 크지 않았으나 폭력음란물의 경우 그것을 경험하지 않은 청소년보다 성폭력이 여섯 배 더 높다는 결과를 제시했다.

한편 음란물의 효과는 행위자의 특성으로 개인의 지능, 충동성, 남성성성향, 가부장의식에 따라 달라진다는 주장도 제시되었는데(Barak and Fisher, 1997; Malamuth et al., 2000), 즉 지능이 낮아 현실분별력과 판단이 낮은 사람, 자기통제력이 높기보다는 충동적인 사람들은 음란물을 본대로 성욕구대로 혹은 폭력적으로 행동할 수 있다는 것이고, 그외에도 평소 남성성성향이 높거나 가부장적 의식, 즉 여성은 남성과 다르다거나 남성우월적 의식을 갖는 사람은 음란물을 본 후 성폭력 가능성이 높다는 주장을 한다. 이성식(2004c)은 음란물이 폭력적인 것 이외에 충동적이고 남성지배적 성의식을 갖는 청소년의 경우에 한해 더욱 성폭력을 유발할 수 있다는 결과를 제시했고, 외국에서도 인터넷음란물은 일반청소년보다 고위험청소년에게 더 성비행에 영향을 미친다는 결과가 있다(Well and Mitchell, 2008).

이처럼 음란물은 그 자체로는 유해하지도 유해하지 않을 수도 있고, 오히려 음란물의 성격이 어떤지, 그리고 누가 음란물을 보았는지에 따라 그 영향이 다르다는 견해가 더 설득력을 갖는다고 볼 수 있다.

그러면 누가 인터넷음란물에 접촉하는 것인가? 우선 부모가 자녀에 대해 관심이 부족하고, 청소년들과 부모와의 관계가 문제가 있는 경우 청소년들은 인터넷음란물에 더욱 접촉한다고 한다(윤영민, 2000). 가정요인이외에도 학교에 잘 적응하지 못하거나 학교에 애착을 덜 갖는 아이들이 음란물에 더 노출될 가능성이 높다고 한다(Mitchell et al., 2003). 또한 가정, 학교에서의 유대가 약한 아이들이, 결국 비행친구와 어울리게 됨으로 인해 음란물에 접촉하게 된다는 주장이 있다. 스마트폰을 이용한 음란물접촉의 연구(최정임, 정동훈, 2014)에서는 부모의 감시나 학업성적 등의 요인은 중요하지 않았지만 음란물접촉경험의 친구와의 차별접촉이 가장 중요한 요인이라는 것을 제시했는데, 이는 스마트폰을 통해 친구들끼리 음란물을 쉽게 공유하고 학습한다는 것을 제시한다. 그렇지만 그 영향이 강한 것은 아니어서 가정에서 부모의 감시나 유대, 그리고 친구의 영향이 음란물접촉에 유의미한 영향력을 갖지 못한다는 연구결과도 있다(이성식, 2003; 최명일, 2008; 김유정, 2010).

이성식의 연구(2003)에서는 가정, 학교, 친구의 영향보다도 인터넷음란물에 대해 갖는 태도가 무엇보다 중요하여 음란물이 크게 나쁘지 않다는 인식이 음란물에 접촉하게 하는 가장 주요 요인이 된다는 것을 밝히고 있다. 그러한 연구결과는 김정규(2012)의 연구에서도 가정과 학교 및 친구의 영향은 중요하지 않았고 무엇보다 도덕적 신념과 태도가 남녀 청소년 모두에서 음란물접촉의 가장 중요한 요인이라는 것을 제시했고 노기영의 연구(2013)에서도 음란물에 대해 갖는 태도가 가장 중요한 요인임을 제시했다. 이는 가정, 학교요인, 그리고 비행친구와의 접촉도 음란물에 대한 태도를 매개로 작용하며 궁극적으로 태도가 중요한 요인임을 제시하는 것이라 볼 수 있다.

기존 실태조사에서는 접촉의 주요 이유가 호기심이나 재미라고 하듯이 재미추구는 주요 설명요인이 될 수 있다. 기존 연구에서는 뭔가 자극과 재미를 추구하는 감흥추구경향이 높은 청소년이 음란물에 접촉한다는 결과가 있듯이(이성식, 2003; 최명일, 2008), 재미추구는 그 주요 동기가 될 수 있다.

개인성향으로 낮은 자기통제력은 그것이 음란물접촉에 주요 요인이라는 연구결과가 있는데(김은미외, 2007), 이성식(2012b)의 휴대전화 성비행 설명에서도 음란물접촉과 유통의 원인으로는 비록 친구의 영향은 중요하지 않았지만 음란물에 대한 태도 및 낮은 자기통제력이 중요한 원인이라는 것을 제시했다. 하지만 기존 연구들에서는 낮은 자기통제력의 영향은 약간의 유의미한 영향력을 갖거나(최정인, 2014) 유의미하지 않아 중요하지 않다는 연구결과도 있어(최명일, 2008; 김유정, 2010), 그 결과가 일관적이지는 않다.

인터넷음란물에의 접촉기회 요인도 중요해 Mitchell과 동료들의 연구(2003)에서는 음란물차단 프로그램의 설치가 아이들의 접촉 여부를 잘 설명한다는 결과를 제시했다. 하지만 그와 같은 음란물 차단프로그램이 별 효과가 없다는 연구결과도 있다(Ybarra and Mitchell, 2005; Wolak et al., 2007). 기존 연구에서는 기회요인으로 인터넷사용시간이 많을수록 그만큼 인터넷음란물에 접촉할 기회가 많다고 보고하여 인터넷사용시간이 주요 요인임을 제시하고 있다(이성식, 2003; 김정규, 2012; 최정임, 정동훈, 2014). 인터넷음란물은 2015년 방송통신심의위원회의 실태조사 보고서에서도 제시되었듯이 접근용이성의 기회요인이 음란물접촉의 주요 요인이 된다고 할 수 있다.

한편 인터넷음란물과 같은 불법콘텐츠범죄의 경우는 누가 음란물에 접촉하는가보다는 누가 왜 음란물을 유포하고 사이트를 운영하는가의 주제를 다룰 필요가 있는데, 이창훈과 김은경(2009)은 음란물을 유통하는 섹스팅(sexting) 행위에 관해 남녀 중,고등학생 1,612명을 대상으로 조사를 실시했는데 20%인 323명이 그 경험이 있는 것으로 조사되었다. 그 이유도 친구들 사이에서 주목을 받을 수 있기 때문과 혹은 재미있어서나 호기심 때문이라는 응답이 많았다. 그리고 실제로 친구의 압력과 섹스팅에 대해 갖는 태도, 그리고 낮은 자기통제력이 주요 설명요인이라는 것을 제시했다. 한편 음란사이트의 운영자들에 대한 조사연구는 없었지만 이 운영자들도 음란물운영에 죄책감이 부족하고 무엇보다 금전적 이득이 주요 동기가 된다고 할 수 있다. 그리고 해외사이트를 통해 운영하기 때문에 적발이나 처벌의 낮은 가능성도 그 주요 원인의 하나로 작용한다고 볼 수 있다.

4. 대책

1) 현행법 규제와 그 한계

법에 의한 규제는 정부가 적극적으로 나서서 음란물제공자에게 강한 단속과 처벌로 음란물을 규제하고 청소년들을 음란물로부터 보호하려는 대책이라고 할 수 있다. 사이버음란물에 관해서는 정보통신망법 74조 제1항 제2호에 의해 정보통신망을 통하여 음란한 부호, 문언, 화상 또는 영상을 배포, 판매, 임대하거나 공연히 전시한 자는 1년 이하의 징역 또는 1천만원 이하의 벌금에 처한다고 규정하고 있다. 그러나 이전부터 많은 주장이 있어 왔듯이 음란물을 정부가 나서서 적극 규제하겠다는 것은 여러 한계가 있을 수밖에 없다.

음란물의 규제는 무엇보다 표현의 자유와 논란이 있다. 표현의 자유는 개개인이 자유로운 의사표현을 국가로부터 제한받지 않는 권리를 말한다. 표현의 자유를 주장하는 자유주의 입장에서 보면 불건전, 음란의 기준은 실로 모호하며, 객관화할 수 없다고 본다. 따라서 어떤 작품을 음란물이라고 규정하는 것 자체가 막연한 것으로 그것은 개개인의 판단에 맡겨져야 하는 것이지, 그것을 규제한다는 것은 헌법에 보장되어 있는 표현의 자유에 위배된다는 점을 주장한다.

그럼에도 불구하고 우리나라의 경우 전통적인 유교문화의 영향으로 선정적이기만 하면 그것을 공개적으로 다루고 표현하는 것을 부자연스러운 것으로 보고 금기시하였고 노골적인 성표현을 배척하여 엄격히 다뤄온 것이 사실이다. 즉 자유주의보다는 보수주의 관점을 따라 표현의 자유보다도 선량한 사회풍속을 해치는 것에 대해서 더 엄격하며 노골적 성표현은 강력한 법적 규제의 대상이 되어야 한다고 보는 것이 현실이다.

그렇지만 음란성은 규정이 모호하고, 자의적이라는 점에서 그 기준이 문제가 된다고 지적되며, 기본권으로서의 표현의 자유와는 항시 갈등과 논쟁이 내재되어 있는 것이 사실이다. 더욱이 기존 매체에서는 이용자가 일방적으로 수동적 입장에 있는 수신체계에 있기 때문에 불건전하고 음란한 내용물로부터 보호해야 한다는 규제의 당위성이 인정될 수 있을지 모르지만 새로운 매체로서 인터넷은 일방적이지 않은 쌍방향 의사전달도구이며 이용자의 의도적 접근이 필요한 것이기 때문에 이에 대한 획일적인 규제는 적절치 않다는 주장이 제기된다(성동규, 김왕석, 1997; 김경호, 2002). 더욱이 사이버공간에서는 획일적인 가치나 질서에 대한 강조보다는 다양성과 자유, 무한한 자아의 확장을 강조하기 때문에 규제가 있을시 다양한 대화의 장이 위축될 수 있다는 우려와 함께 규제보다는 표현의 자유가 더욱 인정되어야 한다는 주장도 있다. 1996년 미국의 통신품위법이 연방법원에서 위헌 판정을 받은 것도 인터넷이 방송도 인쇄매체도 아닌 완전히 새로운 매체로서 충분한 표현의 자유를 보장해야 한다는 것이었다.

이처럼 음란의 기준이 모호하고, 또 표현의 자유와의 충돌 때문에 이를 하나의 잣대로 정부가 적극 규제하는 것은 여러 문제가 있고, 위헌의 소지마저 있다. 또한 음란물과 음란정보를 정부가 나서서 규제하겠다는 것은 유통되는 모든 정보를 정부가 검색하겠다는 것인데, 그 많은 정보를 일일이 찾아내고 규제하는 것은 실제로 불가능하다. 더구나 정부에 의한 규제는 음란물제공자에 대한 국가의 강력한 단속과 법처벌이 해결방안으로 제시되는 것이나 인터넷음란사이트는 주로 서버가 외국에 설치되어 있기 때문에 국가형벌권이 이들에게 미칠 수 없는 문제가 있다.

그러나 표현의 자유의 중요성, 그리고 인터넷공간의 상이성에도 불구하고 음란물을 어느 정도는 제한해야 한다는 주장의 근거는 청소년보호라는 점에서 찾는다. 즉 음란물규제와 표현의 자유와의 논쟁은 성인들의 경우에서는 지속적인 논란이 있겠지만, 청소년들을 고려하게 될 때 음란물을 규제하지 않고 허가하게 되면 청소년들은 음란물에 노출되기 쉽고, 그러다 보면 그것은 청소년들의 건전한 성장에 해가 될 수 있다는 점에 규제의 당위성이 제기된다.

2) 기술적 조치

사법적 대책의 한계의 대안으로 기술개발을 통해 인터넷음란물이 청소년들에게 전달되지 못하도록 하는 방법이 있다. 이는 인터넷서비스제공자에게 음란물차단 프로그램을 설치, 가동할 것을 의무화하여 음란물 연결을 차단하는 방법을 말한다. 인터넷서비스제공자는 스스로 음란물을 차단할 뿐만 아니라 이용자들이 음란물차단프로그램을 설치하도록 하여 음란물 접촉을 막도록 한다. 실제 스마트폰 이용 청소년의 경우 음란물차단프로그램을 설치한 경우는 매우 미흡한데 프로그램 설치를 구입시부터 의무화하여 이용토록 하던지, 아니면 부모에게 설치하는 법을 알려주고 설치할 수 있도록 홍보하여야 한다. 또한 청소년들은 간단한 인증절차만 통과하면 음란물에 쉽게 접촉할 수 있기 때문에 인증절차 기준을 강화하는 것도 필요하다. 이와 같은 방법은 정부보다는 인터넷서비스제공자의 역할을 중시하는 것으로 인터넷서비스제공자가 청소년보호를 위해 적극적으로 나서야 할 것을 강조한다. 그러나 기술적 조치는 프로그램을 수시로 갱신하여야 하는 비용의 문제가 있고, 결국 부모나 청소년들에게 홍보하여 프로그램을 설치하도록 해야 효과를 볼 수 있다는 점에서, 그리고 부모나 청소년 스스로가 음란물의 심각성을 알고 설치하여야 기술적 조치가 효과를 볼 수 있다는 점에서 그 자체로는 한계가 있다고 할 수 있다.

3) 인터넷내용등급서비스

이러한 여러 문제 때문에 정부, 법적 규제, 그리고 인터넷서비스제공자에 의한 차단책의 대안으로 여러 자율규제의 방안이 제시되고 있다. 인터넷내용등급서비스는 국내에서 시행되고 있는 그 대표적인 방법이다. 이는 정보제공자가 자신의 정보내용을 정해진 방법대로 분류하여 등급을 표시하면 정보이용자인 가정에서는 내용선별 소프트웨어를 설치하여 등급기준에 맞게 정보내용을 자율적으로 선택함으로써 청소년들의 접촉을 자율적으로 관리하는 방법이다. 외국에서 들어오는 음란물은 자율적 등급표시가 어렵기 때문에 정보제공자가 아닌 제3자, 예컨대 정부나 시민단체가 음란물을 모니터링하여 등급을 매기고 표시하여 정보이용자가 설치한 소프트웨어를 통해 차단하는 제3자등급서비스가 보완적으로 시행되고 있다.

그러나 이 방법 또한 해결되어야 할 여러 문제가 있다. 첫째는 과연 정보제공자가 자율적으로 참여하겠는가의 문제가 있다. 이 방법은 정보제공자가 자신의 홈페이지에 등급을 표시하지 않을 경우 실효성을 확보할 수 없다. 둘째, 인터넷내용등급서비스가 실시되고는 있지만 실제로 많은 시민이 알 수 있도록 더 많이 홍보되어야 한다. 셋째, 외국에 서버를 두고 있는 음란물을 차단하기 위해서는 국내에서 집중적인 검색이 요구되지만, 아울러 외국과의 국제협력의 공조체제가 이루어져 정보의 상호교환이 이루어질 필요가 있다. 넷째, 제3자 등급서비스의 경우 새로운 사이트의 발견 때문에 방송통신심의위원회에서는 더욱 지속적인 모니터링이 이루어져야 한다. 아울러 시민들의 참여와 신고체계를 통해 더욱 활성화되도록 해야 한다. 2015년 방송통신심의위원회의 보고서에 따르면 시민들은 음란물 발견시 70.5%가 그것을 그냥 무시한다는 결과를 제시했는데 이처럼 시민들의 신고와 참여를 확립하는 것이 중요하다고 볼 수 있다.

4) 사회문화/윤리차원의 대책

인터넷음란물의 유통은 음란물제공자나 또 실제로 음란물에 접촉하는 청소년들도 앞서 경험연구에서 인터넷음란물에 대한 태도가 중요한 요인임을 밝히고 있듯이 인터넷음란물이 크게 유해하지 않다는 인식에서 비롯된다. 따라서 인터넷음란물은 단순히 단속이나 기술적 차단으로 해결될 수 있는 문제는 아니며 사회문화/윤리차원의 대책이 필요하다고 볼 수 있다. 따라서 이를 위해 정부나 시민단체는 캠페인활동을 통해 건전한 인터넷이용문화가 확립될 수 있도록 해야 한다. 앞서 신고에 참여를 독려하는 것도 이와 같은 문화활동에 의해 가능하다 할 수 있다. 아울러 청소년들에게는 그 유해성을 알리는 철저한 교육이 필요하다. 청소년들이 호기심이나 재미에 의해 음란물을 보게 되지만 그러한 행위가 자기자신에게 큰 해가 될 수 있다는 것을 알리고 교육시키는 것이 중요하다. 이는 어려서부터 교과과정을 통해서, 방송매체를 활용한 캠페인을 통해서, 또한 처벌의 간접효과로 정부가 음란물유포자에 강력한 처벌을 하는 것을 통해서도 가능하다.

또한 그와 같은 사회문화/윤리적 대책이외에 그밖의 사회적 대책을 보면 부모와의 관계에 문제가 있거나 인터넷사용시간이 많은 청소년이 음란물에 더 접촉한다는 결과가 있듯이 부모는 더 자녀에게 관심과 애정을 가져야 하고, 또한 인터넷사용시간의 조절 등의 노력이 필요하다고 할 것이다.

제 2 절 인터넷성매매

1. 정의, 유형과 특성

인터넷은 오늘날 성매매의 중요한 자원이 된다(Sharp and Erale, 2003). 인터넷성매매란 인터넷을 매개로 이루어지는 성매매이다. 인터넷성매매는 성매매를 광고하고 고객과 상호작용하는 인터넷을 매개로 이루어지는 현실에서의 성매매라고 정의할 수 있고 그러한 점에서 그 매개가 다를 뿐 현실에서의 성매매와 그 특성이 크게 다르다고 보기는 힘들다. 인터넷성매매는 개인간의 성매매에 직, 간접적으로 성매매를 조장하는 인터넷상의 제반 행위로 정의할 수 있으며, 이 경우 애인대행사이트, 조건만남사이트, 성매매 관련 스팸메일을 발송하는 행위 등이 포함된다(박경래 외., 2007).

인터넷성매매는 그 유형이 당사자간에 직접 이루어지는 직거래형과 특정사이트에 유료 혹은 무료로 가입해 상대방을 고르는 형태의 간접거래형으로 구분되기도 하고, 혹은 개인형과 조직형으로 구분되어 개인의 개별적 직거래이외에 특정 성매매 관련 조직에 소속해 있으면서 이루어지는 경우로 나누기도 한다.

인터넷성매메의 특징으로는 그것이 길거리말고 은밀히 거래가 성사될 수 있다는 것, 그래서 그러한 익명성으로 성매매거래가 덜 부끄럽고 자신있게 이루어진다는 점, 성매수자가 쉽게 접근할 수 있고 또 자신의 취향과 구체적 조건에 맞는 대상자를 면밀히 검토할 수 있는 점, 그리고 성매매자도 고객의 정보를 통해 고객을 선택하고, 블랙리스트를 작성하고 관리할 수 있는 점, 성매매자가 조직에 소속되기보다는 개인별로 성매매를 한다는 점, 그래서 직업으로서도 가능하지만 파트타임과 용돈벌이로 성매매를 한다는 것이 있다(Holt and Brevin, 2007; Brevin and Holt, 2009). 그 외에 인터넷성매매는 가장 전형적인 일회용 성매매이외에 장기적 계약 혹은 노예형 성매매가 있고, 또한 기존에는 주로 성매매자가 여성, 성매수자가 남성이였으나 인터넷성매매는 남자청소년이 성인여성을 상대로 하는 경우도 증가하고 있다.

인터넷성매매는 상대방에게 성매매를 제의할 때 성적 수치심을 유발하여 사이버성폭력의 한 유형으로 다룰 수 있으나(김은경, 2001), 인터넷음란물의 경우와 같이 일정 성매매사이트나 앱을 중심으로 운영자들에 의해 금전적 이유로 운영되기도 하는 등의 성격을 갖기 때문에 불법콘텐츠범죄로 다루기로 한다.

2. 실태

초기 한국형사정책연구원의 2000년 사이버성폭력 보고서(정진수 외., 2000)에 따르면 서울네티즌 남녀 14세 이상 602명 조사에서 사이버성매매의 가해경험자는 0.8%이었고, 피해경험자는 4.8%로 제시되었다.

2000년대들어 집장촌에 대한 강력한 성매매 단속 후 풍선효과로 인해 청소년 이외에도 인터넷을 매개로 한 성매매가 증가했는데, 청소년을 중심으로 보면 2007년도 청소년백서에서 볼 때 2006년도에 청소년성매매자 검거건수 744건 중 인터넷을 이용한 성매매는 590건으로 80%를 차지했고 국가청소년위원회 자료에 따르면 청소년성매매 중 인터넷을 통한 성매매가 차지하는 비율이 2000년 44.8%에서 2006년에는 90.9%에 이르듯 증가하고 있다.

한편 2013년도 한국형사정책연구원(윤해성, 박성훈, 2013)에서의 SNS사용상의 범죄경험 조사에서는 서울과 수도권 14-59세 1,000명 조사에서 인터넷성매매를 제의한 가해경험자는 조사자의 0.1%, 피해경험자는 1.2%인 것으로 조사되었다.

3. 원인

청소년성매매의 연구에서 보면 가정환경의 문제, 학대와 가출이 성매매를 하게 되는 주요 원인으로 제시된다(Wilson and Widom, 2010). 성매매의 청소년은 어려서 부모의 무관심 등 부모의 양육에 문제가 있고, 신체적, 심리적 학대피해경험이 있으며, 그러한 부적절한 양육은 가출로 이어지게 되는데 그와 같은 가정환경이 주요 설명요인이 된다. 김시업(2000)에 의하면 아동기에 신체적 가정학대 그리고 성적 학대의 경험이 있는 청소년은 낮은 자긍심, 약물사용, 성에 대한 부적절한 태도 등 부적절한 발달을 겪기도 하고, 가정으로부터의 탈출로 가출을 시도하게 되는데, 그러다 보면 비행친구들과 어울리게 되고, 부적절한 성생활을 하다가, 성매매에 빠지게 된다고 보았다. 이때 가출한 청소년은 경제적으로 어려움을 겪는데, 남자청소년은 절도와 갈취를 하게 되어 돈을 충당하지만 여자청소년은 성매매를 통해 자금을 조달하게 된다(장필화외., 2002; 이춘화, 조아미, 2004). 그렇지만 최근 연구에서 최해연과 동료들은(2015) 가족의 경제수준과 부모의 폭력, 그리고 가족의 기능요인들의 영향력은 유의미하지 않았고 부모의 이혼 등으로 부모와 함께 살지 않는 가족구조가 주요 원인 중 하나라는 결과를 제시하기도 했다.

성매매여자청소년의 경우 가정, 학업문제 등을 겪지만 과거의 성경험이나 이른 나이에 성경험 혹은 성폭력피해를 입는 경우 성매매의 가능성이 높다(이해경외, 2004). 이후 이해경(2011)은 청소년성매매 설명에서 과거 성경험과 낙태와 임신경험의 여자청소년이 성매매경험이 높다는 것을 제시했으며, 최해연과 동료들의 연구(2015)에서는 성폭력피해경험이 일반청소년과 성매매청소년을 구분하는 가장 강력한 요인임을 제시했다.

그렇지만 청소년의 인터넷성매매는 여자청소년들이 단순히 용돈을 마련하기 위한 행동이라는 주장이 있다. 즉 소비풍조의 만연으로 아이들이 유명브랜드나 핸드폰 등 유행을 따라가기 위해 용돈이 필요한데, 더구나 성개방풍조로 인해 용돈을 위해서라면 몸을 팔아도 된다는 의식과 맞물려 성매매가 일어난다고 본다(김혜원, 2011). 이러한 시각은 인터넷성매매가 가출생계형보다도 용돈이나 유흥비 마련의 동기가 크다고 보면서 청소년이 성매매의 피해자라는 전통적 입장보다는 어느 정도 여자청소년에게 책임이 있다는 시각의 입장에 있다.

성윤숙과 동료들의 연구보고서(2009)에서는 질적 인터뷰 응답자 43명 중 부모와의 관계가 좋지 않았던 경우는 29명, 학교생활에 적응하지 못한 경우는 26명, 청소년비행 경험자는 21명으로 인터넷성매매 청소년이 일반비행청소년과 유사하다고 보았다. 그리고 조사결과 23명이 가출 후 생계비가 필요해서 성매매를 하였다고 응답했고, 용돈이나 유흥비 마련은 8명에 불과한 것을 제시했다. 이러한 결과는 인터넷성매매의 특징이 용돈이나 유흥비 마련보다는 가출생계형에 가깝다는 것을 제시한다. 아울러 한국여성인권진흥원의 2012년 자료에 의하면 성매매 경험자 99명 중 그 이유가 가출생계비 때문이라는 응답이 68명(68.7%)으로 가장 많은 것을 제시했다.

이처럼 가출은 인터넷성매매의 결정적 원인이 된다고 볼 수 있는데, 그런데 그 근원을 보면 가부장가정의 여자청소년이 학대와 가출 가능성이 높아 성매매를 포함한 비행 가능성이 높다고 주장된다(이성식, 전신현, 2001). 가부장시각과 관련해서 보면 가부장사회가 그 하나의 원인을 제공하며, 더구나 가출을 한 경제적 어려움이 있는 여자청소년이 가부장사회의 성이 상품화되는 성착취의 시장에 노출됨으로 인해 성매매를 하게 되는 것이라고 본다. 여성주의자들에 의하면 성매매는 가부장사회의 산물로, 즉 성불평등사회에서 여성이 성적 대상이 되어 상품화되는 것을 문제삼는다. 더구나 심영희(2001)는 청소년성매매를 성인남성이 성적 지배를 통해 자신의 권력을 확인하는 행위로서 그 저변에는 가부장적 사고가 존재함을 지적한다.

인터넷성매매가 가부장사회나 가정의 영향 때문이라는 직접적 경험연구와 증거는 없지만 그 영향을 배제할 수 없다. 성매매를 청소년의 성충동, 도덕적 타락, 개방된 성의식, 낮은 범죄의식 등에서 비롯된 것이라고 볼 수도 있지만 여성주의자들이 주장하듯이 성매매청소년은 가부장가정의 부모의 억압에서 가출한 아이들이 가부장적 성상품화의 사회에서 여성이라는 지위 때문에 실제로 살아갈 적절한 취업기회를 찾지 못하고, 생계를 위해 어쩔 수 없이 자신의 몸을 팔아야 하는 구조에서 그 여자청소년을 성적 대상으로 삼으려는 가부장적 성인남자에 의한 가해행위라 할 수 있다.

성매수자 입장에서보더라도 기존 성폭력연구에서 남녀불평등의 사회에서 여성에 대한 성폭력 가능성이 높고, 성인들의 미성년 청소년 대상의 성매수를 일종의 성폭력의 하나의 형태라고 볼 수 있듯이 남성들의 가부장적 사고는 성매수에 주요 요인으로 작용할 수 있다. 물론 앞서 현실성폭력 연구에서와 같이 남성들의 성충동, 자기통제력 등도 원인으로 볼 수 있지만 가부장사회에서의 잘못된 성의식 등은 성매수의 주요 요인이 될 수 있다. 실제로 전병주와 윤상용(2015)은 남녀불평등 의식을 갖는 남성이 성매매를 허용하는 태도를 갖게 되고 성매매 가능성이 높음을 제시했다. 이처럼 가해자입장에서 보면 청소년대상 성매수는 현실에서의 성폭력과 설명구조가 유사하다. 김시업(2000)은 신체적 조숙과 성적 관심, 그리고 이성과 성관계의 경험이 있는 아이들이 성매매의 가능성이 높다고 본다. 이러한 점에서 성개방의 의식과 가치관이 주요 원인이 된다고 주장한다. 그런데 성경험 후에 그러한 여자청소년을 바라보는 사회의 시각도 중요하다고 보면서 즉 그들에게 성적으로 타락한 아이라는 사회적 낙인이 있게 됨으로써 성매매가 일어날 가능성이 높다고 본다. 이와 같은 시각에서 보면 성매매는 사회의 산물이며 성매매청소년은 사회의 피해자가 된다. 이러한 주장은 여성주의자들의 주장과도 어느 정도 일치하는 것으로, 남성과 달리 여성은 순결해야 한다는 이분법적 성관념에 의해 이미 이성친구 등과 성경험을 한 아이들이 사회로부터 낙인받고 비난의 대상이 됨으로 인해 성매매에 더 빠져들 수밖에 없음을 강조한다.

인터넷성매매의 경우는 무엇보다 인터넷의 사용으로 성매매의 기회가 확대되었다는 점이 주요 원인이 된다. 사이버성매매가 인터넷을 통해 쉽게 접근할 수 있고, 상대와 연결이 쉽고 간편하다는 것이 그 특징이자 원인이 된다. 더구나 발각과 처벌의 위험이 적다는 점이 그 사용 이유가 된다고 밝히고 있듯이 전반적으로 이와 같은 기회가 용이하다는 점이 그 특징이 된다고 볼 수 있다(박경래외 동료들, 2007; Holt and Brevin, 2007).

인터넷을 통한 성매매 제안이 일상보다 보다 수월하게 되었고, 오히려 그것이 일상적인 공간에서 자연스럽게 거래 제안을 받는 등 서로의 접근가능성으로 인해 기존보다도 더 성매매가 일상화되기에 이르렀고 이러한 이유로 청소년은 그것을 더욱 대소롭지 않게 바라볼 위험이 있다. 즉 인터넷성매매가 심각하고 나쁜 행위가 아니라는 생각이 그 원인으로 작용하게 될 수 있다.

청소년성매매자는 가부장적 사회의 피해자이자 착취대상자이기보다는 보다 적극적 전략을 사용하는 가해자일 수 있다는 주장도 있다. 청소년들은 채팅사이트에서 보다 적극적으로 성매수자를 물색하며, 더 나아가 남자청소년도 가담하여 조직적으로 성매매를 한다는 보고도 있다. 실제로 성매수자 성인을 대상으로 한 조사연구에 따르면(박경래 외., 2007) 성매수자는 다른 성매매집단에 비해 인터넷성매매집단을 다소 더 부정적으로 바라보면서 그러한 이유로 죄책감을 덜 느끼며 자신의 성매수행동을 더 정당화한다는 결과를 제시하기도 한다. 그러나 인터넷성매매 청소년들은 아직까지는 적극적 가해자보다는 피해자라고 보는 의견이 많고, 기존 성매매와 크게 다르지 않다는 것을 제시한다. 박경래와 동료들의 보고서(2007)에서 언급했듯이 인터넷성매매는 매개하는 방식만 다를 뿐 일반 성매매와 유사한 점이 많다고 볼 수 있다.

4. 대책

1) 현행법

사이버성매매와 관련된 법률로 청소년성매매와 관련해서는 아동·청소년보호에 관한 법률(청소년성보호법) 제10조에서 아동 및 청소년의 성을 사는 행위를 한 자는 3년 이하의 징역 또는 2천만원 이하의 벌금에 처한다고, 또 아동·청소년의 성을 사기 위하여 아동·청소년을 유인하거나 성을 팔도록 권유한 자는 1년 이하의 징역 또는 1천만원 이하의 벌금에 처한다고 규정하고 있다. 아울러 성매매알선 등 처벌에 관한 법률(성매매처벌법) 제20조 제1항부터 제3항은 성매매와 관련하여 음란행위를 하도록 직업의 소개, 알선, 성을 사는 행위를 권유 또는 유인하는 광고한 자를 처벌하고 있다. 다만 이 법은 주로 19세 이상 남녀의 성매매의 업주(포주)에 대한 처벌을 목적으로 하고 있다. 정보통신망법에서는 직접적으로 사이버성매매에 관한 규정을 두고 있지는 않지만 그것은 정보통신망법이 정하는 불법정보에 해당돼 제44조의 7에 의해 유통이 금지되어 있다. 청소년성매매의 대상이 된 청소년에 대해서는 청소년성보호법에 의해 형사처벌은 일체 면제하고 소년법상 보호처분으로써 귀가조치, 보호관찰 등의 처분을 하도록 하고 있다.

2) 법처벌의 논란

사이버성매매의 경우 성매수자에 대한 강력한 처벌은 어느 정도가 합의가 이루어져 있지만 미성년자의 성구매에 있어서는 신상공개를 하도록 되어 있는데, 이에 대해 이중처벌의 논란이 제기되고 있다. 하지만 미성년자에 대한 성구매에 있어서는 그것이 단순히 성매매가 아니라 성폭력이라는 점에서 강력한 법처벌을 해야 한다는 데에 큰 이견이 없기도 하다.

사이버성매매의 경우 해당 청소년을 비난과 처벌의 대상으로 봐야하는지와 사회의 피해자로 보호받아야할 대상으로 봐야 하는지에 대한 논란이 있었다. 전자의 입장에서는 여자청소년이 성매매를 용돈벌이의 수단으로 활용하고 있으며 오히려 남자청소년도 함께 가담하여 성인남성에게 적극적으로 다가가 피해를 주기도 하기 때문에 강력한 형사처벌이 필요하다고 본다. 하지만 성매매가 가출과 생계 때문이라고 보는 입장은 청소년을 보호하고 지원해야 한다고 보며, 쉼터나 보호시설의 확충으로 선도하여 가정에 복귀할 수 있도록 해야 한다고 본다. 일부 청소년들이 처벌과 비난의 대상이 될 수 있을지는 모르지만 대부분의 청소년성매매자들은 보호와 지원, 관심이 필요하다고 본다면 청소년들에 대한 강력한 처벌은 그 적절한 대응책이 될 수 없다고 하겠다.

3) 기술적 조치

인터넷을 통한 성매매는 최근 채팅앱의 방문에서 그것을 이용한 성매매 제의와 거래가 손쉽게 이루어지듯이 그와 같은 기회를 차단하는 것이 하나의 방안이 된다. 이에 청소년의 채팅앱 방문에서 성인인증철차를 엄격히 하는 등의 청소년 접근을 제한하는 방안이 요구된다. 아울러 쉬운 일은 아니지만 채팅앱에서 성매매를 꾸준히 모니터링하고 이용자들의 신고를 독려하는 방안도 모색될 필요가 있다고 할 수 있다.

4) 사회문화/윤리차원의 대책

인터넷성매매의 경우도 박경래와 동료들의 보고서(2007)에서는 사이버공간의 특성으로 말미암아 국가의 개입이나 법체계를 통한 접근보다는 사회공동체 기반의 자율적 규제와 교육, 홍보가 중요하다는 것을 강조했고, 성매수자에 대해서는 존스쿨교육의 확대를 통한 행위의 심각성 고취, 그리고 성매매청소년의 경우 성의식의 부재가 원인이라고 보면서 학교내 성교육이 필요하다고 보았다. 마찬가지로 성윤숙과 동료들(2009)의 제안에 따르면 사이버성매매의 대책으로 예방정책으로 청소년대상 성교육의 학교교육의 강화나 사이버성매매 예방을 위한 사이버공간에서의 캠페인 등의 교육과 문화차원의 대책이 중요하다고 보았다. 그렇지만 앞서 원인에서 가부장가정의 환경이나 가부장사회의 구조가 원인으로 작용하듯이 자녀양육에 있어 가부장측면의 개선과 아울러 남녀불평등의 시각과 여성을 성적 대상으로 보는 사회문화차원의 개선책이 더 중요한 대책이라 볼 수도 있을 것이다.

5) 피해자의 지원

사이버성매매의 정신적 피해는 간과할 수 없다는 점에서 청소년피해자의 지원책대한 대책이 많이 언급된다(박경래 외., 2007, 성윤숙 외., 2009). 성매매피해 여성들을 위한 전문적 상담 및 치료와 교육, 성매매피해청소년을 위한 쉼터지원과 보호시설 확대, 직업교육의 강화를 통한 취업연계 강화 등이 대표적인 예이다. 성윤숙과 동료들의 연구(2009)에서는 전문가들을 대상으로 어떠한 정책이 시급한지의 질문을 통해 우선 순위를 제시했는데, 피해여성에 대한 치료와 교육을 통한 재유입방지가 가장 우선 순위였고, 피해여성의 보호와 지원, 생계형 성매매청소년을 위한 교육 및 지원시설 마련, 성매수자에 대한 처벌강화, 인터넷성매매의 감시체계 확립 순으로 제시되었다. 이 결과는 청소년피해자들에 대한 관심이 우선적으로 고려되어야 한다는 것을 제시한다.

제 3 절 인터넷도박

1. 정의, 유형과 특성

인터넷도박 혹은 온라인도박은 인터넷 도박사이트를 통해 도박을 하는 행위로, 기존의 도박이 행해지던 장소가 인터넷으로 옮긴 것이다. 인터넷도박은 인터넷상에서 합법적으로 운영되는 스포츠토토나 인터넷복권사이트를 제외한 인터넷상의 모든 도박행위를 말한다. 인터넷도박은 도박사이트에서 사이트운영자측에서 알려준 계좌번호(노숙자의 이름을 빌린 대포계좌)에 입금하고 지급된 사이버머니를 이용해 포커나 바카라 등의 도박을 하는 것으로, 이때 사이트운영자는 배팅을 할 때마다 배팅액의 10% 상당의 수수료를 갖게 되고 사이버머니를 환전할 때 5% 수수료를 갖는 방식으로 돈을 벌게 된다.

도박과 유사한 개념으로는 사행행위가 있다. 도박이 2인 이상의 당사자가 재물을 걸고 우연에 의해 재물의 득실을 결정하는 행위라고한다면 ,사행행위는 다수인으로부터 재물 또는 재산상의 이익을 모아 우연적 방법에 의하여 득실을 결정하여 재산상의 이익 또는 손실을 주는 행위로 경마, 경륜, 스포츠토토, 복권이 그 예가 된다. 사행행위가 모두 불법은 아닌데 불법사행행위란 인간의 사행심을 이용하여 이익을 추구하거나 관련된 재물을 얻는 영업 중 법률상 허가를 받지 않은 상태로 운영되는 것으로, 불법 사설경마, 사설스포츠토토, 복권 등의 사설유사행위를 말하며, 이와 같은 온라인상 불법사행행위가 온라인도박에 포함된다고 할 수 있다.

한편 인터넷도박에는 온라인사행성게임이 포함된다. 온라인게임은 이용자의 흥미를 유발하기 위한 것으로, 직접적인 재물의 득실이 없는 한에서는 도박에 해당되지 않지만 그것이 환전성을 갖는 경우 온라인불법도박에 해당된다. 게임산업진흥법에서는 게임은 사행행위를 배제한 오락으로 게임산업진흥법의 대상이지만, 사행성게임물은 환전성을 갖는 것으로 불법으로 규정하고 있으며, 인터넷도박의 개념에서 함께 다루게 된다.

인터넷도박은 인터넷라이브카지노, 웹보드게임(바둑, 고스톱, 포커 등), 인터넷릴게임(슬롯머신)으로 분류하기도하고(사행산업통합감독위원회, 2012), 또한 그 유형을 크게 게임, 내기, 추첨으로 나누기도 한다(정찬모 외., 2007). 게임은 패나 도구를 사용하는 것으로, 포커나 카지노가 그에 해당되고, 내기는 스포츠토토나 경마 등의 사행행위, 그리고 추첨은 복권 등의 사행행위가 해당된다. 최근의 사행산업통합감독위원회의 보고서(2015)에서는 인터넷도박을 앞서 게임, 내기, 추첨에서와 같이 화투, 포커 등 카지노류의 게임, 스포츠토토류의 내기, 그리고 추첨의 형태인 복권류로 구분했다. 한편 사행산업통합감독위원회의 제3차 불법도박 실태조사(2016)에서는 온라인도박을 온라인사설카지노, 온라인사설스포츠류(스포츠토토), 온라인사설경주류(경마 등), 그리고 온라인게임(웹보드와 릴게임)으로 구분했다.

인터넷도박은 쉽게 접근할 수 있다는 접근성과 이용가능성, 그밖의 여러 특징을 갖고 있다. 인터넷도박의 특성으로 김교헌과 동료들(2010)은 최근의 논문에서 일곱 가지를 제시했다. 첫째는 가용성으로, 인터넷에서는 사이트의 개설과 폐쇄가 비용이 들지 않고 손쉬워서 도처에 널려 있다는 점이고, 둘째, 접근성으로, 인터넷이 있는 곳이면 언제 어디서나 접속을 시도하여 손쉽게 도박사이트에 접근할 수 있다는 점, 셋째는 수용성으로, 도박이 온라인사행성게임과 구분이 없어 게임처럼 부담 없이 받아들여진다는 점, 넷째는 가상현실성으로, 그 도박이 현실에서 이루어지면서도 그것이 가상이라는 혼동이 있다는 점, 다섯째 익명성으로, 자신을 노출하지 않고 도박을 할 수 있다는 점, 여섯째는 고립성으로, 현실에서는 타인과 함께 하지만 인터넷에서는 사회적으로 고립된 상태에서도 도박을 즐길 수 있다는 점, 일곱째로 무국경성으로, 국경없이 손쉽게 할 수 있고 이 점이 통제를 더 어렵게 한다는 것을 강조했다. 정찬모와 동료들의 연구(2007)에서는 인터넷도박의 특징을 언제 어디서나 가능하다는 편재성, 현실적 감각상실, 도박용이성, 국제성, 그리고 중독성을, Griffiths(2003)도 인터넷도박의 특징으로 편리성, 접근성, 익명성 등을 제시했고, Griffiths와 Barnes(2008)는 인터넷도박이 24시간 이용가능하며, 다양한 도박의 선택이 가능하고, 익명적인 것이 주요 특징이 된다고 보았다.

2. 실태

2006년도 오프라인의 성인오락실을 중심으로 전개된 바다이야기 파문이후 오프라인 사행성게임과 도박이 온라인으로 옮겨지면서 인터넷도박은 급증한 것으로 파악되고 있는데, 방송통신심의위원회에서의 사행심조장 및 도박심의건수를 보면 2009년 6,606건이던 것이 2010년 15,484건, 2011년 21,444건, 2012년 29,283건, 2013년 37,580건, 2014년 46,296건, 2015년 50,905건으로 매년 증가하고 있다. 한편 게임물관리위원회의 불법온라인게임물 단속건수를 보아도 2007년 276건에서 2010년 778건으로 증가했다가 2013년 390건으로 감소했지만, 최근 2014년 415건, 2015년 452건으로 증가추세에 있다.

일반시민을 대상으로 한 자기보고식 조사로 2012년도 사행산업통합감독위원회의 불법도박실태에 대한 조사결과에 따르면 16세 이상 전국 1,531명 조사에서 지난 1년간의 불법인터넷도박경험자가 203명으로 13.3%를 차지했으며, 그중 불법인터넷도박이 53.6%로 가장 많았고, 불법사행상게임장(17.0%), 그리고 불법사행행위로 사설스포츠토토(15.7%), 사설카지노(5.5%) 순으로 조사되었다. 이 조사에서는 지난 1년간 불법도박참여자의 경우 그 이유를 보면 '배당률이 높아서'가 26.6%로 가장 많았고, '편리해서'가 14.7%, '익명성이 보장되어서'가 13%, 그리고 '배팅상한선이 없어서'가 11.9%, '환급이 신속해서'가 10.2%순이었다.

한편 사행산업통합감독위원회에서는 2013년 기준 전국 20세이상 2만여명의 합법 및 불법 사행행위에 대한 조사에서 전체 응답자 82.2%가 평생 한번이라도 사행행위를 경험했고, 66.3%는 지난 1년간 경험했는데, 그중 불법에 해당하는 사설사행행위 경험은 조사대상자의 1.2%가, 사행성게임은 6.0%가 경험이 있는 것으로 조사되었다.

방송통신심의위원회(2013)의 13세 이상 500명 대상의 조사에서는 온라인도박을 기구사용, 패를 수단으로 하는 도박, 그리고 스포츠도박 등 세 유형으로 나누었는데, 각각 이용경험이 7.0%, 8.8%, 3.2%로 조사되었다.

2015년 사행산업통합감독위원회의 불법온라인도박실태조사에 따르면 15세이상 성인 1,000명대상 조사에서 불법온라인도박 참여자는 108명으로 조사되었으며(10.8%), 이 중 사설스포츠토토가 46.1%, 사설카지노류게임은 12.9%, 사설릴게임은 10.7%, 경마 9%, 전자복권 7.3% 순으로 제시되었다. 108명 중 남자가 88.9%이었고, 연령으로는 20대 비율이 46.7%로 가장 많았고, 미혼자가 61.7%이었다.

가장 최근의 2016년 사행산업통합감독위원회의 제3차 불법도박 실태조사에 따르면 조사대상자 1,700명중 190명(11.2%)이 불법도박의 경험이 있었고, 온라인도박 참여자는 133명(7.8%)으로 조사되었다. 이러한 조사결과는 앞서 제시한 2012년 제2차 조사의 인터넷도박자 13.3%, 그리고 2015년의 조사에서의 10.8%보다 줄어드는 추세에 있는 것으로 파악되고 있다.

3. 원인

도박으로 개인의 스트레스를 해소하고 여가를 제공하는 등의 이익이 있고 국가에서는 합법산업을 통해 재정적 이익을 도모하는 이점이 있지만 그럼에도 도박은 여러 문제를 야기한다. 과도한 도박은 개인의 경제적 파탄을 초래하고 가족내의 불화를 야기하며 신체나 정신건강에 해를 끼친다(이경희 외., 2011). 실제로 김교헌(2004)은 도박중독자들이 우울이나 불안 점수가 높고 삶의 만족도가 낮으며, 이경희(2011)는 도박중독자들의 신체건강에 문제가 있음을 지적했다. 도박을 하게 되면 도박자금 마련을 위해 범죄를 하기도 하고 자살의 결정을 내리기도 한다(강준혁외., 2014). 도박은 사회적으로도 건전한 근로의식을 저해하고, 그 외에도 조직폭력배의 자금원 이용, 해외불법조직으로의 자금유출 등 문제를 야기한다(김종국, 2016). 그러한 점에서 불법도박사이트를 단속하고 누가 도박을 하는가의 원인을 파악하는 연구는 의의가 있다고 할 수 있다.

그럼 누가 불법도박을 하고 그 원인은 무엇인가? 그동안의 도박연구에서는 심리학자들에 의해 많이 다뤄졌듯이 우울과 불안 등의 심리적 요인이 주요 요인이라는 것을 제시하여 왔고(김영훈, 이영호, 2006; 임성범, 2013), 권선중과 동료들의 연구

(2007)에서는 불법인터넷도박자들은 우울 점수에서 매우 높았다는 결과를 제시했다. 그밖에도 김영경(2012)은 고등학생 청소년대상의 조사에서 일상스트레스가 도박과 연관된다고 보면서 더욱이 일상스트레스의 청소년들이 인터넷중독에 빠지게 되고 비합리적 도박신념을 갖게 되어 그것을 매개로 도박을 하게 된다는 것을 제시했다. 외국 연구들(Hopley and Nicki, 2010)에서도 인터넷도박자 특성으로 우울, 불안 등의 부정적 감정의 상태를 제시했듯이, 그와 같은 심리상태나 현실에서 여러 긴장과 스트레스로 부정적 감정을 해소하기 위해 도박을 하는 것으로 볼 수 있다.

인터넷도박은 범죄기회의 용이함이 주 특징이자 원인으로 꼽히고 있다. 인터넷도박은 언제 어디서나 접속을 시도하여 손쉽게 도박사이트에 접근할 수 있다는 점, 자신을 노출하지 않고 도박을 할 수 있다는 점, 그리고 국경이 없어 이 점이 통제를 더 어렵게 하여 도박을 용이하게 한다고 주장된다(김교헌외., 2010). Gainsbury(2012)도 기존의 논의들을 정리하면서 그와 같은 높은 기회가 가장 중요한 동기이자 요인으로 작용한다고 보았다. 사행산업통합감독위원회 2016년 보고서에서는 불법도박의 참여동기로 익명성과 접근성이 유의미한 영향력을 갖는다는 것을 제시했으며 그 외 세금이 없고 베팅상한이 없는 것이 주요 요인이 된다는 것을 제시했다.

인터넷도박은 경제적 이득을 위한 범죄로 생각하기 쉽다. 실제로 조사실태에 의하면 합법도박은 베팅액수가 제한이 있지만 불법도박은 제한이 없고, 또 배당률이 높아 금전적 이득이 높아 참여한다는 의견이 많다. 실제로 불법도박 연구(이준복외., 2014)에서도 금전적 동기는 주요 원인이 된다는 결과를 제시했다. 하지만 권선중과 동료들의(2007) 불법인터넷도박에 관한 연구결과를 보면 불법인터넷도박자와 정기적 오프라인 도박자, 그리고 단순 도박경험자 세 집단을 비교한 결과 정기적 오프라인 도박자에서 금전적 이익의 동기가 가장 높지만 인터넷도박은 금전적 동기가 낮다는 결과를 제시한다. 그 대신 이 연구에 따르면 불법인터넷도박자들은 흥분과 유희동기에서 높은 점수를 보였고 다른 두 집단보다도 그 점수가 높았는데, 이는 불법인터넷도박자들은 놀이로, 그리고 재미와 스릴의 동기로 도박을 한다는 것을 제시한다.

하지만 인터넷도박 이용자가 아니라 인터넷도박사이트 개장자의 경우는 분명 물질이득의 동기가 크게 작용하고 실제로도 엄청난 이득을 얻는다고 볼 수 있다. 그에 반해 도박사이트의 시설비용은 낮고 그에 대한 처벌과 적발 가능성이 낮은 편이다. 사행산업통합감독위원회(2016) 조사에 의하면 응답자들은 도박운영자에 대한 처벌이 너무 가볍다고 인식하는 것으로 조사되었듯이 이와 같은 높은 수익과 낮은 처벌이 도박의 주요 원인으로 작용한다고 볼 수 있다.

우리는 일상에서 오락의 목적이지만 약간의 금전을 걸고 도박게임을 즐긴다는 점에서, 또 국가에서는 관광이나 지역개발, 국민체육진흥 등을 위해 카지노, 경마, 복권 등을 허용하고 있다는 점, 더구나 많은 국가에서 도박을 합법화하고 있듯이 우리는 도박을 허용할 여지가 있는 환경에 있다. 그와 같은 사회문화환경요인은 도박에 대한 태도를 형성하게 함으로써 도박에 영향을 미칠 수 있다(Humphreys and Perez, 2012). 아울러 그 외에도 부모나 친구 등 주위의 도박행동도 도박에 영향을 주는 주요 요인이 된다(Balog et al., 2014). 김덕진의 연구(2016)에서는 가족이나 친구의 도박행동은 여러 요인들의 도박행동에의 영향을 더욱 촉진하는 조절변인으로 영향력을 갖는다는 결과를 제시해 그 중요성을 강조했다.

그와 같은 환경에 의해서도 영향을 받지만 인터넷도박의 경우 그것을 부담없이 받아들여 인터넷도박을 그다지 심각하게 생각하지 않은 사회규범과 개인태도가 그 주요 원인으로 작용할 수 있다(정찬모 외., 2007; 김교헌외., 2010; 이준복외., 2014). 인터넷도박을 범죄로서보다는 놀이로 보는 경향이 높으며 우리가 일상에서도 게임과 놀이, 사행성게임과 같은 것들을 즐긴다는 점에서 일반인은 그것을 일상에서 많이 접하고, 심각한 범죄로 받아들이지 않고 있어 그러한 것들이 도박의 원인으로 작용할 수 있는 것이다.

도박은 동성애, 매춘, 마약처럼 '피해자 없는 범죄'로 불리기도 한다. 따라서 그러한 특성으로 특별히 죄책감을 느끼지 못한 채 자신의 행위를 정당화 또는 중화를 하여 도박을 하기도 한다. 중화에 있어서 손상의 부인의 작용은 도박 설명의 그 예가 된다. 즉 도박사이트를 통한 도박으로 피해를 입는 자는 어느 누구도 아닌 자신뿐이어서 남에게 해를 끼치지는 않는 행위라는 인식이 강하다. 또 도박 사이트 개설자는 비록 자신의 행위가 불법이지만 불법행위자인 도박 참여자에 대한 피해자부인이 자신의 행위를 정당화하게 할 수 있다.

또 다른 한편으로 권선중과 동료 연구(2007)에서는 불법인터넷도박자들이 비합리적 도박신념이 높다는 것을 제시하는데, 예를 들어 도박에서 여러 번 지면 다음에는 이기게 될 것이라든지, 결국 도박으로 돈을 잃기보다는 따게 될 것이라는 신념들이 도박을 하게 하는 주요 원인이 된다는 것을 제시하면서, 도박에 대한 수용 및 허용성이외에 그러한 잘못된 신념을 제대로 교육하고 알려야 할 필요성을 강조했다.

인터넷도박은 무엇보다도 그것이 낮은 자기통제력의 결과라고 볼 수 있다. 도박으로 엄청난 재산상의 손해와 그것에 빠져들고 중독됨으로 해서 가정이나 자신의 일상이 파괴된다는 것을 알면서도 자신의 욕구를 지연하지 못하는 능력의 결여는 자기통제력의 부족에 따른 결과라고 볼 수 있기 때문이다(Steel and Blaszczynski, 1998; Mishra et al., 2010; Tochlkov, 2010; 임성범, 2013). 인터넷도박은 아니지만 최근의 국내 도박연구에서도(김덕진, 2016) 여러 요인들 중 자기통제력은 가장 큰 영향력을 갖는 가장 중요한 요인이라는 것을 제시하고 있다. 인터넷도박도 낮은 자기통제력에 의해 잘 설명될 수 있는데, 다른 범죄유형에서와 마찬가지로 낮은 자기통제력에 의해 잘 설명될 수 있을 것이지만, 도박은 중독성이 있기에 더더욱 낮은 자기통제력이 중요한 요인으로 작용할 것이라고 볼 수 있다. 실제로 Hopley와 Nicki(2010)는 충동성이 온라인도박의 주요 원인이 된다고 했고, 국내 김영화와 동료들(2012)은 고등학생의 인터넷도박 설명에서 도박행위자는 비합리적 도박신념이외에 충동성(낮은 자기통제력)에서 특징을 갖는다는 결과를 제시했다. 최근의 연구로 이성식과 박정선(2016)은 기존 오프라인상의 도박과 온라인상의 도박의 원인을 비교하려고 하는 것에 관심을 갖고 도박의 동기나 도박자 개인특성요인들, 환경 및 기회요인들을 포괄하면서 그 요인들이 오프라인과 온라인에 따라 차별적으로 나타나는지를 살펴보았다. 전국 성인 2,000명을 대상으로 조사한 자료의 분석결과에 따르면 도박동기에 있어서는 오프라인도박의 경우 금전동기가 유의미했으나 온라인도박의 경우는 금전동기가 설명요인으로 유의미하게 작용하지는 않았고, 그 대신 오프라인과 온라인도박 모두에서 흥분동기가 유의미했지만, 특히 온라인도박에서 중요한 요인인 것으로 나타났다. 개인요인으로 낮은 자기통제력도 오프라인과 온라인 모두에서 유의미한 주요 요인 것으로 나타났다. 환경요인으로 가족의 도박행위는 오프라인도박에서 약간 유의미한 것으로 제시되었으나 전체적으로 사회학습요인인 가족과 친구의 도박행위의 영향력은 오프라인과 온라인도박 모두에서 그 영향력이 낮았다. 그렇지만 도박에 대한 태도의 영향력은 오프라인에서 유의미하지 않았지만 온라인도박에서는 유의미했다. 도박기회요인은 오프라인과 온라인도박 모두에서 유의미한 주요 요인이었다. 본 연구결과는 비록 도박동기에서는 금전동기에서 오프라인과 온라인도박에서 다소 차이를 보였으나 흥분동기에서 그 중요성이 일치했던 점, 그리고 비록 부모의 도박행위는 오프라인에서 그리고 도박태도는 온라인에서 다소 더 중요한 것으로 나타났으나 전체적으로 보면 낮은 자기통제력의 개인특성, 그리고 도박기회요인이 온라인과 오프라인에서 모두 중요한 요인으로 작용했던 점 등 대체로 오프라인도박과 온라인도박의 원인은 다소 차이는 있지만 전체적으로 유사했다고 보고 온라인도박이 비록 그 규모가 매우 크고 급속히 증가한다는 우려가 있지만 오프라인도박의 연장선상에 있다고 보았다.

4. 대책

1) 현행법 규제와 그 한계

인터넷도박은 형법상 도박죄의 적용을 받는다. 즉 단순도박죄로는 5백만원 이하의 벌금에 처하고, 상습도박죄는 3년 이하의 징역 또는 2천만원 이하의 벌금에 처하게 된다. 한편 도박사이트를 개설하여 운영하는 자는 도박개장죄에 의해 처벌 받으며 3년 이하의 징역 또는 2천만원 이하의 벌금에 처하고 있다.

사행행위특례법에 의하면 법률의 허가 없이 사행행위영업 등 사행행위를 업으로 하거나 사행기구를 제조, 판매하는 자는 5년 이하의 징역 또는 5천만원 이하의 벌금에 처하고 있다. 한편 게임산업진흥법에서는 게임물을 이용하여 도박이나 그밖의 사행행위를 하게 하거나, 방치한 자에 대해 5년 이하의 징역 또는 5천만원 이하의 벌금에 처한다고 규정하고 있다. 온라인사행성게임물은 환금성을 기준으로 처벌이 이루어지기 때문에 무료로 게임을 제공하거나 또는 사이버머니를 현금이나 상품으로 환전하지 않을 경우 처벌의 대상이 되지는 않는다. 그렇지만 이 경우 도박이나 사행행위에 해당되지는 않으나 청소년들에게는 도박과 사행행위를 조장할 수 있다는 점에서 유해정보로 취급하고 있다.

인터넷도박은 오프라인도박과 달리 도박사이트 운영자의 경우 도박으로 인한 수익성이 높고 또한 도박자에게 있어서도 접근용이성이나 익명성 등으로 중독성이 높기 때문에 규제와 처벌을 강화하여야 한다는 주장이 있다. 따라서 현재로는 형법 또는 사행행위특례법을 적용하지만 정보통신망법을 통해 보다 강화된 처벌규정을 마련해야 할 필요가 있다는 주장이 있기도 하다(정찬모 외., 2007).

그러나 도박사이트 서버가 해외에 개설되어 있는 경우 처벌과 단속이 어려운 한계가 있다. 따라서 국제형사공조를 통한 협력이 필요하지만 도박을 합법화하고 있는 국가는 도박의 세수로 얻는 수익이 높기 때문에 그것이 원만히 이루어질 가능성이 높지 않다. 따라서 법에 의한 처벌이 효과가 있을지는 미지수이다.

아무래도 사법기관의 처벌과 단속으로 도박문제를 해결하는 데는 한계가 있다. 그러한 단속을 위해 사행산업통합감독위원회의 보다 강화된 활동이 필요하다는 지적이 있는데 현재는 사감위활동이 불법사행산업에 대해 사법기관에 단속을 의뢰하거나 사법기관과 합동으로 단속을 하는 수준에 머물고 있어 보다 효율적 단속을 우위해서는 조직과 인력을 확보하고 특별사법경찰권을 부여하는 등의 실재적인 규제기관으로서의 단속기능을 강화해야 한다는 주장이 있다(김종국, 2016; 윤우석, 2016).

2) 기술적 조치

도박사이트 운영자에 대한 강력한 처벌은 그것이 이득을 취하는 범죄라는 점에서 어느 정도 효과가 있을 것이지만 외국에 서버를 둔 도박사이트 운영자에 대한 처벌은 쉽지 않기 때문에 그 한계가 있을 수 밖에 없다. 따라서 도박사이트 운영자보다는 도박사이트 자체에 대한 규제와 접속을 차단할 수 있는 방안, 즉 외국의 서버나 IP주소를 차단하는 등의 도박사이트의 유입을 막고 국내에서도 도박의 기회를 차단하는 것이 근본적인 대처방안이 될 수 있다. 따라서 인터넷서비스제공자는 자체적으로 모니터링을 통하여 불법사이트 발견시 그것을 차단하는 노력을 하고, 또 이용자도 불법도박사이트라는 사실이 확인되면 해당 사항을 인터넷서비스제공자에게 신고하고 접속차단 조치를 취하도록 해야 할 것이다. 온라인 사행성게임물의 경우도 그것의 불법성과 위험성을 파악하는 감시체계의 운영이 필요하다. 현재 게임물등급위원회에서 지속적인 모니터링을 실시하는데 그것을 인터넷서비스제공자에게 신속히 알림으로써 차단이 이루어지도록 해야 할 것이다.

3) 합법적 사행산업의 활성화 논의

그러나 불법도박사이트를 신고를 통해 찾아내는 것은 실제로 많은 어려움이 있으며 인원과 비용의 문제가 제기된다. 또 앞서 언급했듯이 해외사이트에 있는 불법도박사이트를 적발하고 처벌하는 것도 사실 불가능하여 불법도박의 단속과 처벌은 현실적으로 불가능하다는 의견이 많다. 따라서 이러한 대안으로 합법적인 도박산업을 확대하고 육성하자는 의견이 있다. 현재는 사행산업통합감독위원회 등에서 합법산업에 대해 규제가 이루어지고 있는데 그러한 규제는 합법시장을 불법시장에 내어주는 결과를 초래한다는 것이다. 그 예로 총량규제정책에 따르면 합법산업내에서도 중독성이 낮은 업종은 늘리고 중독성이 높은 업종에 대해서는 규제를 늘리고 있는데, 그 결과 토토와 로또는 성장하고 경마산업은 위축되는 불균형이 존재한다고 지적한다. 오히려 이러한 총량제를 없애고 합법시장을 확대하고 규제를 완화하는 것이 불법도박의 해결점이 되며 따라서 전반적인 인허가제도를 도입하여 법제도내에서 그 시장을 확대해야 한다고 주장하기도 한다(김종국, 2015; 정해상, 2015).

4) 사회문화/윤리적 차원의 대책

인터넷도박의 폐해는 매우 심각하다. 하지만 인터넷도박자들은 그러한 심각성을 인식하지 못하고 재미삼아 접속하다가 중독에 빠지는 현상이 발생하기도 한다. 도박은 사행행위, 게임 등과 그 경계가 애매모호하고, 실제로 일상에서도 고스톱 등 자그마한 놀이성 도박이 이루어지고 있다는 점, 그리고 국가에서도 일정 부분은 카지노, 경마, 복권 등을 허용한다는 점에서 인터넷도박의 불법성 기준은 명확치 않고, 그로 인해 행위자들은 인터넷도박을 어느 정도 허용하고 그 심각성을 인식하지 못하는 경향이 높다.

따라서 도박의 심각성에 대한 교육이 필요하고, 불법도박과 사행행위의 명확한 구분에 대한 기준 정립과 홍보, 아울러 합법적인 사행행위라 하더라도 합법적인 사행산업이 존재하고 활성화하는 한에는 불법적인 온라인도박은 수그러들지 않을 것이라는 점에서 건전한 문화의 조성과 그리고 도박이나 사행행위들이 얼마나 심각한 폐해를 가져올 수 있을지에 대한 국민을 대상으로 하는 홍보의 노력이 필요하다고 볼 수 있다.

인터넷도박과 사행행위, 그리고 합법성 게임이라 하더라도 그것은 병적 중독의 가능성이 높고, 또 그것이 사행심을 조장하며, 불법도박으로 발전할 가능성이 매우 높다(Wood and Williams, 2007; 권성중 외., 2010). 따라서 도박이나 게임에의 중독의 심각성을 일깨우고 알리는 노력이 무엇보다 필요하다고 볼 수 있으며, 도박중독예방에 대한 교육이 확대되고 또 도박자중독자에게는 적극적인 치료와 상담의 노력이 요구된다.

제8장 정보통신망이용재산형범죄

제1절 인터넷사기

1. 정의, 유형과 특성

인터넷사기란 사이버공간을 통하여 이루어지는 사기를 말한다. 즉 정보통신망을 이용해 사용자들에게 기망하는 메시지를 보냄으로써 부정하게 이익을 취득하는 행위라 할 수 있다.

인터넷사기에는 여러 가지 유형이 있다(정완, 2005). 우선 첫째는 전자상거래사기로, 인터넷쇼핑몰에서 주문을 받고 물품을 배송하지 않고 대금만 챙기는 경우나 광고와 다르거나 하자있는 물품을 배송하는 경우 등이 대표적이다. 중고상품 직거래나 쇼핑몰사기가 대표적이며, 인터넷경매사이트에서도 유사한 사기행위가 이루어지고 있다.

둘째는 금융관련사기로 개인의 금융정보를 알아내서 계좌이체나 신용대출을 하는 피싱과 파밍이 대표적이다. 피싱은 금융기관을 가장하여 이메일 등을 보내 금융기관 등의 위장의 가짜사이트에 접속하게 한 후 개인정보나 금융정보를 취득하여 예금을 범행계좌로 이체하는 등의 행위이고, 여기에는 금융기관을 사칭하여 전화를 걸어 개인의 금융정보를 알아내는 보이스피싱과, 메신저에서 정보를 입수하고 로그인하여 이미 등록된 누군가에게 금전을 급히 송금하라는 메신저피싱 등이 있다. 마찬가지로 파밍은 악성코드를 감염시켜 정상 금융기관 홈페이지에 접속한 경우 공식적인 사이트를 중간에서 탈취하거나 가짜사이트로 유도하여 개인정보를 빼내 범행계좌로 이체하게 하는 방식이다. 그리고 스마트폰의 보급으로 스마트폰의 연결하기 문자 등으로 유인하여 연결시 소액이 결제되도록 하는 스미싱의 소액결제사기가 있다.

셋째는 고수익 유혹사기로, 일정 금전을 납부하는 회원을 끌어들이는 방법의 피라미드 및 불법다단계사기, 일정투자액 보장을 약속하고 자금을 모집하는 펀드사기, 취업을 미끼로 하는 취업사기 등이 있다.

넷째, 디지털콘텐츠나 게임아이템사기로 온라인에서 디지털콘텐츠를 제공할 것을 약속하고 이에 대응하는 재물이나 이득을 취하고 제공하지 않거나 마찬가지로 사이버머니나 대응하는 대가를 얻고 게임아이템을 제공하지 않는 경우이다.

그밖에도 인터넷에 거짓 사연을 올려 금전이 필요하다고 함으로써 인터넷사용자들의 동정심을 자극해 이득을 취하는 구걸사기 등이 있다.

오프라인상의 사기는 가해자와 피해자가 어느 정도 아는 사이에서 그리고 대면상에서 일어난다. 옛 동창이나 동료가 찾아온다던가 서로 모르는 사이였다 하더라도 사기를 저지르기 위해서는 어느 정도 대면적 접근이 필요하다. 하지만 인터넷사기는 서로 알지 못하는 사람과 비대면에서 발생하는 특징이 있다. 더욱이 인터넷사기는 사이버범죄의 특성에서처럼 피해자에게 손쉽게 접근할 수 있다는 접근가능성 등의 기회용이성 이외에 자신을 숨길 수 있는 비대면과 익명성과, 피해자가 비대면이어서 상대피해를 덜 인식한다는 점, 그리고 피해자가 불특정다수로서의 광범위성, 그리고 그 수가 엄청나 사기로 얻는 이득이 매우 크다는 피해의 광역성 및 이득의 과대성 등을 특징으로 한다.

2. 실태

경찰청 공식통계자료에 의하면 인터넷사기의 검거건수가 2006년에는 26,711건이던 것이 2007년 28,081건, 2008년 29,290건, 2009년 31,814건, 2010년에

35,104건, 2013년 39,282건, 그리고 2014년부터는 사이버안전국에서 인터넷사기(전자상거래사기)와 금융사기로 구분하여 발표했는데, 전자상거래사기는 2014년 40,657건에서 2015년에는 68,444건으로 급증했고, 금융사기는 2014년 6,567건에서 2015년에는 7,886건으로 증가한 것으로 제시된다.

자기보고식의 조사연구는 많지 않지만 이봉한(2008)은 2007년도 전국 1,093명을 대상으로 인터넷사기의 피해를 조사한 결과 인터넷사기 피해경험자는 41.21%로 상당수가 피해를 당했다는 것을 제시했다. 한편 2013년도 한국형사정책연구원(윤해성, 박성훈, 2013)에서의 SNS사용상의 범죄경험 조사에서는 서울과 수도권 14-59세 1,000명 조사에서 인터넷사기 가해경험자는 조사자의 0.4%, 피해경험자는 4.5%인 것으로 조사되었다.

한편 한국소비자원의 전자상거래피해 보고서(2009)에 의하면 전자상거래 피해구제건수가 2007년 2,369건, 2008년 3,081건, 2009년 3,799건으로 매년 증가하고 있다. 2009년 자료를 보면 총 건수 중 계약해제 및 해지관련 피해가 46.9%로 거의 전반을 차지했고, 그 다음으로 품질과 A/S관련 피해가 27.4%이었다. 품목별로는 의류섬유용품이 39.2%로 가장 많았다. 전체 피해를 상품의 미인도와 지연과 관련한 피해로 분석한 결과를 보면 484건(12.7%)인 것으로 제시되었다.

3. 원인

인터넷사기는 경제적 이득을 목적으로 한다는 점에서 물질이득의 추구가 주된 동기이자 원인이다. 더구나 대상의 광범위성으로 사기로 얻는 물질적 이득이 큰 것이 인터넷사기를 더욱 촉진한다. Duffield와 Grabosky(2001)는 사기의 원인이 여러 가지가 있겠지만 그 중요한 요인은 재정상의 긴장이라고 하면서, 자신의 주변 사람과 유사한 만큼의 수입을 얻으려는 압박감이나 도박으로 탕진한 빚이나 비용을 회복하려는 것 등이 그 동기가 된다고 보았다.

정승민(2008)은 물질이득을 인터넷사기의 주요 원인으로 보면서 아울러 처벌과 발각의 가능성이 낮은 것이 그 원인이 된다는 주장을 했다. 즉 인터넷사기로 얻는 물질에 비해 익명성 등의 이유로 그에 따르는 처벌과 같은 손실이 적음으로 인해 인터넷사기가 발생한다는 것이다. 이성식(2008b)은 사이버범죄의 설명에서 합리적 선택요인을 제시하면서 이득요인은 처벌과 같은 손실요인과 상호작용효과를 갖는다는 것을 제시했는데 이 연구가 인터넷사기를 특별히 다루지는 않았지만 물질적 이득을 포함한 이득이 주요 요인 중 하나라고 한다면 그것을 억제할 수 있는 공식처벌의 요인은 중요한 요인 중 하나가 된다고 볼 수 있다. 더구나 공식처벌의 영향은 일반인보다도 범죄 가능성이 높은 사람에게서 더 작동할 것이라고 본다면(이성식, 2012c), 인터넷사기범죄자는 그와 같은 상대적으로 심각한 범죄자에 속한다고 볼 때 처벌의 작용은 클 것이라고 볼 수 있다.

인터넷사기는 서로 알지 못하는 사람과 비대면에서 발생하는 특징이 있다. 즉 인터넷사기는 사이버범죄의 특성에서처럼 자신을 숨길 수 있는 비대면과 익명성 등 특징을 갖기 때문에 사기가 더 용이하다. 실제로 이성식(2012d)은 인터넷사기와 같은 재산범죄는 물질적 이득이외에 공식처벌의 영향력이 그리고 또한 익명성이 주요 요인임을 제시하였다.

익명성과 같은 요인이외에도 피해자에게 손쉽게 접근할 수 있다는 접근가능성 등의 기회용이성이 인터넷사기의 주요 원인이 될 수 있다. 일상행위이론과 같은 범죄기회이론이 가구침입절도와 같은 재산범죄를 잘 설명하듯이 기회요인은 주요 요인이 될 수 있다. 이 논의에 따르면 매력적인 대상과 감시가 적은 사람이 사기의 피해자가 될 가능성이 높다. 그렇지만 인터넷사기는 대상의 매력이 그다지 중요하지는 않을 수 있는데 그것은 특정 대상의 매력보다는 불특정다수에게 무차별적인 메일이나 광고에 의해 그것에 걸려든 자와 접촉을 바탕으로 사기가 이루어지기 때문이다(이봉한, 2008). 즉 가해자에게 이득은 중요한 동기요인이지만 피해자 개개인은 금전적 매력의 대상으로서보다는 감시의 부재와 같은 허술한 점이 피해 여부를 결정한다고 볼 수 있다. 이는 피해자가 얼마나 사기피해에 주의를 기울이는가가 주요 요인이 될 수 있음을 나타내는 것이며(이봉한, 2008), 사기자 입장에서 보면 그와 같은 기회의 용이성이 사기의 주요 원인 중 하나라고 볼 수 있다.

더구나 인터넷사기에 대해 용인하는 태도를 갖게 될 경우 그 발생 가능성은 더욱 높은데 인터넷의 비대면성 등으로 피해자의 피해가 가시화되지 않음으로 인해 큰 죄책감이 없이 인터넷사기를 저지르게 될 수 있고, 또한 인터넷사기에서 불특정다수를 대상으로 하는 소액사기의 경우 개인별로 보면 피해가 크지 않아 범죄자는 사기행위가 크게 나쁘지 않다는 인식을 갖고 범행을 저지를 수 있다. 이처럼 피해자의 비대면성과 소액사기라는 점에서 오프라인 사기에 비해 그것이 더 허용되기는 하지만 그럼에도 사기행위는 재산상에 피해를 준다는 점에서 다른 범죄에 비해 상대적으로 그것이 나쁜 행위라는 인식이 높은 편이어서 그것이 원인으로 작용한다고 보기에는 그 영향력이 약할 수 있다. 이성식(2012d)은 사이버유형별 비교에서 폭력의 경우는 태도가 중요했지만 인터넷사기와 같은 재산범죄에서 태도의 영향력은 낮았음을 제시했다. 즉 인터넷사기는 다른 사이버범죄와 비교해 볼 때 상대적으로 그것이 나쁘지 않다는 인식과 태도가 원인이라기보다는(물론 소액사기인 경우는 좀 다르지만) 물질적 이득이 그 동기로 작용한다고 볼 수 있다.

인터넷사기에 있어서는 중화이론에서 강조하듯이 중화의 작용이 사기를 촉진할 수 있다. Duffield와 Grabosky(2001)는 재정적 긴장이외에 중화는 사기의 주요 설명요인이 된다고 보았다. 즉 가해자는 대부분의 피해자가 아무런 노력 없이 제값을 내지 않고 좀 더 싼 가격으로 혹은 공짜로 손쉽게 돈을 벌려는 경향이 있어 피해를 당하는 것이라고 자신의 행위를 중화하는데 이러한 점이 가해자가 사기를 하도록 하는 요인이 된다는 것이다. 예컨대 경매를 통해 값싼 물건을 구입하려는 경우나 펀드사기, 피라미드사기 등이 모두 이러한 경우에 해당된다. 하지만 중화는 도덕적 신념을 가진 사람들의 사소한 범죄에 더 작용할 것이라고 한다면 재산범죄의 다소 심각한 사기범죄에 적용하는 것은 한계가 있다고 볼 수 있다.

Holtfreter와 동료들의 연구(2010)에서는 일반이론의 낮은 자기통제력이 사기범죄의 원인이 되는지를 살펴보았는데, 대학생을 대상으로 한 조사에서 자기통제력이 낮은 학생이 신용카드사기, 운전면허 및 학업관련 사기를 더 저지른다는 것을 제시하였다. 이 연구가 직접적으로 인터넷사기를 다루지는 않았지만 일반이론이 모든 범죄에 적용된다고 주장하고 있고, 그리고 그동안 많은 연구들에서 여러 유형에 적용된 연구결과를 볼 때 낮은 자기통제력의 영향은 인터넷사기에도 어느 정도 작동할 것이라고 볼 수 있다. 하지만 앞서 언어폭력과 같은 충동적인 범죄와 비교해 본다면 물질적 이득의 사기의 경우는 상대적으로 자기통제력의 영향력은 낮을 수 있다(이성식, 2012d).

오히려 낮은 자기통제력은 인터넷사기에 있어 가해의 원인이기보다는 피해의 원인이 된다고 볼 수 있다(이성식, 2010c, 2014c). 자기통제력이 낮은 사람들은 부주의하여 잠시의 이익을 쫓다가 사기에 걸려들기 쉽고, 또한 보안장치 등 감시의 부재로 피해 가능성이 높다고 볼 수 있기 때문이다. 따라서 낮은 자기통제력은 앞서 기존의 여러 다른 범죄와 비교할 때 그 영향력이 낮을 수 있지만 피해발생에는 주요 요인 중 하나가 될 것이라고 볼 수 있다.

한편 Pratt과 동료들(2010)은 인터넷사기를 설명하기 위해 범죄기회이론을 적용하여 범죄피해위험요인을 다루면서 인터넷일상행위로서 평소 인터넷사용시간이 많고 인터넷에서 물품을 자주 구입하는 피해위험에 노출된 사람들이 인터넷사기의 피해를 더 당한다는 조사결과를 제시했다. 인터넷사용시간과 같은 위험노출요인은 피해 뿐만 아니라 가해에도 영향을 줄 수 있는데 이성식(2008a)은 사이버범죄를 유형별로 원인을 다룸에 있어 재산범죄의 경우 인터넷이용시간은 그 영향력이 크지는 않지만 가해의 유의미한 원인이 된다는 것을 제시하였다.

4. 대책

1) 현행법

형법상의 사기죄(제347조)에서는 사람을 기망하여 재물을 편취하거나 재산상의 이익을 취득한 자는 10년 이하의 징역 또는 2천만원 이하의 벌금에 처한다고 규정하고 있다. 또한 형법 347조 2의 컴퓨터사기죄는 컴퓨터 등 정보처리장치에 허위의 정보 또는 부정한 명령을 입력하거나 권한없이 정보를 입력, 변경하여 재산상의 이익을 취득하거나 제3자로 하여금 취득하게 한 자는 10년 이하의 징역 또는 2천만원 이하의 벌금에 처한다고 규정하고 있다. 아울러 피싱이나 파밍의 경우는 최종적으로 금전적 이득을 취하지 않는다 하더라도 그 중간과정에서 위장된 사이트의 사용으로 형법 232조의 2의 사전자기록위·변작죄, 또한 속이는 행위에 의한 개인정보수집 등의 불법행위로 정보통신망법 제49조의 2 제1항이나 제63조 제1항 3호에 의해 처벌을 받을 수 있다.

인터넷사기는 물질적 이득을 꾀하는 범죄로 처벌이 강하게 작용할 경우 다른 유형의 범죄보다도 어느 정도 효과가 있을 수 있다. 따라서 비록 지나친 개입시 자유로운 전자상거래가 위축될 우려도 있으나 수사 및 증거수집능력의 강화를 통해 범죄자의 적발 가능성을 높일 경우 효과를 볼 수 있어 전문수사능력의 강화 등이 필요하다. 그렇지만 정보통신기술의 발전으로 인터넷사기자는 더 높은 기술로 범행을 저지르기 때문에 적발이 어렵고, 더구나 소액사기시 신고율이 낮기 때문에 법적 대책으로는 한계가 있을 수 있다.

2) 제도적 대책

전자상거래의 안정적 보호장치로 여러 제도가 있다. 에스크로제도는 소비자가 인터넷쇼핑에서 피해를 입지 않도록 제3자인 에스크로 사업자가 소비자의 결제대금을 예치하고 있다가 상품배송이 완료된 후 판매업자에게 대금을 지급하는 거래 안전장치이다. 하지만 소규모 사업자에게는 일일이 수수료를 지불해야 하는 부담이 있고 특히 소액결제시에는 더욱 그런 단점이 있다. 물건이 도착한 후 지급을 하는 후불제도 가능한 방안이지만 오히려 배송 후에 지불하지 않아 판매자가 피해를 입을 가능성이 있어 소규모 사업자에게 불리하다는 단점이 있다. 그 밖에 피해자의 금전적 피해에 대해 보상해주는 소비자피해보상보험제도가 있다. 보다 안전한 전자상거래를 위해 신뢰할만한 기업에 신뢰마크인증을 부여하는 인증제도도 가능하지만 이 역시 소규모 중소기업에게는 불리하다는 지적이 있다.

3) 기술적 조치와 개인적 수칙

인터넷사기는 개인정보가 노출되고 악성코드에 감염됨으로 해서 피해의 대상이 되기도 한다. 따라서 악성코드를 차단할 프로그램을 설치하는 등의 보안장치가 그 주요 대책의 하나가 된다. 아울러 인터넷사용자들은 범죄피해의 기회를 줄이기 위해 실제로 주의를 기울이고 자신의 행동을 잘 조절하여 피해를 예방할 수 있다(Resig et al., 2009). 인터넷사기예방 수칙에 의하면, 첫째, 사업자의 신원을 충분히 확인하기, 둘째, 제품정보와 거래조건을 명확히 이해하기, 셋째, 개인정보 노출에 유의하기, 넷째, 개인간 거래에 각별히 주의하기, 다섯째, 카드결제대신 현금입금 요구시 의심하기, 여섯째, 스팸메일에 주의하고, 일곱째, 물품가격이 지나치게 싸거나 거래조건이 지나치게 좋으면 의심하기, 일곱째, 스미싱의 대처로 통신사 고객센터를 통해 자동소액결제를 차단하고, 출처가 확인되지 않는 링크는 함부로 클릭하지 않기, 그리고 스마트폰의 보안설정을 강화하기, 여덟째, 피해를 입었거나 분쟁발생시 바로 공공기관과 상담하기 등이 있다. 앞서 논의에서처럼 범죄자는 허술한 대상을 노린다는 점에서 그러한 기회를 감소시킬 수 있는 개인의 각별한 주의와 노력이 필요하다.

4) 자율규제

인터넷사기에는 정부의 규제와 처벌이 필요한 것이 사실이지만 건전한 전자상거래 문화가 정착되고 기업윤리를 지키도록 하는 사회문화의 대처와 자율규제가 활성화될 필요가 있다. 인터넷기업들은 인터넷사기가 전자상거래의 신뢰를 훼손하여 상거래 활성화에 지장을 줄 수 있음을 자각하고 자율규제 등을 통해 건전한 상거래에 앞장서야 한다. 따라서 기업들 스스로가 인터넷사기자들을 적발하고 조치를 취해 나가는 노력이 필요하다. 하지만 그러한 자율규제가 이득을 추구하려는 일부 사기자들에 적절한 대응방안이 될 수 있을지는 의문이다.

5) 시민의 참여와 대처

인터넷사기를 예방하기 위해서는 소비자들에게 피해사례 및 인터넷사기의 유형과 수법 등을 알리고 홍보와 계몽을 하는 것이 중요하다. 아울러 공식처벌이 효율적으로 작동하기 위해서 소비자들의 신고가 이루어져야 범인을 검거할 수 있음을 알려 신고의식을 장려할 필요가 있다. 이봉한의 연구(2008)에서 보면 인터넷사기에 대한 적극적인 태도와 신고의식을 가질수록 피해를 덜 당한다는 것을 제시하는데, 즉 인터넷사기의 피해 가능성을 줄이기 위해 신고의식을 강화하고 인터넷사기에 강경한 태도를 고양하는 지속적인 홍보가 필요하다고 볼 수 있다. 이와 관련하여 민간이 중심인 인터넷사기피해자 대응센터에서는 사기피해의 사례나 상담, 사기피의자의 정보공유 등 다양한 활동을 통해 사기예방과 사후대처에 기여하고 있다. 아울러 인터넷사기감시단과 같은 시민단체는 인터넷사기에 적극 감시하는 활동을 벌이고, 또 고발된 업체나 피해사례를 발견시 소비자에게 알리고 정보공유를 통해 주의하도록 하는 활동을 한다. 수사기관이나 정부기관은 이러한 민간단체의 협조를 통해 보다 효과적으로 사기를 예방할 수 있을 것이다.

제 2 절 저작권침해

1. 정의, 유형과 특성

저작권은 저작물을 창작한 저작권자가 자신의 저작물을 배타적이고 독점적으로 이용할 권리이다. 여기서 저작권침해란 저작권법이 정한 범위를 벗어나 저작권자의 허락을 받지 않고 무단으로 저작물을 이용하는 행위를 말한다. 즉 권리자의 경제적 이익을 포함하여 저작자의 인격적 이익을 해치는 행위로, 온라인에서의 저작권침해를 좀 더 구체적으로 말하면 인터넷 정보통신망에서 저작자의 허락 없이 불법적으로 음악, 영화, 컴퓨터소프트웨어, 그밖의 저작물들을 업로드 혹은 다운로드하는 행위를 말한다.

온라인 저작권침해는 불법복제물을 온라인 사이트에 업로드됨으로 발생한다. 업로드된 불법복제물은 다운로드되고 P2P와 웹하드 등 다른 온라인 사이트로 다시 유포된다. 2012년 웹하드등록제가 실시된 이후 최근에는 대부분 토렌트라는 프로그램을 통해 불법복제물이 유통되고, 스마트기기의 애플리케이션을 통해 유통되기도 한다.

산업사회에서의 저작권은 재산권적 성격을 가지며 그 자체가 재화로서 소유권과 유사한 권리를 갖는다. 하지만 정보화로 인한 인터넷에서의 저작권의 사용 상황을 보면 과거의 저작권을 동일하게 적용하기 어렵게 되었다. 온라인상에서는 누구나 저작물과 정보를 누구나 손쉽게 복제하고, 유통할 수 있는 기술적 환경이 제공된다. 온라인저작물은 내가 복제한다고 그 질이 손상되지 않아 항상성을 가지며 내가 소유한다고 다른 사람이 소유 못하는 배제성이나 희소성의 문제를 유발하지 않는다. 또 한편으로 온라인에서는 누구나 정보의 생산자이자 소비자로 누구나 저작물을 다수에게 전달할 수 있고, 기존의 저작물을 활용해 또 다른 저작물이 불특정 다수에게 전달된다. 새로운 정보사회와 사이버 온라인공간에서는 기존의 저작권침해의 개념을 유지하는 것이 과연 바람직한 것인가라는 의문을 제기한다. 이러한 특징들은 과연 저작물을 배타적 독점적 권리로만 인정해야 할

지에 논란을 불러일으킨다.

저작권침해의 유형으로는 저작재산권의 침해, 저작인격권의 침해, 저작인접권의 침해가 있다. 저작재산권은 경제적 권리로서, 복제권, 공연권, 공중송신권, 전시권, 배포권 등 이차적 저작물의 작성권을 포함하는데, 저작재산권 침해는 이에 대해 정당한 권리 없이 법적으로 보호되는 재산상의 이익에 피해를 주는 경우이고, 저작인격권 침해는 공표권, 성명표시권, 동일성 유지권의 침해로, 저작자의 명예를 훼손하는 방법으로 저작물을 이용하는 경우를 말한다. 그리고 저작인접권은 저작물의 실연자, 즉 음악의 경우 작곡, 작사가의 저작권자 이외의 연주자나 가수, 음반제작자가 갖는 권리를 말하는데, 저작인접권의 침해는 저작인접권자의 허락 없이 실연, 레코드 및 방송을 무단으로 이용하는 경우를 말한다.

그렇지만 온라인 저작권침해를 분류함에 있어서는 통상 저작권침해는 저작물에 따라 음악, 영상, 출판, 게임, 컴퓨터프로그램상의 저작권침해로 분류되기도 한다.

온라인상의 저작권침해의 특징으로는, 복제의 용이성과 신속성으로, 저작물의 복제가 쉽고, 신속하게 이루어진다는 점, 경제적 비용도 들지 않아 무제한적 대량복제와 전송이 가능하다는 점이, 복제질의 고도성으로, 디지털저작물은 아무리 복제를 해도 원본은 항상성을 가져 복제횟수와 무관하게 높은 질로 복제할 수 있다는 것이고, 그리고 내가 소유한다고 다른 사람이 소유 못하는 배제성이나 희소성의 문제를 유발하지도 않는다는 점을 들 수 있다. 그밖에도 인터넷에서는 저작물들을 불법으로 복제할 기회가 많고, 또 그것이 어느 정도 허용된다는 점에서 그것이 특징이자 원인으로 작용한다고 볼 수 있다.

2. 실태

우선 온라인상의 저작권침해에 관한 공식통계를 보면 경찰청의 기존 사이버테러대응센터와 사이버안전국에서 발표한 불법복제자 검거건수는 2005년 1,233건에서부터 2009년 34,575건까지 꾸준히 그리고 급격히 증가하다가 2010년 17,885건으로 줄어들었고 지난 5년의 경우 2011년 15,087건, 2012년 15,111건,

2013년 13,567건, 2014년 7,187건으로 계속 감소하다가 2015년 8,832건으로 다시 다소 증가한 것으로 제시되었다.

문화체육관광부는 저작권보호를 위해 저작권침해에 대한 단속을 강화했고 그에 따른 결과로 저작권침해 대응 및 단속업무를 맡고 있는 저작권보호센터에서의 불법복제물에 대한 단속현황을 보면 지난 5년 동안 증가추세에 있다. 2011년에 적발한 불법복제의 단속건수가 337,549건, 2012년에는 921,211건, 2013년에는 1,661,895건으로 크게 급등했고, 2014년 1,936,357건, 2015년에는 2,396.916건으로 지난 5년동안 저작물에 대한 단속은 증가추세 있다. 그중 온라인 저작물에 대한 단속건수도 전체 복제물에서 많은 부분을 차지하고 있고 마찬가지로 전체적으로 지난 5년동안 단속량이 증가한 것을 제시했다.

저작권보호센터의 2016년 저작권보호 연차보고서에 따르면 전국 14세 이상 조사에서 응답자의 38.4%가 불법복제물을 이용한 것으로 응답했는데, 온라인 불법복제물의 경우만을 보면 응답자의 35.8%가 온라인 불법복제물을 이용한 경험이 있는 것으로 응답하였다. 설문조사를 통한 그동안의 추이를 보면 2009년 37%, 2010년 33%, 2011년 32.5%, 2012년 30.1%로 지속적으로 감소하다가, 2013년 30.7%, 2014년 39.7%로 증가하였고, 2015년에는 35.8%로 전년에 비해 다소 감소하였다.

이 보고서에서 불법복제를 콘텐츠별로 보면 2015년도에 온, 오프라인 전체로 보면 영화의 불법복제 경험이 응답자의 21.4%로 가장 많았는데, 온라인에서의 불법복제의 경우도 영화가 20.1%로 가장 많았고, 방송 18.8%, 음악 17.9%, 게임 7.5%, 출판 4.8% 순으로 조사되었다.

3. 원인

그동안 저작권침해 연구에서 가장 강조되어 왔던 설명요인으로는 차별접촉/사회학습이론에서의 요인들이었다. 초기 연구로 Skinner와 Fream(1997)은 불법소프트웨어 사용에 있어 사회학습이론에서의 요인들을 적용했는데, 차별접촉, 차별강화, 태도, 모방 중 비록 차별강화나 모방의 영향력은 낮았지만 차별접촉과 불법사용에 대해 갖는 태도가 중요한 요인임을 제시했다. 즉 불법복제나 침해는 주위 친구들로부터 영향을 받으며, 그 행동이 크게 나쁘지 않다는 생각을 할 때 침해를 하게 된다는 것이다. 이후의 연구에서도 주위 영향이나 특히 저작권침해에 대해 갖는 태도는 저작권침해의 주요 요인이 된다는 것이 그동안의 연구에서 밝혀져 왔다(Higgins and Wilson, 2006; 한정희, 장활식, 2007). 김경희와 김태웅(2013)은 서울시 대학생 대상의 조사에서 주위 사람들의 침해행위가 직접적으로 그리고 저작권침해태도를 통해 간접적으로 저작권침해행위에 영향을 미쳤으며 학교환경이나 접근용이성, 처벌에 대한 인식도 그와 같은 태도요인을 통해 영향을 준다는 결과를 제시했다.

저작권침해는 중화이론과 연관되어서도 연구되어 왔었다(Hinduja, 2007; Ingram and Hinduja, 2008). 즉 저작권침해에 대한 자신의 행동을 중화, 정당화하는 사람이 저작권을 침해한다는 것이다. 예컨대 남들도 다하는데 그것이 내 책임만은 아니라거나(책임의 부인), 나 하나 정도의 불법복제가 저작권자에게 큰 손해를 주지 않을 것이라는 생각(손상의 부인), 그리고 정보는 공유되어야 한다는 사람의 입장에서 보면 저작권자가 지나치게 높은 가격으로 이익을 취하는 경우 저작권자를 부인(피해자의 부인)하여 자신의 침해행동을 정당화할 수도 있다. 국내 이성식(2012)은 대학생들의 온라인 저작권침해행위에 대한 설명에서 그와 같은 중화가 침해행위에 대해 갖는 태도보다 더 중요한 요인이라는 것을 제시했다. 이 연구에서는 중화와 도덕적 태도와는 상호작용효과를 갖는다는 것을 제시했는데, 이는 중화이론대로 평소 저작권침해를 해서는 안된다고 생각하는 사람이 중화를 하여 침해를 한다는 것을 나타내는 결과이다.

저작권침해와 불법복제는 가장 우선적으로 비용의 문제와 연결될 수 있다. 2008년도 한국형사정책연구원의 보고서(탁희성, 2008)에 따르면 불법복제의 이유가 그것이 무료라서 경제적 비용이 들지 않기 때문이라는 응답이 응답자의 84.7%를 제시했다. 저작권침해자는 자신의 행위가 불법이라는 것을 알지만 비용때문에 불법다운로드를 한다는 것이다. 하지만 국내의 대표적 경험연구로 한정희와 장활식의 연구(2007)에서는 디지털음악저작권침해에 대한 설명에서 비용의 영향력이 유의미하지 않은 것으로 제시되었고, 반면 개인의 태도나 도덕적 판단이 가장 중요한 설명요인이라는 것을 제시했다. 그렇지만 이성식(2011c)은 중학생 대상의 온라인 저작물 불법다운로드 행위에 관한 연구에서 불법다운로드 친구와의 차별접촉 및 태도이외에 불법다운로드로 인한 비용절약이 모두 $p<.001$수준에서 유의미하여 주요 원인이 된다는 것을 제시했다.

온라인 저작권침해는 처벌 가능성이 낮아 그것이 침해의 원인으로 작용할 수 있다. 억제이론과 관련해서 Higgins와 동료들의 연구(2005)에서는 처벌의 엄중성은 영향력이 없었지만 처벌의 확실성은 저작권침해 의지에 영향을 주는 것으로 제시해, 처벌이 확실하면 저작권침해의 가능성을 낮추지만 그렇지 못할 때 저작권침해를 유발할 수 있다고 보았다. 그렇지만 앞서 Skinner와 Fream(1997)에서도 제시했듯이 차별강화요인으로서 처벌로 인한 손실의 억제력은 낮은 것으로 평가되며, 국내 한정희와 장활식의 연구(2007)에서도 처벌의 영향력은 낮은 것으로 제시되고 있다. 앞서 이성식의 연구(2011c)에서도 처벌의 위험성의 영향력은 유의미하지 않은 것을 제시했다. 하지만 처벌 가능성은 저작권침해에 대한 태도에 영향을 줄 수 있는데, 처벌이 확실하지 않고 발각 가능성이 낮다고 인식할 때 저작권침해를 용인하게 되고, 그것이 저작권침해에 영향을 줄 수 있다고 주장된다(Peace et al., 2003; Al-Rafee and Cronnan, 2006; 한정희, 장활식, 2007). 김경희와 김태웅(2013)은 처벌이 확실하지 않으면 저작권침해를 용인하게 되고, 그럼으로 저작권침해에 영향을 줄 수 있다는 결과를 제시했다. 박주연의 연구(2013)에서는 처벌인식과 윤리의식 모두 중요한 요인임을 제시했는데 그럼에도 처벌의 영향력이 윤리의식(침해에 대한 태도)보다는 낮다는 연구결과를 제시했다.

또 다른 한편으로 온라인상의 저작권침해의 특징으로 복제의 용이성과 신속성, 즉 저작물의 복제가 쉽고, 신속하게 이루어진다는 점 등 불법복제할 기회의 용이성이 그 원인이 된다고 볼 수 있지만 아직 입증된 바는 없다. 한편 Hiduja(2008)는 익명성의 저작권침해에 대한 영향력을 살펴보았는데 그 영향력이 유의미하지 않았음을 제시했다. 이러한 결과들은 앞서 경제적 비용이나 처벌의 영향력이 낮았던 것과 마찬가지로 기회이론이의 지지도 상대적으로 낮을 수 있다는 것을 나타낸다.

또 다른 한편에서 저작권침해 연구에서는 일반이론에서의 주장대로 그것이 낮은 자기통제력의 결과라고 주장하기도 한다(Higgins and Makin, 2004; Higgins, 2007; Malin and Fowers, 2009). 그렇지만 Morris와 Higgins(2009)는 여러 요인들의 비교를 위해 차별접촉, 중화, 낮은 자기통제력, 그리고 학업성적과 긴장의 영향력을 살펴보았는데, 음악, 영상, 소프트웨어 사용에 있어서 차별접촉과 중화가 모든 유형에서 가장 중요한 요인이었고, 대신 낮은 자기통제력과 학업성적, 긴장요인들의 영향은 유의미하지 않았다는 결과를 제시했다. 이성식의 연구(2012c)에서도 저작권침해에 갖는 태도나 중화는 모두 중요했으나 낮은 자기통제력의 영향은 유의미하지 않았음을 했다.

Higgins 연구에서는 일반이론에서의 낮은 자기통제력의 영향도 강조했고, 또한 낮은 자기통제력은 사회학습변인과 상호작용효과를 갖는다는 주장을 했는데, 이처럼 낮은 자기통제력은 독립적으로는 작용하지 않지만 차별접촉/사회학습요인과 함께 저작권침해에 작용한다는 것을 제시했다(Higgins, 2005; Higgins et al., 2006). 이러한 주장은 최근 Hinduja와 Ingram의 연구(2008)에서도 제시되어 낮은 자기통제력의 청소년은 음악복제의 가능성이 높지만, 더구나 이들이 비행친구와 차별접촉하거나 자별상화, 즉 음악복제 침해로 이득이 많고 손실이 적다고 판단하는 경우 더 침해를 하게 된다는 결과를 제시했다. 그러나 낮은 자기통제력과 태도, 모방과의 상호작용효과는 유의미하지 않았다. 이성식의 연구(2011c)에서는 낮은 자기통제력이 독립적으로는 그 영향력이 낮았고 사회학습요인들로 차별접촉과 태도 및 강화요인으로 침해로 얻는 보상(비용절약)과 처벌가능성과는 유의미한 상호작용효과를 갖는다는 결과를 제시했다.

4. 대책

1) 현행법 규제와 그 한계

현행법으로는 저작권법 제136조 제1항에서 저작재산권 그 밖의 이 법에 의하여 보호되는 재산적 권리를 복제, 공연, 방송, 전시, 전송, 배포, 이차저작물 작성의 방법으로 침해한 자는 5년 이하의 징역 또는 5천만원 이하의 벌금에 처한다고 규정하고 있다. 아울러 제136조 제2항에서는 저작인격권 또는 저작인접권으로서 실연자의 인격권을 침해하여 저작자 또는 실연자의 명예를 훼손한 자, 저작권등록을 거짓으로 한 자, 데이터베이스제작자의 권리를 복제, 배포, 방송 또는 전송의 방법으로 침해한 자 등은 3년 이하의 징역 또는 3천만원 이하의 벌금에 처한다고 규정하고 있다. 그밖에 제137조에서는 저작자가 아닌 자를 저작자로 표시한 경우 1년 이하의 징역 또는 1천만원 이하의 벌금에 처하며, 제138조에서는 출처를 명시하지 않거나 복제권자의 표시를 하지 않은 경우 500만원 이하의 벌금에 처한다고 규정하고 있다.

그러나 수천만이 이용하는 사이버공간에서 저작권법을 적용하여 집행한다는 것은 현실적으로 불가능할 뿐만 아니라 법의 실효성에도 의문을 갖게 한다. 저작권을 입법에서 보호한다고 하더라도 여러 제약이 따르기 마련인데, 첫째, 외국에 서버를 두어 P2P 서비스를 제공하는 경우 한계가 있으며, 둘째, 불법복제와 파일공유를 적발하기 위해서는 인터넷 전체를 감시하게 될 수밖에 없고 이는 프라이버시를 침해하는 결과를 낳는다. 셋째는 새로운 기술의 발전을 법이 따라갈 수 없다는 한계 또한 있다. 아울러 저작권보호는 정보공유와의 논쟁이 있는데, 따라서 저작권과 이용자의 공유간에 적절한 균형이 요구되는바 처벌과 법적 제재가 능사라고는 보기 어렵다.

2) 국내 저작권보호체계

우리나라 저작권보호체계는 저작권법 제2조 2에 따라 문화체육관광부가 문화산업발전과 저작물 유통환경 조성을 위한 저작권보호 정책을 수립하고 있다. 그리고 문화체육관광부 소속으로 저작권특별사법경찰은 저작권침해에 대한 수사업무를 맡고 있다. 그동안 문화체육관광부에서는 웹하드 및 헤비업로더 등에 대한 단속과 사법처리를 강화하였다. 저작권특별사법경찰은 웹하드와 토렌트에 대한 집중수사단속을 실시하였고 웹하드 등록제 시행이후에는 웹하드 수가 급속히 줄어들었고 미등록 업체의 수도 급감하였다.

제113조에 따라 한국저작권위원회가 설치되어 저작물 이용질서 확립과 공정한

이용도모를 위한 사업, 저작권 정책수립과 지원, 불법복제물에 대한 심의 및 시정권고, 저작권보호를 위한 국제협력, 저작권 연구, 교육, 홍보, 그밖에 분쟁의 조정과 알선 등의 업무를 수행하고 있다. 또 한국저작권위원회에서는 포렌식팀을 운영하여 저작권침해범죄에 대한 증거수집 분석을 강화하는 등 저작권 보호에 역량을 강화하고 있다.

한편 한국저작권단체협회의 저작권보호센터는 문화체육부 저작권보호과와 한국저작권위원회 등 유관기관과의 상호협력으로 온, 오프라인상의 불법복제물을 단속하여 수거와 폐기의 업무를 하고 있으며, 장애인 재택 모니터링요원의 운영을 통한 모니터링 업무, 불법저작물 추적관리시스템 운영, 온라인서비스제공자에게 삭제조치의 요청, 그리고 저작권침해 예방활동으로 홍보와 캠페인활동 및 조사활동을 담당하고 있다. 저작권보호센터에서는 한국저작권위원회와 함께 국민 오픈 모니터링제를 실시해 음성적 불법복제물 유통에 대한 신고 역량을 강화하였다.

그동안 저작권보호 업무는 한국저작권위원회와 저작권보호센터로 이원화되어 있어 저작권보호체계를 일원화할 필요성이 제기되고 왔고 이에 2016년 한국저작권보호원이 설립되었고 주요 업무는 불법복제물 심의, 모니터링, 신고업무와 단속, 추적관리시스템, 포렌식, 그리고 연구와 교육, 홍보 업무를 수행한다.

3) 온라인서비스제공자의 역할과 책임

저작권법 제103조에 따르면 저작권자가 온라인서비스를 통해 자신의 권리가 침해되었을 경우는 온라인서비스제공자에게 해당 저작물의 복제와 전송을 중단시킬 것을 요구할 수 있다. 저작권법 제104조에서는 저작권리자의 요청 시 온라인서비스제공자에게 전송차단의 기술적 조치를 취하도록 명시하고 있으며, 또한 제133조 1에 의하여 저작권을 침해하는 불법복제물 또는 저작물 등의 기술조치를 무력하게 하기 위해 제작된 기기나 프로그램을 발견시 이를 수거, 폐기, 삭제할 수 있도록 하고 있다.

저작권법 제133조의 2에 따라 문화체육관광장관은 3회 이상 경고를 받은 복제전송자가 불법복제물을 전송한 경우 저작권위원회의 심의를 거쳐 온라인서비스제공자에게 6개월 이내에 해당 복제전송자의 계정을 정지할 것을 명할 수 있다. 또한 불법복제물 등의 삭제 또는 전송 중단명령을 3회 이상 받은 게시판에 대해서는 저작권위원회의 심의를 거쳐 해당 게시판의 전부 또는 일부의 정지를 명할 수 있다. 또한 저작권법 제133조의 3에 따라 한국저작권위원회는 온라인서비스 제공자의 정보통신망을 조사하여 불법복제물 등이 전송된 사실을 발견한 경우, 이를 심의하여 경고, 삭제, 또는 전송중단의 시정조치를 명할 수 있다.

4) 기술적 조치

사이버공간에서의 저작권침해의 문제는 과거와는 달리 새로운 기술이 열린 시대에서 다수의 이용자에 의해 침해되는 문제이기에 기술에는 기술로 해결해야 한다는 주장이 있다. 기술적 조치로 디지털저작권관리는 디지털 창작물에 대한 저작권을 보호하기 위한 기술조치 및 서비스를 말하는 것으로, 저작권자 혹은 저작물관리자가 자신의 저작물에 대한 불법적인 접근과 유통 및 이용을 통제하고 적법한 사용자만이 허용된 범위내에서 사용할 수 있도록 하는 저작물 보호체계라 할 수 있다. 디지털저작물에 암호화 등의 기술조치를 하여 허가된 권한을 갖는 자에게만 저작물을 이용할 수 있도록 하거나, 암호화 이외에 워터마킹과 같이 저작물에 비밀표시를 삽입하고 저작권분쟁이 발생했을 시 추적할 수 있도록 하는 장치, 그리고 저작물의 사용자를 추적할 수 있는 핑거프린팅도 대표적 기술조치이다. 우리나라의 저작권보호센터(현재는 한국저작권보호원)에서 운영하고 있는 불법저작물 추적관리시스템도 기술적 조치의 하나라고 볼 수 있다. 이는 온라인 복제물을 사람대신에 24시간 자동으로 음원의 불법복제물 검색과 증거수집, 그리고 인터넷서비스제공자에게 차단요청을 자동으로 수행하는 단속시스템이다.

그런데 이와 같이 저작권침해를 예방하기 위한 기술적 조치는 저작권자의 권리는 충족시킬지 모르지만 정보이용자의 공정한 이용을 보장하는지에 바람직한 방법은 아니라는 평가를 받고 있다. 따라서 이용자보호라는 목적을 달성하기 위해서는 기술적 보호조치에 저작권을 인정하는 동시에 그것을 제한하는 경우를 만들어 그것의 입법화 혹은 추가적 기술장치가 필요하며, 일정한 경우 디지털저작권관리를 해제할 수 있도록 하고, 금지예외의 범위를 융통성있게 확대할 필요가 있다고 주장된다(윤종민, 2013).

5) 사회문화/윤리차원의 대책

저작권침해는 앞서 기존 연구에서 보듯이 주위의 저작권침해를 보고 학습한 결과라고 볼 수 있고, 내적 태도와 중화가 가장 중요한 요인이 된다고 언급하듯이 이용자의 의식이 변화하지 않는다면 해결될 수 없는 문제로, 따라서 여러 다른 대책보다도 이용자의 인식 전환이 가장 우선시되어야 한다. 이를 위해 정부나 저작권보호센터, 인터넷서비스제공자는 저작권침해가 불법임을 알리는 홍보활동에 적극 나서야 할 것이며, 학생들에게는 교육현장에서 그것이 옳지 않은 행동임을 알리는 윤리교육이 필요하다고 할 수 있다(박주연, 정승민, 2013).

6) 저작권보호와 정보공유

저작권법 제1장 총칙 제1조에서는 저작권법이 저작권자의 권리를 보호하고 저작물의 공정한 이용을 도모함으로써 문화 및 관련 산업의 향상발전에 이바지함을 목적으로 한다고 제시하듯이, 저작자에게 배타적 권리를 부여함으로써 저작물을 창작하도록 의욕을 제공할 뿐만 아니라 이용자가 저작물을 편리하게 접근하도록 하여 저작물을 공정하게 활용하여 문화발전을 이룰 것을 제시한다(류종현, 2009,). 즉 저작권보호가 최종 목적이 아니라 저작물의 창작과 이용의 촉진과 사회의 문화발전이 목적이라면 저작권자의 배타적 권리만을 주장할게 아니라 저작물을 자유롭게 이용하고 공유하도록 해야 한다.

이처럼 저작권을 보호하여야 한다는 입장과는 달리 인간의 정보접근권이 또 다른 중요한 권리라고 보고 이용자의 정보이용과 공유를 강조하는 입장이 있다. 저작권의 보호를 중시하는 카피라이트와 달리 저작권내지 저작권의 개방을 강조하는 카피레프트 입장에 따르면 저작권의 독점과 그로부터 얻는 이익과 상업화에 반대하여 누구나 저작물을 자유롭게 이용하자는 것을 강조한다. 초기에는 저작물의 무료개방을 강조했지만 무료보다는 공개를 더 강조하는 것이며, 저작물은 개인의 재산이기에 앞서 공적 재산이기에 공익을 위해 활용되어야 한다고 보며, 저작권보호가 창작과 문화발전을 위한 것이라 하지만 오히려 시나치게 저작권보호를 하면 우수한 창작물이 나오기 어렵다고 본다.

따라서 저작권자에게는 저작권을, 이용자에게는 이용권을 보장하여 어떻게 하면 두 권리를 균형을 유지하며 유지할 수 있을까가 앞으로의 과제이다. 이러한 일환으로 여러 제안이 제기되기도 하였는데, 첫째, 최근 일각에선 카피라이트도 카피레프트도 아닌 카피기프트운동이 전개되기도 한다. 이는 저작권자들이 자발적으로 자신의 저작권을 기부하자는 취지로 1인 1저작물을 공개하자는 운동이다. 둘째는 일명 저작물이용허락표시제도로 불리는 저작물공유라이센스이다. 이는 몇 가지 이용조건을 저작권자로부터 허락을 얻는 것으로, '저작자표시(저작자의 이름, 저작물의 제목 등을 표시해야 한다는 것)', '비영리(비영리 목적으로만 이용해야 한다는 것)', '변경금지(저작물 내용을 변경할 수 없다는 것)', '동일조건 변경허락(저작물의 변경이 가능하지만 원자작물과 동일한 라이센스를 적용해야 한다는 것)' 등 네 가지의 조합으로 허락을 얻어 이용하는 제도이다.

기술이 바꾸어 놓은 불특정다수의 이용자시대에서 기존 저작권보호는 현 시장에는 잘 맞지 않을 수 있다. 저작물은 그 자체가 존재하는 것은 아무 의미가 없고, 다수 이용자의 이용을 통해서만 가치가 있다고 볼 때, 엄격한 저작권의 보호보다는 정보공유라는 측면이 또한 강조되어야 할 것이다.

제1절 해킹/악성코드

1. 정의, 유형과 특성

해킹은 컴퓨터통신망을 통하여 사용이 허락되지 않은 다른 사람의 컴퓨터에 은밀히 침입하여 저장되어 있는 정보를 수집, 변경, 삭제, 손상하는 등 정보를 유출, 훼손하는 행위를 말한다. 해킹 본래의 사전적 의미는 개인적 즐거움을 위해 컴퓨터기술을 사용하여 시스템에 접근하는 것을 말한다. 그리고 해커는 프로그램이 가능한 시스템에서 탐험하기를 좋아하는 사람, 열정적으로 프로그램을 하는 사람, 프로그램에 능한 사람으로 정의된다. 그러나 오늘날 해킹은 일반적으로 시스템이나 프로그램에 불법적으로 침입하는 것을 지칭하며 일명 크래킹이라고 한다.

하지만 본래의 의미의 해킹과 불법적 침입인 크래킹은 구분되어야 한다. 해킹 또는 해커는 세 부분으로 구분된다. 첫째는 순수한 의미의 해킹으로 화이트해킹이라고도 불리는데, 컴퓨터자체를 즐기는 순수한 의미의 해킹으로, 기술의 발전을 의도하며, 이때 해커는 해커윤리를 지킨다. 여기서 해커윤리란 컴퓨터에 대한 접근이 자유로워야 하며, 모든 정보는 개방되고 공유되어야 하고, 연령, 지위, 재산이 아닌 실력에 의해 평가받아야 한다는 등의 하위문화를 기반으로 하는 윤리를 일컫는다(Levy, 1984). 둘째는 불법적인 침입인 크래킹으로서, 블랙해킹이라고도 칭하며, 악의적인 의도를 갖고 권한이 없는 접근을 시도하거나 중요한 자료를 파괴하는 등의 타인에게 피해를 주는 행위를 말하며, 앞서 해킹과는 분명 구분되는 행위이다. 셋째는 첫 번째와 두 번째가 겹치는, 즉 해커윤리를 준수하는 범위 내에 있으나 컴퓨터범죄를 저지르게 되는 행위로, 그레이해킹이라고 하는데, 그 경계가 불분명하고, 해커윤리를 지키다가 불법을 저지르는 경우가 이에 해당된다.

해커는 시대에 따라 제1세대에서부터 제4세대까지로 구분되어 변화가 있었다. 제1세대는 1960년대 MIT대학 인공지능연구소에서 컴퓨터를 다루는 실력자란 의미에서의 화이트해커 혹은 올드해커였고, 제2세대는 1970년대 미국정부에서 베트남전쟁 시 전화세를 부과하려하자 공짜 전화사용을 위한 반전을 표방했던 폰프리커였으며, 제3세대는 1980년대 컴퓨터에 불법으로 침입하여 자료를 훔치거나 삭제했던 크래커 혹은 데커이고, 그리고 제4세대는 정치이념상의 사이버테러자로서 핵티비스트 혹은 사이버전사가 주를 이루어왔다.

국내 연구에서 우형진(2004)은 해커의 유형으로 목적지향형, 가치지향형, 그리고 비목적형으로 나누었는데, 목적지향형은 은행이나 타정부 등을 해킹하여 경제적 이익 혹은 타정부의 정보를 달성하려는 것이고, 가치지향형은 정보공유나 상대의 취약점 경고 등의 해커윤리의 가치를 따르는 형, 그리고 비목적형은 그 밖의 재미나 호기심에 의한 해킹이라고 제시했다.

오늘날 사이버범죄로서 해킹이라 할 때 대부분 불법적 침입인 크래킹을 의미한다. 해킹(크래킹)의 방법으로는 트로이목마 프로그램으로 사용자를 속여 백도어 프로그램을 설치하도록 하여 정보를 빼내거나, 스니퍼링으로 로그인시 패스워드를 중간에 가로채는 방식, 서비스거부공격(DoS)과 같이 한꺼번에 대량의 데이터를 보내 과부하를 일으켜 시스템 혹은 데이터에의 접근을 방해하는 방식, 그리고 오늘날 많이 사용하는 방식으로 분산서비스공격(DDoS)은 다수의 컴퓨터를 일제히 작동하게 하여 특정 사이트를 공격하는 행위 등이 있다.

한편 악성코드(혹은 악성프로그램(멀웨어))는 바이러스, 웜, 트로이목마, 스파이웨어, 애드웨어를 모두 포함하는 개념으로 이용자 동의없이 모르게 은밀히 설치되어 시스템을 파괴하거나 오작동을 일으키는 것으로 컴퓨터에 악영향을 끼칠 수 있는 모든 소프트웨어의 총칭이다. 예전에는 컴퓨터바이러스라는 명칭을 많이 사용했지만 요즘은 보다 포괄적인 용어인 악성코드라는 용어를 더 많이 사용한다. 여기서 바이러스는 프로그램을 통해 감염되는 악성코드로 자기자신을 복제하거나 감염시키는 특성을 가지며, 웜은 컴퓨터의 취약점을 찾아 네트워크를 통해 스스로 감염되는 악성코드를, 웜바이러스는 웜과 바이러스의 감염방법을 동시에 갖춘 악성코드, 스파이웨어는 사용자의 정보를 빼내는 악성코드, 애드웨어는 컴퓨터사용시 자동적으로 광고가 표시되게 하는 악성코드를 말한다.

2. 실태

공식통계상의 실태에서 보듯이 해킹과 바이러스, 악성코드를 포괄하는 사이버테러형 범죄는 2005년 21,389건으로 이후 계속 증가하고 증감을 반복하다가, 2008년이후 정점에 이르다가 2011년 13,396건, 2012년 9,607건으로 감소하다가 2013년에는 다시 10,407건으로 증가하는 것으로 제시되었다. 경찰청 사이버테러대응센터에서의 사이버범죄자 검거건수도 2006년 15,979건에서, 2007년 이후 증감을 반복하다가 2012년 6,371건, 2013년 4,532건으로 그리고 그 이후에도 급속히 줄어들고 있다. 전체적으로 해킹은 다소 줄어드는 경향이 있으나 기술이 점차 고도화, 지능화되고 피해규모도 점차 증가하는 것으로 나타나고 있다.

방송통신위원회에서 접수, 처리한 침해사고에서 해킹사고 신고처리건수를 보면 2005년 33,633건으로 증가하던 것이, 2008년 15,940건으로 그 수는 줄어들다가 최근 5년간을 보면 2011년 11,630건, 2012년 19,5760건, 2013년 10,600건, 2014년 23,623건, 2015년 13,890건으로 증감을 반복하고 있다.

3. 원인

해킹행위는 무엇보다 하위문화이론이나 차별접촉/사회학습이론을 통해서 설명이 가능하다. 해커들은 자신들만의 하위문화와 행동지침이 있어 그것을 따르는 가운데 해킹을 하게 된다. 즉 해커 하위문화에서 하나의 공동체를 형성할 경우 동료들로부터 인정을 받고 보상을 받으려는 측면에서 해킹을 하며, 그러한 점에서 온라인커뮤니티나 동료들과의 차별접촉이 주요 요인으로 작용한다고 볼 수 있다(Jordan and Taylor, 1998; Holt et al., 2012). 초기의 연구에서 Skinner와 Fream(1997)은 해킹은 그러한 행위를 하는 친구와 차별접촉함으로 그러한 가치 내면화가 주요 설명요인이 된다는 것을 제시했으며, 그러한 주장은 최근의 경험연구에서도 지지되고 있다(Morris and Blackburn, 2009).

차별접촉이론이나 사회학습이론에서 주장하듯이 해킹은 해커가 자신의 행동이 크게 나쁘지 않다고 생각하고 그 행위에 크게 죄책감을 느끼지 못하는 데서 비롯된다고 볼 수 있다. Turgeman-Goldsmith(2005)의 54명의 이스라엘 해커를 대상으로 한 연구에서 여러 동기들이 모두 재미에서 비롯된다고 보면서 해커들은 해킹이 심각한 행위가 아니라 새로운 기술에 의한 새로운 엔터테인먼트에 불과하다는 생각을 갖는다는 것을 강조했다. 최근 국내연구에서도(박찬연외., 2016; 장재영외., 2016) 해킹에 있어서 무엇보다 태도는 가장 중요한 요인중 하나라는 것을 제시했다.

해킹은 그 개념에서도 혼란이 있었듯이 해킹과 크래킹이 혼용되어 사용함으로 인해 크래커도 자신의 행위가 불법행위임에도 불구하고 그것이 높은 실력자에 의한 진정한 해커의 행위라는 생각을 하고, 또 해커윤리식으로 정당한 사회를 구현하기 위한 행동으로 생각하여 크게 죄책감을 느끼지 못하고 저지를 수 있다. 또한 사이버테러나 바이러스유포의 경우 자신들이 특정한 이득을 취하는 것도 아니고 또 피해자가 특정인이 아니라 불특정인이라는 점에서 자신의 행위가 크게 나쁜 행동이 아니라는 생각을 할 수 있다.

해커들은 재미추구나 지적 호기심 때문에 해킹을 저지를 수 있다. 오래전 2001년도 한국정보보호진흥원의 조사결과에 따르면 196명의 해커들의 조사에서 해킹의 동기로 호기심이나 장난, 재미가 68.9%로 가장 많았고, 그 다음이 정보공유(8.7%), 실력과시(7.7%), 돈이나 정보(5.1%), 실력연마(3.6%) 등의 순으로 제시되었다. 이러한 결과는 단순한 재미나 호기심의 동기가 상당부분을 차지한다는 것을 제시하고 있다. 이처럼 단순한 재미나 호기심의 동기로, 그러한 단순한 흥미가 원인이 된다(Turgeman- Goldsmith, 2005).

그러한 점에서 일반이론에 따라 낮은 자기통제력이 해킹의 원인이 된다고 볼 수도 있다. 해킹은 재미추구와 호기심에서 충동적으로 일어난다고 볼 수도 있기 때문이다. 재미추구가 높은 범죄는 그러한 욕구를 통제하는 자기통제력의 영향이 크다. 더구나 해킹은 일면 침입하여 손상, 파괴하는 범죄의 성격을 갖기 때문에 폭력형 범죄의 성격을 갖는다고 할 수 있는데, 폭력범죄에서 우발적 상황에서의 자기통제력이 설명요인으로 중요하듯이 낮은 자기통제력은 해킹의 원인이 된다고 볼 수 있다.

해킹은 또한 물질적 이유로, 돈이나 다른 정보를 얻으려는 목적으로 은행이나 여러 기관에 침투하는 경우도 있는데(Leeson and Coyne, 2006), 최근 들어 랜섬웨어가 이슈가 되듯이 이러한 경향은 증가하고 주된 동기로 작용한다. 즉 이러한 주장은 합리적 선택이론식으로 설명할 수 있는데, 물질적 이유는 그 주요 원인의 하나가 된다고 볼 수 있다.

그러한 이유로 억제이론의 논의대로 처벌의 여부가 그 행위를 설명하는 주요 요인이 될 수 있다. 물질적 동기의 범죄의 경우 그 동기를 저지할 수 있는 주요 요인의 하나가 처벌이 될 수 있기 때문이다. 실제로 이성식(2012d)은 사이버범죄 유형별 연구에서 여러 유형 중 해킹의 신종범죄를 설명함에 있어 태도가 $p<.001$ 수준, 그리고 낮은 자기통제력이 $p<.01$수준에서 주요 설명요인이 되지만 처벌의 확실성도 $p<.05$수준에서 어느 정도 유의미한 영향력을 갖는다는 것을 제시했다.

해킹은 중화이론을 통해서도 설명이 가능하다. Turgeman-Goldsmith(2009)도 지적했듯이 해커는 자신의 행위가 단지 호기심 때문이지 남을 해할 이유는 없다고 보며, 또 그것은 정보공유의 차원에서 하는 것이고, 또 해킹을 통한 저작침해

행위는 잠시 그 저작물을 복사하는 것이지 훔치거나 절도하는 행위는 아니라는 것, 그리고 정치적 동기의 해킹은 애국심의 표현이라고 자신의 행위를 정당화하는 등 중화는 해킹을 설명하는 요인이 될 수 있다.

해킹은 긴장이론을 통해서도 파악할 수 있는데 사회에 적응하지 못하거나 어울리지 못한 가운데 컴퓨터에 광적으로 집착하는 은둔형 외톨이가 자신의 능력을 과시하고 인정을 받으려는 지적 과시의 동기에서 해킹을 할 수 있기 때문이다. 또한 자신을 해고한 기업에 대한 원한이 해킹이나 바이러스 유포 등의 원인이 될 수도 있다(Bocij, 2006). 그 외에도 자기능력을 확인하거나 남들로부터 자신의 실력을 과시하려는 동기, 지적 만족감 등이 동기가 될 수 있다(Fotinger and Ziegler, 2004). 그리고 앞서 중화이론에서도 언급했지만 특정한 이념이나 국가간의 갈등과 경쟁에서 애국심의 발현이 동기가 되는 경우가 있다(Jordan and Taylor, 2004).

범죄기회이론의 범죄피해의 관점에서 보면 개인이 해킹이나 악성코드 방지를 위해 백신 혹은 보안패치 프로그램을 설치했느냐가 피해 여부를 설명한다고 볼 수 있다(Mell et al., 2005). 즉 기술적 차단과 방어의 노력으로서 감시여부는 해킹발생의 주요 원인이 된다. 하지만 Bossler와 Holt(2013)의 악성코드 피해의 설명에서 그러한 프로그램 설치의 감시요인은 주요 설명요인이 되지 못하며 위험노출요인으로서 불법다운로드 경험이나 친구와 음란물을 공유하는 것 등이 주요 원인이 된다는 것을 제시했다. 그렇지만 기존 가구침입 연구에서 기회요인이 중요하듯이 해킹도 일종의 침입관련 범죄라는 점에서 침입기술이나 여건 등의 기회요인은 중요하다고 할 수 있다.

4. 대책

1) 현행법

단순해킹행위에 대하여는 정보통신망법 제48조에 누구든지 정당한 접근권한 없이 또는 허용된 접근권한을 초과하여 정보통신망에 침입하여서는 안된다고 규정하고 제72조에 위반시 3년 이하의 징역 또는 3천만원 이하의 벌금에 처한다고 규정하고 있다. 아울러 제49조에서는 해킹에 의한 비밀침해와 관련하여 누구든지 정보통신망에 의하여 처리 보관 또는 전송되는 타인의 정보를 훼손하거나 타인의 비밀을 침해 도용 또는 누설하여서는 안된다고 규정하고 제71조에서는 이를 위반 시 5년 이하의 징역 또는 5천만원 이하의 벌금에 처한다고 규정하고 있다. 한편 제48조 제2항에서는 정보통신망에 악성프로그램을 전달 또는 유포한 자 그리고 제48조 제3항에서는 정보통신망에 장애를 발생하게 한 자는 제71조에 이를 위반시 5년 이하의 징역 또는 5천만원 이하의 벌금에 처한다고 규정하고 있다. 그밖에 정보통신기반 보호법 제12조에서는 주요 정보통신기반 시설 교란, 마비, 파괴에 대해 제128조에서 10년 이하의 징역 또는 1억원 이하의 벌금에 처한다고 규정하고 있다.

해킹의 원인이 단순한 호기심에서부터 정보공유, 애국심의 발현 등 여러 면에서 가능하다 볼 때 처벌이 그 해결이 될 수 있을지는 미지수이다. 더구나 기술력을 갖춘 해커들을 적발하고 검거하기란 쉽지 않을 것이라는 점에서 그 방안이 효과적일 것이라는 볼 수 없다. 하지만 해커들의 동기가 물질적 이유가 크다는 점에서 보면 그에 대한 강력한 처벌은 그 동기를 어느 정도는 억제할 수 있는 방안이 될 수 있을 것이다.

2) 기술적 조치

해킹이나 악성코드에 의한 대처로는 기술적 대처가 가장 손꼽히는 방법이다. 해킹과 악성코드에 대처하기 위해서는 정부나 관련기관, 기업, 사용자 스스로가 컴퓨터에 방화벽을 설치하여 외부의 침입을 막는다거나 백신프로그램이나 보안 패치프로그램을 설치하고 수시로 업데이트하고 주기적으로 검사하는 등의 노력이 필요하다. 해킹이나 악성코드의 대처에는 이와 같은 기술적 조치가 필수적인데, 그럼에도 해커들은 또 다른 기술로 침입을 한다. 따라서 해킹의 방지나 보안기술의 향상을 위해서는 전문인력을 통한 기술의 향상이 필수적이다. 그러한 점에서 크래커에 대응하는 순수한 해커인 실력자로서의 화이트해커인 사이버보안관의 양성이 필요하다고 주장되고 있다.

3) 개인적 수칙

위의 기술차원의 대책과 관련하여 개인차원의 대응방안으로 인터넷침해사고 대응지원센터에서 권고하는 정보보호 실천수칙은 다음과 같다. 여기서는 기술적 조치이외에 개인의 일상생활이 그 위험에 노출되지 말아야 할 것을 강조한다. 그 내용은 첫째, 백신프로그램을 설치하고 자동검색과 자동업데이트로 설정할 것, 둘째, 패스워드는 주기적으로 변경할 것, 셋째, 부팅을 하거나 윈도우 로그인할 때 또는 네트워크 공유폴더를 사용할 때에는 반드시 패스워드를 설정할 것, 넷째, 일주일에 한번 윈도우 등 주요 소프트웨어의 보안패치를 다운받아 설치할 것, 다섯째, 불법다운로드를 하지 말거나 반드시 정품 소프트웨어를 사용할 것, 여섯째, 보낸 사람이 불분명한 이메일은 절대로 열어보지 않을 것, 일곱째, 중요한 데이터의 백업을 생활화할 것, 여덟째, 하루 한 번 컴퓨터를 껐다 켜고, 컴퓨터를 이용하지 않을 때는 전원을 끈다는 것 등이다.

4) 사회문화/윤리차원의 대책

해킹과 악성코드에 대응하기 위해선 보안기술의 향상도 중요하지만 그것을 적극 활용해야 한다. 아직 정부기관이나 일반기업, 그리고 일반 사용자들은 자신이나 기관들이 공격받을 수 있다는 위기의식이 부족하다. 따라서 보안의식 강화와 위기의식의 보급과 확산을 위해 사용자들을 위한 적극적인 교육과 홍보가 무엇보다도 중요하다. 교육과 홍보를 통해 보안의식이 강화되어야지만 백신과 보안프로그램을 설치하여 해킹과 악성코드에 대응할 수 있기 때문이다. 아울러 각 조직기관에서는 침해사고 대응팀을 마련하여 조직의 네트워크 침해사고에 대응할 수 있도록 하고 정보교류, 기술공유 등 협력체계를 이루도록 해야 한다. 이를 위해선 각 기관의 보안의식 및 사태의 심각성에 대한 인식이 필수적이다.

사회에서는 아직도 해커와 크래커의 구분이 불명확하여 혼용해서 사용하고 있다. 사실상 순수한 해커에 대한 사회의 인식은 좋은 편이어서 해킹(크래킹)에 대한 사회인식이 부정적이지만은 않고 또 자칫 크래커들이 불법행동을 저지르면서도 자신들을 해커인양 생각하여 큰 죄책감을 느끼지 못하는 경우가 있다. 따라서 해커와 크래커의 명칭을 명확히 구분할 필요가 있고 앞으로는 불법침입행위를 크래킹이라고 부르는 방안을 검토해야 한다. 또 한편으로는 실력 있는 과거의 크래커들을 보안회사에서 실력자로 인정하고 취업하는 경우도 있는데, 물론 이와 같은 것이 필요하긴 하지만 자칫 이는 합법과 불법의 경계를 혼란시키는 작용을 할 수 있다. 따라서 크래킹은 잘못된 불법행위임을 명확히 하는 것이 필요하다.

해커(크래커)는 호기심과 재미로 해킹이나 악성코드를 유포하는 경우가 있어 이에 대한 윤리의식의 교육이 요구된다. 또 정보공유와 같이 아무리 정당한 이슈라 할지라도 남의 안방에 침입할 수 없듯이 해킹의 불법침입은 용납되어서는 안 될 것이다. 따라서 정보의 공유에 있어서도 해킹보다는 시민운동과 같이 사회문화적으로 제도권 내에서 해결이 이루어져야 할 것이다. 이처럼 해킹은 남에게 해를 끼치는 분명 불법적인 침해행위라는 교육과 인식이 필요하다.

제4부

사이버범죄 대책

제10장 사이버범죄의 규제와 대응

Cyber Criminology

제10장 사이버범죄의 규제와 대응

제1절 사이버공간서의 규제방식

1. 사이버공간에서의 정부규제

1) 정부규제

사이버공간에서의 범죄들에 대응하기 위한 효과적인 대응방안은 무엇일까? 이 방식은 이전까지 존재해 왔던 오프라인 현실에서의 대응방안과 다른가? 아니면 오프라인 대응방안의 연장선에서 이해할 수 있는가? 정부규제란 정부가 중심이 되어 법과 공식처벌, 제도를 통해 사이버범죄에 대응하는 방식이다. 그렇다면 정부중심의 규제는 어느 정도 효과적인가? 그동안의 연구를 보면 현실 오프라인에서도 정부규제의 효과는 제한적이다. 더구나 사이버공간이 현실과 다른 자유의 공간이라고 보는 입장에서 보면 정부규제는 바람직하지 않다. 하지만 그렇다고 사이버공간에서 규제가 불필요하다고 보는 것은 부적절하다. 오히려 규제의 필요 유무성보다는 과연 규제의 범위와 방식에서 오프라인과 얼마나 달라야 하는지가 논의의 중심이 된다.

사이버공간에서의 규제는 정부규제의 정도에 따라 독점, 과점, 균점, 방임형으로 구분될 수 있다(장우영, 2006). 독점규제는 기존 매체에 적용해 오던 방식대로 정부규제의 연장선에서 인터넷을 강력하게 규제하는 방식으로, 중국, 미얀마 등이 이 방식을 채택한다. 과점규제는 정부가 정보를 독점하고 통제하지는 않는다는 점에서 독점규제와는 차이가 있지만 그럼에도 정부가 우월적 권한을 갖고 민간 영역의 참여를 제한하는 형태로, 우리나라처럼 정부가 방송통신심의기관을 두고 정보를 심의를 하는 등 우위의 형태를 갖는 것이 그 예가 된다. 균점규제는 민간 영역의 참여가 활발한 형태로 정부는 민간의 활동에 협력하고 지원하는 역할만을 갖는 형태이다. 균점규제에서는 자율규제가 주된 형태이지만 자율규제와 정부규제가 상호보완의 균형적 형태를 갖는 것으로, 미국, 호주, 유럽연합의 국가들이 이 형태를 취하고 있다. 한편 방임형은 규제가 전혀 없는 그야말로 자율의 형태라고 할 수 있다.

사이버공간에서의 규제를 논할 때 독점규제나 방임형은 완전한 정부규제와 또 완전한 자율규제가 부적절한 점에서 논외가 되겠고, 주로 과점규제와 균점규제 중 어느 것이 적절한지가 논의의 중심 주제가 된다고 볼 수 있다. 이를 일명 정부규제와 자율규제의 논쟁이라고 부르기도 하는데, 우리나라는 앞서 언급한대로 정부규제의 비중이 더 큰 과점규제의 형태라고 할 수 있지만 이에 대한 반론이 많다.

2) 인터넷매체의 특징과 규제

사이버공간에서의 규제가 현실과는 달라야 한다는 입장에서 보면 인터넷의 매체적 특성이 다른 매체와 상이하다는 점을 강조한다. 기존 매체에서는 정부규제가 필요한 이유가 전파의 희소성과 침투성 때문이다. 즉 소비자들은 몇 안되는 매체에 크게 의존하고 있기 때문에 그 매체는 희소성이 있고 그러한 점에서 그 매체의 영향력은 상당하다는 점에서 어느 정도 국가가 나서는 것이 필요하다고 본다. 하지만 인터넷은 기존 매체와는 달리 개방성과 쌍방향성, 탈중심적 특성을 갖는다. 인터넷에서는 이용자의 참여가 보장되고 자신의 의사를 표현할 자유를 갖는 개방성을 특징으로 한다. 이는 매체의 특성이 일방적이 아니라 쌍방향적인 특성에 기인한다. 즉 이용자는 정보의 소비자이며 동시에 정보의 생산자이다. 그러한 점에서 몇 안되는 매체에 의존하는 일방적이고도 수동적인 방식이 아니고 이용자가 능동적으로 참여할 수 있게 되는데, 그러한 연유로 인터넷에서 나오는 정보를 모두 규제한다는 것은 불가능한 일이 된다. 또 인터넷을 규제한다고 하더라도 규제대상은 모든 국민이 된다는 점에서 그 규제가 불가능할 뿐만 아니라 그 규제가 강할 경우에는 국민의 기본권인 표현의 자유와의 충돌 등 여러 문제가 발생한다고 볼 수 있다. 따라서 사이버공간에서의 규제는 그 매체의 특성상 정부의 규제에만 의존할 수 있는 것은 아니라고 할 수 있다.

3) 정부규제의 한계

사이버공간의 규제가 정부주도의 규제가 될 때 갖는 한계점은 여러 가지가 있다. 첫째, 가장 중요하게는 앞서 언급했듯이 여러 사람들이 참여하는 쌍방향의 개방의 공간에서 국가의 규제가 강하게 작동한다면 표현의 자유 등 자유로운 의사소통이 크게 위축될 수 있다는 점이다.

둘째는 사이버공간에서는 전세계적 네트워크로 이루어져 있기 때문에 규제가 서로 조화로워야 하는데 한 국가의 규제가 자율적이지 못하고 정부규제에 의해 통제될 경우 그리고 정부규제와 법이 서로 다른 경우 전 세계적 정보의 소통이 원활하지 않고 어렵게 된다.

셋째, 공식처벌로 정부규제를 한다고 하더라도 익명의 확장된 공간에서 범행자를 발각하고 체포하는 것은 쉽지 않은 한계가 있다. 예를 들어 음란이나 도박 사이트의 경우 해외에 사이트를 설치하는 경우 국가형벌권이 미치지 못하는 한계가 있다.

넷째, 정부규제는 인터넷의 변화에서 급변하는 정보환경에 탄력적이고 민첩하게 대응하지 못하는 한계가 있다. 새로운 형태나 유형의 범죄가 발생하는 경우 법을 제정하고 제도를 통해 해결하려는 것은 시간이 소요되어 효율적이지 못할 수 있기 때문이다.

2. 사이버공간에서의 자율규제

1) 자율규제

자율규제는 민간영역이 스스로 자발적으로 규제하는 것으로 규정된다. 하지만 자율규제는 자유방임의 무규제와는 다르고, 규제가 있지만 그것을 민간영역에서 스스로가 제정하고 지키는 방식을 말한다. 자율규제는 정부가 민간에 규제의 권한을 위임하는 것으로 보기도 한다. 이 경우 자율규제는 정부규제와 대립적인 것이 아니라 정부의 규제를 대신하여 자율적으로 규제를 하는 것으로, 즉 자율규제는 민간이 전통적인 정부영역의 규제에 대신해서 스스로 적극적으로 참여하는 것을 뜻한다(황승흠 외., 2004).

자율규제는 시장 또는 기업, 인터넷서비스제공자, 그리고 이용자인 시민의 영역 등의 민간영역을 포괄한다고 볼 수 있다. 시장과 기업의 영역이라 함은 인터넷관련 기업, 예컨대 인터넷상거래 사업자가 사기범죄나 소비자의 피해를 방지하기 위해 자율적으로 협회나 단체를 구성하고 자율적 행동강령으로 규제하는 방식이다. 아울러 인터넷서비스제공자의 영역은 포털사이트 등의 서비스제공자들이 자율강령과 가이드라인을 마련하여 인터넷게시물 등에 대한 정책을 마련하는 것을 말한다. 한편 자율규제에는 시민들이 책임의식을 갖고 건전한 사이버문화를 조성하여 스스로 규율을 지키는 것을 포함한다. 즉 자율규제는 넓은 의미에서 기업이 협회를 구성하거나 인터넷서비스제공자, 개인이 자율적으로 규제하고 순응하는 것을 포괄한다.

2) 자율규제의 방식

민간영역의 자율규제의 방식으로는 여러 장치가 있다. 첫째는 기업이나 인터넷서비스제공자의 협회에서 행동강령을 정하고 그 규율을 자발적으로 준수하는 것이다. 이러한 행동강령의 개발에는 이용자가 참여하는 것이 바람직하며, 아울러 정부도 승인 등의 방법으로 참여한다.

둘째는 자율적 등급분류와 기술장치로, 앞서 내용등급서비스에서도 설명했지만 정보제공자가 자신의 정보내용에 등급을 정하면 이용자는 거기에 맞는 내용선별 기술장치를 설치하여 등급에 맞게 자율적으로 정보를 선택하는 방식이고, 그 외의 필터링 등 이용자의 기술조치의 활용이 해당된다.

셋째는 인터넷핫라인으로, 이는 이용자들의 불만이나 신고사항을 접수, 처리하는 연결장치이다. 예컨대 유해 혹은 불법정보의 발견시 시민들이 신고 등의 자율적 참여를 통해 해결하려고 하는 방식이다.

넷째는 이용자 교육과 홍보로, 이용자에게 교육과 캠페인 등을 통해 이용자 스스로가 규율을 자발적으로 지킬 수 있게 하는 방법이다. 앞서 행동강령 개발에의 참여나 내용선별 기술장치의 설치와 활용, 그리고 인터넷핫라인에의 참여가 이용자들의 참여의식이 없으면 효과를 거둘 수 없다는 점에서 이용자에 대한 교육과 홍보 부분이 무엇보다도 가장 중요하다고 할 수 있다.

자율규제는 넓은 의미에서는 이 모두의 민간영역에서의 자율규제를 말하지만, 보다 좁은 의미에서 보면 인터넷사업자, 즉 기업협회나 인터넷서비스제공자의 자율규제를 주로 일컫는다(강휘원, 2002). 즉 자율규제는 기업협회와 인터넷서비스제공자 스스로가 행동강령을 중심으로 이루어지는 자율적 규제라 볼 수 있다. 우리나라 정보통신망법 제44조의 4에서는 자율규제라는 제목하에 자율규제를 언급함에 있어서도 "정보통신서비스제공자 단체는 이용자를 보호하고 안전하며 신뢰할 수 있는 정보통신서비스를 제공하기 위하여 정보통신서비스제공자가 행동강령을 정하여 시행할 수 있다"라고 규정하여 주로 인터넷사업자의 영역을 언급하고 있다.

3) 자율규제의 한계와 대안

그러나 위와 같은 자율규제는 행동강령의 제정 등에 있어서 사업자들간의 이해의 조정의 문제라든가, 그들이 행동강령이나 업계의 지침에 동의한다고 할지라도 이용자나 공익보다는 사업체 자신의 이익을 우선시할 것이라는 문제, 그리고 행동강령을 위반했을 때 효과적인 제재의 수단이 없을 것이라는 문제가 제기된다. 따라서 자율규제는 기업협회나 인터넷서비스제공자 스스로 자율적으로 규율을 정하여 규제를 하는 것이지만 정부와 독립적으로 존재하기는 어려우며 어느 정도 정부와 연결될 필요가 있다고 볼 수 있다.

자율규제는 정부와의 관계를 중심으로 여러 가지 형태가 있다. 즉 정부가 정의하는 틀 안에서 정부가 적극적으로 개입하는 위임적 자율규제, 민간영역이 스스로 규제하지만 정부에 승인을 받는 승인적 자율규제, 민간영역이 스스로 규율을 정하지만 그것을 지키지 않을 경우 법이 강제하는 강제적 자율규제, 그리고 정부의 개입이 거의 없는 자율적 자율규제로 나눌 수 있다. 하지만 자율규제는 정부와 독립적으로 스스로 규율을 정하는 방식인 자율적 자율규제가 존재하기는 어렵고, 정부와 어느 정도는 관계를 갖고 상호보완적으로 협력한다고 볼 수 있다.

이처럼 자율규제에 있어서 정부가 민간의 활동을 적극적으로 지원하고 협력하는 형태로서의 정부와 민간의 공동규제시스템이 필요한데, 이를 공동규제라고 한다(황성기, 2009). 즉 공동규제는 민간과 정부의 공동규제, 즉 자율규제와 정부규제가 상호보완적으로 작동하는 것을 말한다. 다시 말하면 정부가 민간영역의 활동에 적극적으로 협력, 지원함으로써 규제의 합리화와 효율성을 추구하는 규제 방식이다.

제 2 절 사이버범죄의 규제에 있어서의 파트너쉽

1. 공동규제 모델

사이버범죄를 규제함에 있어 정부규제 또는 자율규제 그 자체로는 한계가 있다. 따라서 정부와 인터넷사업체, 그리고 시민사회가 모두 참여하고 협력하는 파트너쉽을 통해 규제가 가능하다면 가장 바람직하다고 볼 것이다. 따라서 정부, 인터넷사업자, 시민이 모두 참여하고 협력하는 합동규제시스템을 강조하는 공동규제 모델은 사이버범죄의 규제에 바람직한 모델의 그 근거가 된다고 할 수 있다. 김유승(2006)은 소위 '삼발이모델'이라는 명칭으로 국가, 시장, 시민 세 집단이 서로 균등한 균형을 이루는 공동규제 모델을 제시하면서 다음과 같이 각 주체의 역할을 제시했다.

첫째, 자율규제가 효율적이기 위해서는 정부의 역할이 어느 정도 필요한데, 정부는 법적 규제를 통해 규제에 있어 종국적인 책임을 지며, 인터넷사업체의 자율규제를 지원하고 관리, 감독한다. 즉 자율규제를 제도화하도록 입법을 강제할 수 있으며, 행동강령 제정과 운영 등에 관여할 수 있다.

둘째, 인터넷사업자는 행동강령을 중심으로 자율규제활동을 한다. 이때 행동강령의 적용범위와 집행, 불이행시 제재방안은 정부와의 협의를 통해 세부 사항을 결정한다.

셋째로, 시민은 모든 의사결정에 있어서 적극적으로 참여한다. 자율규제가 효율성을 높이기 위해서는 시민의 신뢰가 뒷받침되어야 하는데, 그러기 위해서는 행동강령 등 인터넷 자율규제에 있어서 시민들의 적극적인 참여유도가 필수적이다. 시민은 인터넷사업자에게 행동강령을 준수할 것을 요청하고, 정부에게는 혹시 규제가 지나치게 과도하여 시민들의 권리를 침해하지 않는지 지속적인 모니터링을 한다.

이와 같은 공동규제 모델은 보다 바람직한 인터넷규제에 그 주요 지침을 제공한다. 앞서 1장에서 제시했듯이 사이버범죄의 대처를 법/제도적 대처, 기술/상황적 대처. 그리고 사회문화/윤리적 대처영역으로 나눌 수 있다면 각 주체별로 볼 때 정부는 법/제도적 영역에서, 인터넷사업자는 자율규제 및 기술/상황적 대처 영역에서, 그리고 시민은 사회문화/윤리영역에서 가장 중요한 역할을 한다고 할 수 있다. 그러나 각 주체는 사이버범죄의 규제에 있어서 독립적이기보다는 다른 주체들과 상호보완적인 파트너쉽을 형성한다. 정부, 인터넷사업자, 시민의 역할 및 파트너쉽을 법/제도적, 기술/상황적, 사회문화/윤리적 대처의 세 영역별로 살펴보면 다음과 같다(이성식, 2006b).

2. 각 주체들의 역할과 파트너쉽

1) 정부

정부는 법/제도적 영역에서 법과 제도를 정비하고 사이버범죄자에 대해 법집행을 담당하는 역할을 담당한다. 즉 새로운 유형의 범죄가 등장할 때마다 법규정을 새로이 신설하고, 수사력을 높여 범인을 검거하고 처벌하는 것에 주된 역할을 한다.

정부는 법/제도적 영역의 법집행이 주 영역이지만 인터넷사업체와 관련해서는 인터넷사업체의 자율규제를 법제도적으로 지원하고 관리, 감독하는 역할을 한다. 또 기술/상황적 영역에서 보면 기술적 대처를 위해 기업이나 인터넷서비스제공자에게 기술개발을 장려하고 지원한다.

아울러 사회문화/윤리적 영역에서는 건전한 사이버문화의 조성을 위한 기반 마련 및 캠페인활동과, 인터넷서비스제공자 등 인터넷사업체 및 시민들을 대상으로 하는 사이버범죄 예방을 위한 교육에 재정적으로 그리고 제도적으로 지원하는 역할을 갖는다.

2) 인터넷사업자

인터넷사업자는 기업과 협회, 인터넷서비스제공자가 해당되는데, 인터넷서비스제공자는 법/제도적 영역에서의 시민들의 범죄신고에 있어서 신고접수처의 창구역할을 할 수 있다. 인터넷핫라인은 인터넷에서의 불만이나 신고를 접수, 평가, 확인, 전달, 처리하는 일련의 연결장치이다. 인터넷핫라인에 있어서 인터넷서비스제공자는 신고센터를 두고 사이버범죄발생시 신고를 접수하여 처리하는 중심 역할을 할 필요가 있다. 현재 우리나라는 사이버폭력이나 불법 및 유해정보는 방송통신심의위원회에서, 해킹이나 개인정보침해, 스팸메일 등은 개인정보침해신고센터, 불법스팸대응센터, 그리고 인터넷사기를 포함한 여러 범죄들은 경찰청사이버대응센터 등 여러 곳에서 신고를 접수하도록 되어 있어 이것을 일원화하여 간편하게 하는 방안이 필요하다. 즉 시민들이 인터넷을 사용하다가 불법행위를 발견하게 될 때 이를 간편하고 신속하게 신고할 수 있도록 하는 장치가 필요하다. 이를 위해 인터넷의 창구역할을 하는 인터넷서비스제공자 등 포털사이트가 신고를 접수하는 창구를 만들게 된다면, 담당자가 일괄 접수하고 각종 기관에 고지하는 형태가 효율적일 수 있다.

인터넷사업자는 기술적 차원의 조치를 위한 기술개발이나 그것의 활용을 통한 기술/상황적 대처활동과 각기 자체적으로 준수해야 할 행동강령을 중심으로 자율규제를 실천하는 것이 주된 영역이라 할 수 있다. 인터넷서비스제공자는 기술/상황적 영역에서 기술적 조치의 차단기술을 개발하고 보급하며, 불법정보가 명백한 정보에 대해서는 스스로가 차단을 하고 그렇지 않은 나머지 정보들에 대해서는 시민이 스스로 선별하여 차단할 수 있도록 한다. 이때 정부로부터 기술지원을 받고 시민들에게는 차단장치를 설치하도록 적극 홍보활동을 한다.

사회문화/윤리적 영역에서는 행동강령의 제정과 자체교육에 힘쓰고 시민들을 대상으로 건전한 사이버문화의 조성을 위한 캠페인활동을 펼칠 수 있다. 행동강령의 제정 및 운영에 있어서 어느 정도는 정부가 개입할 필요가 있다는 점에서 정부와의 연계가 필요하고, 아울러 시민들의 적극적 참여도 필요하다. 시민의 영역인 건전한 사이버문화 조성을 위해 인터넷사업자는 정부와 함께 캠페인활동 등 중요한 역할을 갖는다. 즉 사업자 자신의 자체교육 등 자율규제도 중요하지만 시민들의 공간이 건전하게 될 수 있도록 문화를 조성하며 이를 위한 전담부서도 운영하는 것이 필요하다.

3) 시민

법/제도적 영역에서는 사이버범죄가 발생할 때 적극적인 신고를 하여 정부에 협력하고, 아울러 시민들은 정부가 규제권한을 과도하게 행사하는지에 대한 모니터링과 감시이외에도 국가의 정책결정에 시민들의 의견이 반영될 수 있도록 적극 참여하도록 한다.

기술/상황적 대처의 영역에서는 기술장치를 설치하고 활용하여 사전적 예방활동을 벌인다. 아울러 인터넷사업체와 관련해서는 행동강령의 제정과 운영에 대해 참여 또는 모니터링을 한다.

시민은 적극적인 참여를 통해 건전한 사이버문화를 조성하고 스스로가 인터넷사용에 올바른 의식을 갖는 것이 무엇보다 중요하다. 따라서 사회문화/윤리적 대처영역에서 보면 건전한 사이버문화 조성을 위해 적극적으로 참여하고 교육에 참여한다. 교육참여로 사이버윤리의식의 확보 및 사이버문화의 조성이외에 보안의식을 기반으로 기술차원의 개인적 수칙도 활용 가능할 것이다.

제 3 절 사이버범죄의 유형별 규제와 대응

1. 사이버범죄 유형별 대책시 고려사항

사이버범죄의 대책은 사이버범죄 유형별로 다르게 접근할 수 있다. 물론 모든 유형의 범죄에 있어서도 법/제도적, 기술/상황적, 그리고 사회문화/윤리적 대처가 모두 필요하겠지만, 앞서 사이버범죄를 사이버폭력형범죄, 불법콘텐츠범죄, 정보통신망이용재산형범죄, 신종침해형범죄로 구분할 때 사이버범죄의 규제와 대응에 있어서 어느 정도 차별적 전략이 요구된다고 할 수 있다(이성식, 2006b). 그렇다면 사이버범죄의 대책을 유형별로 다룰 때 고려해야 할 사항은 무엇인가?

첫째, 사이버범죄를 전통형과 신종형 범죄로 구분해 볼 수 있듯이 전통형과 신종형 범죄에 대한 대책도 차별적일 수 있다. 여기서 사이버폭력형범죄나 정보통신망이용재산형범죄와 같은 전통형의 범죄와 달리 새로운 기술의 등장으로 생겨난 해킹과 같은 신종침해형범죄는 기술/상황적 대처가 유용하다고 볼 수 있다. 물론 전통형 범죄의 경우도 기술/상황적 대처가 유용할 수 있고 신종형 범죄도 법/제도적 그리고 사회문화/윤리적 대처가 유용하다고 볼 수 있지만, 해킹이나 악성코드 등 신종형 범죄를 방지하기 위해 방화벽 설치나 백신프로그램 및 보안패치프로그램 등의 설치와 활용으로 보다 전문적이고 기술적 조치로 차단하고 아울러 개인수칙 등으로 범죄기회를 방지하는 전략이 보다 유용하다고 할 수 있다.

둘째, 범죄의 원인과 동기에 근거한 적절한 대처가 필요하다. 그 원인은 크게는 사회문화적 환경이나 개인의 윤리의식이나 태도와 같은 요인과 이득 및 영리의 추구와 같은 합리적 선택요인으로 구분할 수 있다. 이때 사이버폭력형범죄에 해당되는 사이버폭력이나 사이버성희롱, 사이버스토킹과 같은 범죄는 사회문화적 환경과 태도가 가장 중요한 원인이라고 밝혀왔듯이 이 유형의 범죄는 사회문화/윤리적 대처 방안이 효율적일 수 있지만, 정보통신망이용재산형범죄와 같은 유형에서 가장 대표적으로 인터넷사기와 같은 범죄는 물질적 이득의 동기에서 비롯되기 때문에 그러한 이득에 대해 손실을 강화할 경우 효과적일 것이라는 점에서 법처벌의 작동과 강화가 적절한 방안이 될 수 있다. 불법콘텐츠범죄는 음란물이나 도박사이트 이용자와 운영자를 구분할 때 이용자의 경우는 음란물이나 도박에 대한 태도와 인식이 그 원인으로 중요해 사회문화적 대처가 중요하지만 사이트운영자의 경우는 물질적 이득을 위한 범죄라는 점에서 처벌이 주요 대책이 될 수 있다. 신종침해형범죄의 경우도 해킹의 원인에서 보았듯이 영리추구의 이득동기가 주요 원인일 수 있다는 점에서 그것에 대한 대처가 기술/상황적 이외에도 법처벌의 작용이 효과적이라 할 수 있다. 물론 해킹은 호기심이나 그것을 심각하게 생각하지 않는 태도에서 비롯되는 점에서 사회문화/윤리적 대처가 필요하기도 할 것이다. 한편 저작권침해의 경우 재산형 범죄로 분류했지만 이득과 비용요인보다는 태도가 기존 연구에서 중요하다는 점에서 사회문화대처가 더 중요할 것이라고 볼 수 있다.

이성식(2012d)은 사이버범죄의 유형별 대책제시를 위한 몇몇 대책관련 요인으로 낮은 자기통제력의 개인성향이외에 공식처벌인식과 윤리의식, 그리고 익명성의 기회요인의 영향력을 다뤘다. 그 결과 인터넷사기와 같은 재산범죄에는 공식처벌인지와 익명성이 중요하여 법처벌과 기술적 차단이, 사이버폭력범죄의 경우는 개인윤리의식이 중요하여 사회문화/윤리적 대처가, 그리고 해킹과 같은 신종범죄의 경우 낮은 자기통제력과 공식처벌인지, 그리고 무엇보다도 개인윤리의식이 중요한 요인인 것을 제시했다. 이는 사이버폭력형범죄는 사회문화/윤리적 대처가, 재산범죄는 법처벌 대처가 적절함을 확인하는 결과이며, 해킹의 신종침해형범죄에서는 그 원인이 복합적이어서 대책도 다양할 수 있음을 제시했다. 해킹의 경우 기술/상황적 요인이 중요할 것이라는 점에서 익명성과 같은 기회요인의 영향을 예측했으나 그것이 중요하지는 않았는데 익명성과 기술요인은 다른 속성을 갖는 요인이라는 점에서 보다 적절한 기회차단요인으로 기술요인을 사용할 경우 그 영향력이 나타날 것이라고 볼 수 있다.

셋째, 사이버범죄의 대책에서는 특히 법처벌의 적용에 있어 그 범죄의 심각도와 그것이 합의된 범죄인가의 여부가 중요하다. 소위 사회적으로 논란의 여지가 있고 합의되지 않은 범죄에 대해서는 법규제가 적절하지 않다. 즉 법처벌은 그 정도가 심각하고 사회나 개인에 큰 해를 끼치며 그것이 많은 사람에 의해 합의된 범죄에 국한하는 것이 바람직하다. 정보통신망법 제44조의 7 제1항 각호에서는 음란정보, 명예훼손정보, 공포나 불안감 유발정보, 데이터운용방해정보, 청소년유해정보, 사행행위정보, 국가기밀누설 및 국가보안에서 금지하는 정보, 그리고 기타 항목으로 그 밖의 여타 정보를 불법정보로 규정하고 있지만 그 내용이 광범위하여 과잉금지의 원칙에 위배되고, 또 그 밖의 정보라고 하여 명확성의 원칙에도 위배되기 때문에 보다 선택과 집중으로 불법정보의 대상을 축소할 필요가 있다(황창근, 2010). 사실 사이버범죄 각 행위별로 사회에서 심각하게 바라보는 정도도 다르고, 도박행위는 국가별로도 다를 뿐 아니라, 사이버모욕 등 사소한 폭력이나 개인의 성표현물 등은 표현의 자유와, 저작권침해는 정보공유와 정보접근권에서 기본권에서 서로 충돌이 있는 등 사회적 합의가 존재하지 않아 법처벌에는 논란의 여지가 있다. 따라서 법처벌은 그 피해가 심각하고 사회구성원들이 심각하고 옳지 않다고 합의한 범죄에 집중하는 것이 적절하고, 그이외의 범죄에 대해서는 법처벌보다 자율규제나 다른 대처방안이 바람직하다고 볼 수 있다.

2009년 한국정보화진흥원 보고서(최홍식, 2009)는 시민을 대상으로 사이버범죄의 심각도에 대한 의식조사를 한 점에서 매우 유용하다. 그 조사결과에 따르면 우선 사이버범죄의 심각성 인지도는 5점 만점에서 개인정보침해와 유출이 4.21로 가장 심각하다고 응답했고, 그 다음이 해킹/사이버테러가 4.03, 도박 등 유해사이트 운영이 4.00, 스팸메일이 3.99순으로 나타나 새로운 유형인 신종침해형범죄이면서 이득을 목적으로 하는 범죄에 대해 심각한 범죄라는 응답을 보였고, 그리고 이득을 목적으로 하는 대표적 재산형범죄인 인터넷사기가 3.98, 그밖에 파괴와 폭력형태의 바이러스유포가 3.96, 그리고 사이버폭력이 3.94로 나타났고, 그리고 저작권침해의 경우는 3.12로 상대적으로 그 점수가 낮음을 나타냈다. 이와 같은 결과에 따르면 해킹과 같은 신종침해형범죄에 강력한 법규제가 요구되고 아울러 인터넷사기와 같은 재산형범죄의 경우도 법처벌이 필요하지만 사이버폭력이나 특히 저작권침해의 경우는 상대적으로 심각도나 합의도에서 높지 않은 점에서 법처벌 이외의 방안을 모색하는 것이 적절함을 제시한다. 이 조사에서는 사이버범죄에 대한 여러 방안 중에서 법/제도적 방안이 우선시되어야 한다고 생각하는 범죄에 대해 보다 직접적으로 질문을 했는데 인터넷사기가 가장 높은 점수를 나타냈고, 아울러 해킹/사이버테러, 그리고 도박 등 유해사이트 운영에 높은 점수를 보였다. 한편 기술적 조치가 우선시되어야 하는 범죄로는 바이러스 유포가 높은 점수를, 그리고 해킹은 법/제도적 방안이 보다 우선시되었지만 그에 못지않게 기술적 조치가 필요하다는 응답을 보였다. 그에 반해 사이버폭력이나 저작권침해 등은 개인의 윤리의식이 중요하고, 유해사이트의 경우도 법처벌 못지않게 윤리의식이 중요하다는 응답을 제시한 것으로 나타났다.

2. 사이버범죄 유형별 대책

이와 같은 앞서 논의에서 볼 때 사이버범죄 유형별로 다음과 같은 차별적 전략을 제시할 수 있다.

첫째, 사이버폭력과 같은 사이버폭력형범죄는 그 원인이 사회문화적 환경과 태도이기도 하고, 또 상대적으로 심각수준이나 합의수준에서 낮고, 그리고 표현의 자유 등과의 논쟁이 있는 점에서 법규제보다는 사회문화/윤리적 대처가 더 적절하다고 할 것이다. 그중 사이버모욕과 같은 유형은 가장 논란이 되는 유형으로서 사회문화나 교육의 차원에서 접근해야 하고, 사이버스토킹의 경우도 그 정의와 법규적용상 논란의 여지가 많은 점에서 법처벌은 어느 정도 한계가 있다고 볼 것이다. 또 이와 같은 개인간의 다툼에서 오는 범죄는 사후에라도 법보다는 개인간 분쟁해결 등의 방법이 더 적절하다는 주장이 있다.

둘째, 불법콘텐츠범죄의 경우 그 이용자는 도박이나 음란물의 경우로 그것이 자신에게 유해하거나 나쁘지 않다는 인식 때문에 이용한다는 점에서 사회문화/윤리적 대책이 가장 우선시해야 된다고 볼 수 있다. 그러나 도박이나 음란사이트의 경우 기술적 조치로도 해결될 수 있고, 사이트운영자의 경우는 그것이 이득이 목적이라는 점에서 강력한 단속과 법적 처벌이 뒷받침되어야 할 것이다.

셋째, 정보통신망이용재산형범죄의 경우는 대부분 이득추구의 범죄이고 사이버공간을 도구로 이용할 뿐 현실의 연장선으로 다루어야 한다는 점에서 법처벌의 적용이 적절한 것으로 볼 수 있다. 그중에서도 인터넷사기는 심각한 범죄로 간주되는 합의된 범죄로 법의 강력한 규제가 요구된다. 아울러 도박사이트나 그 밖에 영리를 목적으로 하는 음란사이트 등의 운영의 경우도 강력한 규제가 요구된다 하겠다. 하지만 저작권침해의 경우는 이득을 목적으로 하지만 그보다는 태도나 윤리의식의 부족이 주요 원인이라고 밝히고 있고, 또 시민들도 심각한 범죄로 간주하지는 않는 범죄라는 점에서 법규제보다는 사회문화/윤리적 대처가 보다 더 적절하다고 볼 수 있다.

넷째, 본 연구에서 제시한 신종침해형범죄로서 해킹/악성코드의 범죄들은 신종형 범죄라는 점에서 기술/상황적 대응책이 유용할 것이라고 할 수 있으며, 그 범죄들이 이득추구의 범죄이고, 또 심각한 범죄라는 합의된 범죄라는 점에서 법처벌과 같은 정부규제의 방안이 적절할 수 있다. 그러나 신종형범죄는 보안의식이나 불법인식 또한 중요할 것이라는 점에서 사회문화/윤리적 대처가 필요할 것이다.

이처럼 사이버범죄 유형별로 대응책이 다소 차이가 있다고 할 수 있으나 그럼에도 가장 기본적으로는 사회문화/윤리차원의 대책이 어느 유형의 범죄에서나 갖추어야 한다고 할 것이다. 이는 앞서 원인부분에서 살펴보았듯이 모든 유형의 범죄에서 사이버범죄에 대해 갖는 개인태도와 사이버윤리의식의 부족이 어느 정도는 주요 원인으로 작용한다고 볼 수 있기 때문이다. 또한 각종 범죄의 신고에 있어서나, 해킹 등 여러 범죄에 대한 기술/상황적 조치나 프로그램의 설치, 개인의 수칙 준수에 있어서도 그 기본은 태도나 윤리의식에 있다고 볼 수 있다. 그러한 점에서 사이버공간의 문화적 차원의 개선이나 사이버윤리교육의 방안이 가장 우선시되는 대처방안이 된다고 할 수 있다.

제 4 절 사이버윤리

1. 사이버윤리의 기초

윤리학은 어떤 존재에 있어서 무엇이 옳고 그른지에 대해 판단을 하는 것에 관심을 갖는다. 사이버윤리(혹은 정보윤리)는 응용윤리학의 한 분야이다. 응용윤리학이란 윤리의 원리와 규칙을 특정 윤리문제에 적용하는 학문으로, 사고의 과정을 강조하는 순수윤리학보다는 실제의 다양한 문제들에 해결을 제시하는 것으로, 이에는 생명윤리, 환경윤리, 정보윤리 등이 있다. 즉 사이버윤리 혹은 정보윤리는 도덕윤리이론에 근거하여 사이버세계에 적용함으로써 해결책을 모색하는 학문이라 할 수 있다. 따라서 여기서는 우선 사이버윤리를 논하기에 앞서 윤리이론에 대해 알아볼 필요가 있다.

윤리이론으로는 공리주의 윤리, 의무론적 윤리, 덕윤리가 있다. 공리주의는 벤담의 이론에 기초하여 행위의 옳고 그름을 행위의 결과에서 찾는 것으로 결과주의라고도 불린다. 즉 어떤 기준이 없이 어떠한 행위의 결과가 이득이 있으면 그것은 옳은 행위라고 보는 것이다. 하지만 어떤 행위가 누구에겐 이득이 되지만 다른 사람에겐 해가 될 수 있다는 점, 그리고 윤리에 어떤 일정한 기준이 없어 결과에 따라 그때마다 다를 수 있다는 한계가 있다.

이와는 달리 의무론은 칸트에 기반한 것으로 행위의 결과보다는 행위 그 자체의 특성에 주목한다. 즉 어떤 행위가 윤리적이고 바람직한 이유는 그것이 이성적으로 사유한 도덕적 의무에 일치하기 때문이라고 본다. 우리가 정보통신예절을 지키는 것은 좋은 결과로 이어지기 때문이 아니라 그 행동이 이성적 판단을 할 때 옳은 행위이기 때문이라는 점이다. 의무론은 이처럼 이성적 판단에 따른 변함없는 원칙을 중시하지만 공리주의에 따르면 그 결과에 따라 그때마다 다르다는 주장을 하는 점에서 차이가 있다. 그 기준은 보편성과 인간의 존중에서 찾는데, 즉 모든 사람에게 동일하게 적용될 수 있는가와 그 행위가 목적 자체로서 인간성의 이념에 합치되는가에 있다. 이 입장에서는 그 행위가 수단이 아니라 목적 그

자체이며 도덕법칙에 따라야 할 의무라고 보는 점에서 의무론이라 일컫는다.

한편 덕윤리는 아리스토텔레스의 윤리학에서 영향을 받은 것으로 윤리의 기본으로 도덕자들의 유덕한 성품에서 찾았다. 덕윤리는 공리주의와 의무론에서의 갈등을 해결하고자 무엇이 옳고 그른가를 행위의 결과도, 행위 그자체도 아니고 행위자에서 찾았다. 즉 공리주의나 의무론은 개인의 성품과 내면에 놓여있는 도덕의 근원을 무시한 채 행위의 결과나 도덕적 의무와 법치만을 강조했다고 비판하면서 어떠한 도덕원리보다는 바람직한 사회를 살아가는 데 필요한 도덕적 덕목과 인성, 예컨대 성실, 정직, 책임감, 타인배려 등을 제시하고 교육함에 주목한다.

2. 사이버윤리의 원리와 교육

1) 기본원리

사이버윤리는 어떠해야 하는가? 사이버윤리는 현실의 연장선에서 다루어야 하는가? 아니면 새롭게 다루어야 하는 영역인가? 사이버윤리학은 컴퓨터윤리학으로부터 유래된다. 컴퓨터윤리학이라는 명칭은 1976년 Maner에 의해 처음 사용되었다. 그는 컴퓨터의 등장으로 생겨나거나 변형된 혹은 심각해진 윤리적 문제들을 해결하기 위해서는 컴퓨터윤리학이라는 새로운 분야의 학문이 필요하다고 보았다. 그는 공리주의와 의무론과 같은 이론을 기초로 보안하여 프라이버시 등의 여러 문제들을 해결하고자 했다. 이후 1980년대 중반 대표적 학자로 Johnson은 컴퓨터윤리학이 새로울 필요는 없으며, 기존의 윤리학을 적절히 적용하거나 새롭게 해석하는 것이 가능하다고 주장하였다. 하지만 이와는 달리 Moor는 컴퓨터가 새로운 형태의 윤리적 문제를 야기했다고 보면서 기존의 윤리이론을 적용하기보다는 '정책적 진공상태'와 '개념적 혼란'을 해결하기 위해 독립적인 연구분야로서 새로운 컴퓨터윤리학의 필요성을 강조했다.

2000년대에 들어서면서 사이버공간의 등장과 확대로 사이버윤리학이라는 용어가 언급되기 시작했다. 사이버공간에서의 윤리 자체에 회의적 입장을 가졌던 사람들은 자유의 공간에서 네티즌 자신의 역량에 맡겨야지 어떠한 기준이나 윤리는 불필요하다는 사람도 있었다. 하지만 사이버공간이 자유의 공간이라 할지라도 어느 정도의 윤리가 필요하다는 것은 대부분이 동의한다. 다만 사이버윤리를 새롭게 다룰 것이냐 기존의 윤리학을 확대 적용할 것이냐가 중심 논제였다. 기존 윤리학을 기계적으로 적용하는 것은 문제가 있지만 그렇다고 기존 윤리이론들을 무시한 채 사이버공간의 특성을 지나치게 강조하여 새롭게 접근하려는 것도 문제가 있다.

실제로 Moor처럼 새로운 윤리가 필요하다는 입장에서도 그 필요성만을 역설했지 구체적으로 무엇이 필요한지는 해답을 제시하지 않고 있다. 그러한 점에서 이후 학자들은 기존 윤리이론을 토대로 하여 사이버공간에 확대, 재해석하는 것에 관심을 기울여 왔다. 원리윤리학이라고도 불리는 이 접근은 기존 윤리이론에 기초하여 사이버공간에서 지켜야 할 원리와 규범의 지침을 제공한다. 이에 대표적 학자로 Spinello(2000)는 기본적 윤리이론을 소개한 후 사이버공간에서의 표현의 자유나 지적 재산권, 프라이버시 문제 등을 해결하기 위한 기본 원리들을 제시하였는데, 자율성, 해악금지, 선행, 정의 등 네 가지 원리가 그것이다. 이러한 원리는 구체적 행동지침을 제시하지는 않는다. 흔히 사이버공간에서의 네티켓 등 구체적 지침을 제공하는 경우가 있으나 이러한 기본 원리를 제공하는 입장에서는 구체적 지침을 제공할 시 깊이 사고하지 못하고 단순히 규칙만을 따를 뿐이라고 지적한다. 즉 원리를 제공함으로써 사고하는 과정을 포함한 올바른 행동지침과 판단의 기초를 제공하는 것이 중요하다고 본다.

2) 국내 예

우리나라에서 사이버윤리의 원리를 제시한 대표적 연구로 추병완(2001)은 존중, 책임, 정의, 해악금지의 네 가지 원리를 제시했다.

첫째, 존중은 자신에 대한 존중 뿐만 아니라 다른 사람에 대한 존중으로, 사람이나 사물이 지닌 가치를 존중한다는 것을 말한다. 특히 다른 사람의 프라이버시나 지적 재산권, 인격권을 존중해야 한다는 것으로 그러한 권리들의 침해는 존중이 부족함에서 오는 것이라 볼 수 있다. 사이버공간의 비대면성으로 이러한 원리가 자칫 소홀해지기 쉽기 때문에 이에 대한 중요성을 명심해야 한다고 본다.

둘째, 책임은 자신에게 주어진 일을 다한다는 것이외에 다른 사람에게 관심을 갖고 서로 보살피는 등의 공동체와의 연관속에서의 행동의식을 말한다. 즉 이는 나의 행동이 남에게 어떠한 영향을 미치게 되는지의 신중한 사고를 포함하는 것으로, 지나치게 개인의 권리만을 강조하게 되면 남에 대한 관심과 공동체의식이 약해질 수 있는데, 특히 사이버공간에서는 자칫 남에 대한 배려나 책임의식이 약해질 수 있기 때문에 이러한 책임의식의 강화는 매우 중요하다고 본다.

셋째, 정의는 공정함을 추구하고 옳지 못한 것에 저항하는 것을 말한다. 즉 사이버공간에서는 서로 공정하게 정보를 교환하고 정보화의 혜택이 고루 돌아가야 하고 누구나 동등하게 기본 자유와 자신의 권리를 누릴 수 있으며, 인간의 자유를 구속하려는 것에 대해서는 적극적으로 대응하고 저항한다는 것을 의미한다.

넷째, 해악금지는 남에게 피해를 주지 말아야 한다는 것이다. 아무리 옳은 일이라 생각되어도 그로 인해 남에게 해를 주는 것은 옳지 않다. 따라서 표현의 자유나 다른 어떠한 이유가 있어도 남에게 해를 준다면 해서는 안되는 것으로 간주된다.

3) 사이버윤리의 교육

사이버윤리교육이란 사이버공간에서 요구되는 윤리의식의 함양을 위한 교육으로, 쉽게 말한다면 인터넷의 올바른 사용과 관련한 교육을 말한다. 사이버윤리교육의 목적은 정보사회에서 책임있는 한 구성원으로서 행동하는 데 필요한 윤리적 삶의 양식 혹은 소양을 길러주는 것을 목적으로 한다(추병완, 2005).

추병완(2001)은 사이버윤리교육에서 중시해야 할 내용을 네 가지로 제시했다. 첫째는 정보사회 전반에 관한 것으로 정보사회의 특성 및 정보사회의 도래에 따른 인간의 삶의 변화에 대한 것이다. 둘째는 정보통신윤리(사이버윤리)에 관한 것으로 정보사회에서 정보윤리의 중요성과 정보통신윤리의 기본원리(앞서 제시한대로 존중, 책임, 정의, 해악금지)에 대한 학습이다. 셋째는 네티켓에 관한 것으로, 사이버공간에서의 좀 더 구체적인 행동규칙으로서 네티켓의 중요성을 이해하고 그 내용을 다룬다. 넷째는 대처요령으로, 사이버공간에서 자신을 올바르게 표현하는 방법과 각종 사이버범죄로부터 자신을 보호할 수 있는 요령을 포함한다.

사이버윤리교육은 2001년 정보화역기능예방을 위해 정보통신윤리교육이라는 이름하에 초,중,고등학교에서 실시되기 시작하였고, 초등학교에서는 재량활동이나 실과 교육에서, 중학교는 기술, 가정교과의 컴퓨터 부분영역에서, 고등학교는 재량활동시간을 활용하여 이루어지고 있다. 아울러 한국정보화진흥원에서는 2001년부터 교원, 공무원 및 일반인들을 대상으로 정보통신윤리교육 프로그램을 개발, 운영해 오고 있다.

하지만 이처럼 학교에서의 정보통신윤리교육은 재량활동시간이나 관련 교과시간에 피상적 수준에서 이루어지고 있고 가정통신문으로 이루어지기도 하여 학교에서는 보다 체계적으로 심도있게 운영될 필요성이 제기된다(이혜연, 2006). 즉 교사들이 한국정보화진흥원에서 정보통신윤리의 직무교육을 받도록 하고, 교사들이 활용할 수 있는 교재나 교육자료를 개발하고, 청소년들에게는 흥미를 갖고 활용할 수 있는 다양한 콘텐츠의 개발 및 체험학습중심의 교육이 권고된다. 아울러 컴퓨터사용연령이 점차 낮아지기 때문에 초등학생이전의 아이들에게 조기에 정보통신윤리교육을 실시해야 할 필요성이 강조된다. 또한 현재의 정보통신윤리교육은 주로 역기능으로부터 아동 및 청소년들을 보호하려는 소극적이고 역기능 중심으로 이루어지고 있는데, 역기능과 순기능이 균형을 이루어야 하고, 아울러 소극적 자세보다는 사이버공간에서 올바르게 사고하는 총체적 능력을 지니도록 해야 한다는 것이 강조되고 있다. 더 나아가 아동 및 청소년 뿐만 아니라 사회에서도 일반인들이 윤리교육을 접할 수 있는 기회가 많아져야 할 필요가 있는데 이에 대한 방안이 강구되어야 한다는 것이 강조된다.

참고문헌

강동범. 2000. 사이버범죄와 형사법적 대책. 제25회 형사정책연구원 형사정책세미나.

강준혁, 이근무, 이혁구. 2014. 카지노 이용자들의 자살에 관한 심리적 부검 연구. 보건사회연구 34(4):554-589.

강휘원. 2002. 자율규제적 인터넷 거버넌스: 설계와 정책적 함의. 한국행정학보 36:185-205.

고영삼. 1998. 전자감시사회와 프라이버시. 한울아카데미.

권선중, 김교헌, 성한기, 이민규, 강성군. 2007. 성인과 남자 청소년의 불법 인터넷 도박 문제와 위험요인 그리고 예방전략. 한국심리학회지: 건강 12:1-19.

권선중, 이충기, 김교헌. 2010. 합법 인터넷도박의 역기능: 병적 도박 위험성과 불법 도박 확산 가능성 탐색. 한국심리학회지: 건강 15:215-225.

권영관, 염흥열, 2007. 스팸메일 현황과 대응에 관한 고찰. 정보보호학회지 17:66-80.

권헌영. 2004. 전자정부시대 개인정보보호법제의 쟁점. 정보화정책 11:55-78.

김경은. 2013. 청소년의 사이버폭력에 영향을 미치는 위험요인: 비행친구의 매개효과를 중심으로. 미해청소년학회지 10(4):133-159.

김경은, 윤혜미. 2012. 청소년의 폭력피해경험, 폭력용인태도와 사이버폭력 가해행동의 관련성. 아동복지학 39:213-244.

김경호. 2002. 인터넷의 매체적 특성과 사이버상에서의 성표현의 허용범위. 한국언론학회보 42(2):33-66.

김경희, 김태웅. 2013. 디지털 콘텐츠 저작권침해의도에 관한 영향요인 연구. 한국컴퓨터교육학회 논문지 16(1):63-71.

김교헌, 권선중, 김세진. 2010. 인터넷 도박의 과제와 쟁점. 한국심리학회지: 건강 15:187-202.

김교헌, 성한기, 이민규. 2004. 도박성 게임이용자의 심리사회적 특성과 문제성 및 병적 도박의 예측요인. 한국심리학회지:건강 9(2):285-320.

김덕진. 2016. 대학생의 도박행동: 자기통제의 매개효과 및 다집단분석. 한양대학교 대학원 박사학위논문.

김소정, 이영철. 2011. 사이버성폭력에 대한 인터넷과 성의 영향. 사회복지연구 42(2):155-177.

김수정, 2004. 청소년의 정보통신 윤리의식과 사이버범죄와의 관계연구. 청소년복지연구

6(1):69-88.

김시업. 2000. 청소년매매춘과 원조교제의 사회심리적 요인에 관한 탐색적 연구. 한국심리학회지: 여성 5:15-27.

김영경. 2012. 청소년의 스트레스가 현재 도박행동과 미래 도박행동 가능성에 미치는 영향: 인터넷 중독과 비합이적 도박신념의 매개효과. 한국심리학회지: 상담 및 심리치료 24(1):175-195.

김영화, 신성만, 이혜주. 2012. 청소년 인터넷 도박행동의 실태 및 심리적 특성과의 관계. 한국심리학회지: 건강 17(4):927-941.

김영훈, 이영호. 2006. 병적 도박자의 단도박에 영향을 미치는 심리적 요인. 한국심리학회지:임상 25(3):697-710.

김은경. 1998. 대중문화의 선정성이 청소년 성범죄에 미치는 영향. 한국형사정책연구원.

김은경. 2000. 성의 상업화가 성의식 및 성폭력에 미치는 영향. 한국형사정책연구원 보고서.

김은경. 2001. 사이버성폭력의 현실과 쟁점들. 사이버커뮤니케이션학회보 7:72-117.

김은미, 나은영, 박소라. 2007. 청소년의 인터넷 유해정보 노출에 영향을 미치는 요인. 한국방송학보 21(2):209-257.

김유승. 2006. 인터넷공간의 자유와 규제: 공동규제 모델의 발전을 위한 모색. 사이버커뮤니케이션학회보 20:85-117.

김유정. 2010. 청소년들의 개인적 요인이 인터넷 음란물 이용과 이용후의 성태도 형성에 미치는 영향. 한국방송학보 24(6):45-84.

김정규. 2012. 인터넷음란물 접촉의 요인과 청소년의 섹슈얼리티. 사회과학연구 24(1):1-31.

김재엽, 이효정, 송아영. 2007. 가정폭력 경험이 남자 청소년의 성폭력 가해행위에 미치는 영향: 폭력허용도의 매개효과를 중심으로. 한국사회복지조사연구 17:27-52.

김재휘, 김지호. 2002. 인터넷 일탈행동 및 동기에 관한 연구. 한국심리학회지: 소비자광고 3:91-110.

김종국. 2015. 한국사행산업의 규제정책에 관한 연구:온라인도박의 문제와 통제가능성. 한국행정학회 하계학술대회발표자료.

김종국. 2016. 불법도박의 확산에 따른 근절을 위한 정책적 노력. 한국공안행정학회보 25(3):9-49.

김종섭. 2000. 사이버범죄 현황과 대책. 형사정책 12(1):229-252.

김준호, 노성호, 이성식, 곽대경, 박정선, 이동원, 박철현. 2009. 청소년비행론 제2판. 청목출판사.

김준호, 김선애. 1996. 가족의 구조 및 기능과 반사회적 행동. 형사정책연구 25: 109-141.

김봉섭, 이원상, 임상수. 2013. 사이버불링에 대한 이해와 대응방안. 한국정보화진흥원.

김진희, 김경신. 2003. 청소년의 심리적 변인과 인터넷중독, 사이버관련 비행의 관계. 청소년복지연구 5(1):85-97.

김혜원. 2011. 청소년 성매매의 현황 및 특징에 대한 분석: 2000년대 이전과 이후의 비교를 중심으로. 청소년학연구 18(4):301-327.

남미애, 홍봉선. 2012. 청소년의 인터넷음란물 접촉과 일탈적 성행동과의 관계: 인지적 요인의 매개효과를 중심으로. 청소년학연구 19(9):93-124.

남상인, 권남희. 2013. 청소년 사이버불링 가해에 영향을 미치는 변인 연구. 미래청소년학회지 10(3):23-43.

남수정. 2011. 긴장과 낮은 자기통제력이 사이버일탈에 미치는 영향: 인터넷중독의 매개효과와 익명성의 조절효과 검증. Family and Environment Research 49(2):63-74.

남정림. 2005. 인터넷게시판상의 성폭력의 특성과 합리화 메카니즘. 한국여성학 21(3):39-66.

류종현. 2009. 현대 저작권의 쟁점과 전망. 커뮤니케이션북스.

민수홍. 2005. 낮은 자기통제력의 결과로서의 청소년비행과 학교에서의 징계경험. 청소년학연구 12(2):1-25.

민수홍. 2006. 청소년의 자기통제력이 비행과 범죄에 미치는 영향. 청소년학연구 13(6):27-47.

박경래, 송봉규, 홍창민. 2007. 인터넷성매매 실태 및 대책에 관한 연구. 국회여성가족위원회.

박종현, 권도윤, 서경원. 2005. 사이버폭력의 실태 및 대응방향. 정보통신윤리 11:10-15.

박주연. 2013. 인터넷 저작권침해 보호에 관한 연구: 저작권침해에 대한 처벌 및 윤리의식을 중심으로. 디지털정책연구 11(1):145-151.

박주연, 정승민. 2013. 인터넷에서의 저작권교육이 저작권 윤리의식, 도덕적 판단과 침해의도에 미치는 연구. 한국컴퓨터학회논문지 16(5):1-8.

박찬현, 송인욱, 김민지, 장은희, 허준, 김현택. 2016. 해커들의 심리변인에 기반한 탈선적 해킹활동 및 해킹타입 예측 모델. 한국통신학회논문지 41(4):489-498.

박철현, 이상용, 진수명. 2000. 스토킹의 실태와 대책에 관한 연구. 한국형사정책연구원.

방송통신심의위원회. 2013. 인터넷규제시스템 개선을 위한 불법정보 실태 및 관련 범죄 분석연구.

백광훈. 2001. 인터넷범죄의 규제입규에 관한 연구. 한국형사정책연구원 연구보고서.

백광훈. 2003. 사이버범죄에 대한 ISP의 형사책임에 관한 연구. 한국형사정책연구원 보고서.

사행산업통합감독위원회. 2010. 사행산업 이용실태 조사.

사행산업감독위원회. 2012. 2차 불법도박 실태조사.

사행산업감독위원회. 2015. 불법 온라인도박의 이용실태 및 효율적 근절방안.

서계원. 2006. 정보 프라이버시와 개인정보의 보호. 세계헌법학연구 11:195-233.

성동규. 2006. 사이버폭력과 인터넷윤리 실태 조사보고서. KT문화재단.

성동규, 김도희, 이윤석, 임성원. 2006. 청소년의 사이버폭력 유발요인에 관한 연구. 사이버커뮤니케이션학회보 19:79-129.

성동규, 김왕석. 1997. 인터넷 포르노그라피, 그 표현의 자유와 한계. 한국언론학회보42:227-60.

성윤숙, 박병식, 박나래. 2009. 여자청소년의 인터넷성매매 실태와 대응방안 연구. 한국청소년정책연구원.

신동준, 이명진. 2006. 사이버폭력과 그 대책: 자율적 통제의 가능성을 중심으로. 사이버커뮤니케이션학회보 20:149-195.

신혜섭, 양혜원. 2005. 청소년의 성폭력 실태와 예측요인: 성별차이를 중심으로. 한국가족복지학 15:135-156.

심영희. 2001. 청소년성매매의 현실과 대책: 청소년성매매 담론의 문제와 대책. 형사정책 13(2):7-29.

심홍진, 한은영, 박병선, 박남기. 2014. 청소년의 사이버폭력 동기와 통제요인에 관한 연구: 모바일 인스턴트 메신저를 중심으로. 정보통신정책연구원.

양돈규. 2000. 청소년의 감각추구성향과 인터넷중독 경향 및 인터넷관련 비행간의 상관성. 청소년학연구 7(2):117-36.

양소정. 2010. 인터넷음란물 노출이 청소년의 반사회적 성의식에 미치는 영향에 관한 연구. 한국청소년연구 21(4):247-284.

오경식, 황태정, 이정훈. 2010. 명예훼손과 온라인서비스제공자의 형사책임. 형사정책 22:259-292.

오영근. 2003. 인터넷범죄에 관한 연구. 형사정책연구 14(2):299-332.

우형진. 2004. 해커의 심리변인이 해킹행위에 미치는 영향에 관한 연구. 한국언론학회보 43(3):90-115.

원혜욱. 2000. 인터넷범죄의 특징과 범죄유형별 처벌조항. 형사정책연구 11(2):93-114.

유상미, 김미량. 2011. e-저작권침해 원인에 대한 구조방정식모델 분석. 인터넷정보학회논문지 12(4):145-156.

윤영민. 2000. 청소년인터넷 사용: 분석모형의 개발. 정보와 사회 2:133-53.

윤영민. 2003. 사이버성희롱 발생요인에 관한 분석. 사이버공간의 사회. 한양대 출판부.

윤용근, 정병주. 2004. 유비쿼터스 개인정보 침해유형 분석. 한국전산원.

윤우석. 2016. 불법온라인도박의 운영방식과 현황파악에 관한 연구. 한국공안행정학회보 25(3):141-165.

이건호. 2004. 스토킹행위에 대한 형사법적 대응과 한계. 형사정책 16:121-162.

이경님, 하연미. 2004. 청소년의 인터넷관련 비행과 관련변인간의 경로분석 모델. 대한가정학회지 45(5):127-143.

이경희, 조승이, 김종남, 이승목. 2011. 도박이용자의 도박중독과정에 대한 질적 연구. 한국심리학회지:건강 16(1):189-213.

이기헌. 2007. 스팸메일 소비자피해에 대한 효과적 대응방안 연구. 한국소비자원.

이민식. 2000. 사이버공간에서의 범죄피해. 한국형사정책연구원 연구보고서.

이봉한. 2008. 인터넷사기의 피해자화 요인. 한국공안행정학회보 17:111-137.

이성식. 2003. 청소년의 인터넷음란물 접촉실태와 그 결과. 한국형사정책연구원 보고서.

이성식. 2004a. 청소년들의 긴장, 부정적 감정의 경험과 사이버공간에서의 비행. 한국공안행정학회보 18:273-299.

이성식. 2004b. 사이버공간에서의 익명성이 언어플레이밍에 미치는 영향에서의 경로모델의 제시와 검증. 형사정책 16(2):163-186.

이성식. 2004c. 청소년 인터넷음란물 접촉이 성폭력에 미치는 영향에서의 조건적 효과. 청소년학연구 11(2):22-45.

이성식. 2005a. 사이버공간에서의 청소년비행의 원인에 관한 연구. 형사정책연구 16(3):145-174.

이성식. 2005b. 사이버공간의 익명성이 청소년언어폭력에 미치는 영향. 한국청소년연구 16:77-108.

이성식. 2005c. 청소년 사이버성폭력 설명요인에 관한 연구. 형사정책 17(1):125-144.

이성식. 2005d. 인터넷중독과 청소년비행의 관계. 정보화정책 12(3):35-47.

이성식. 2006a. 중학생 오프라인과 온라인 폭력 원인모색을 위한 주요 요인들의 적용. 청소년학연구 13(6):179-200.

이성식. 2006b. 사이버범죄와 시민의 역할. 정보화정책 13(3)69-86.

이성식. 2006c. 사이버언어폭력의 원인과 방지대책. 형사정책 18(2): 421-40.

이성식. 2007. 약물사용과 처벌의 억제효과. 한국공안행정학회보 28:261-281.

이성식. 2008a. 청소년 사이버범죄 유형별 원인 및 통제요소에 관한 통합적 연구. 한국형사정책연구원 연구보고서.

이성식. 2008b. 사이버범죄에 있어 합리적 선택요소의 효과 검증. 한국공안행정학회보 31:165-191.

이성식. 2008c. 사이버공간에서의 자아와 청소년비행. 형사정책연구 19:229-249.

이성식. 2008d. 사이버범죄의도에 대한 공식처벌의 억제효과: 일반청소년과 보호관찰청소년의 비교. 형사정책 20(1):187-206.

이성식. 2009a. 인터넷 블로그에서의 범죄피해에 관한 연구. 피해자학연구 17(1):145-162.

이성식. 2009b. 청소년들의 인터넷게시판 악성댓글의 동기와 통제요인에 관한 연구. 형사정책연구 20(3):191-212.

이성식. 2010a. 낮은 자기통제력과 비행기회요인들의 오프라인 및 온라인 비행에의 영향 비교: 일반이론의 검증. 형사정책연구 21:203-223.

이성식. 2010b 청소년의 휴대전화를 이용한 성비행 원인탐색. 한국청소년연구 21(2):153-175.

이성식. 2011a. 청소년의 온라인 저작물 불법다운로드 행위에 있어 낮은 자기통제력과 사회학습요인들의 영향 및 상호작용효과. 청소년학연구 18(10):123-142.

이성식. 2011b. 청소년 매체이용상 비행에서의 원인요소와 통제요소의 통합적 검증: 현실, 인터넷, 휴대전화 비행의 비교. 형사정책연구 22(1):111-135.

이성식. 2011c. 사이버범죄학. 그린.

이성식. 2012a. 인터넷 악성댓글에 있어 낮은 자기통제력과 인터넷사이트 환경요인의 조건적 작용과 그 남녀 차이. 형사정책 24(3):163-185.

이성식. 2012b. 대학생의 인터넷 저작권침해행위에 있어 중화의 작용과 이론들의 검증. 한국사회학 46(5):208-229.

이성식. 2012c. 사이버범죄행위에 대한 공식처벌의 조건적 억제효과: 세 입장의 검증. 한국공안행정학회보 49:167-188.

이성식. 2012d. 사이버범죄의 유형별 원인으로 본 인터넷윤리 대책. Internet & Information Security 3(1):3-18.

이성식. 2013a. 사이버공간의 가상성 인식에 따른 사회유대와 사이버범죄의 관계: 두 대립가설의 검증. 형사정책 25(1):185-204.

이성식. 2013b. 소셜네트워크서비스상에서의 불법행동과 그 원인으로 사회자본과 그 쟁점: 트위터와 페이스북의 비교. 형사정책연구 24(2):261-290.

이성식. 2014a. 대학생의 사이버일탈 설명요인에 관한 연구: 주요 네 이론의 요인들을 중심으로. 한국공안행정학회보 54:145-168.

이성식. 2014b. 사이버비행에 있어 낮은 자기통제력과 사회유대 및 차별접촉 환경요인과의 상호작용효과와 그 성별 차이. 청소년학연구 21(2):279-298.

이성식. 2014c. 소셜네트워크서비스상의 범죄피해에 있어서 낮은 자기통제력과 범죄피해기회요인들의 영향. 피해자학연구 22(1):141-164.

이성식. 2014d. 스마트폰 이용상의 사이버일탈 설명요인에 관한 탐색적 연구: 데스크탑, 노트북, 스마트폰 이용자의 비교. 형사정책 26(3):265-285.

이성식. 2015. 대학생의 SNS상의 범죄행위 설명에 있어 사회학습이론과 보완적 논의의 검증. 형사정책

이성식, 박정선. 2009. 청소년 인터넷 악성댓글에 있어 중화의 작용: 세 이론의 검증. 형사정책 21(2):245-266.

이성식, 박정선. 2016. 오프라인과 온라인상의 도박행위 원인 비교. 한국범죄학 10(1):39-62.

이성식, 전신현. 2011. 집단괴롭힘의 피해와 가해의 관계와 그 성별 차이. 피해자학연구 19(1):207-227.

이성식, 전신현. 2012. 인터넷사용, 일상긴장, 비행의 관계. 형사정책연구 23(3):293-318.

이성식, 전신현. 2015. 대학생의 사이버불링 원인에 관한 연구: 스마트폰의 세 이용환경으로 문자, SNS, 인터넷접속의 비교. 형사정책연구 26(3):187-207.

이성식, 전신현. 2017. 청소년의 일상긴장과 인터넷사용시간의 사이버비행가해와 피해에의 영향: 세 연령층의 비교연구. 청소년문화포럼 49:37-59.

이성식, 황지영. 2008. 인터넷사이트 집합적 효율성과 사이버언어폭력. 형사정책연구 19:167-189.

이성호. 2005. 사이버스토킹의 개념과 법적 규제. 저스티스 83:5-37.

이소희, 성윤숙. 2001. 인터넷음란정보와 청소년의 사이버일탈. 청소년복지연구 3(1):111-24..

이승현, 강지현, 이원상. 2015. 청소년 사이버폭력의 유형분석 및 대응방안 연구. 한국형사정책연구원.

이정환, 이성식. 2014. 대학생의 사이버범죄피해가 가해에 미치는 영향에서 일반긴장이론의 검증과 그 성별 차이. 한국청소년연구 25(4):137-158.

이종원. 2001. 청소년의 인터넷관련 문제행동 실태분석. 한국청소년개발원 보고서.

이준복, 윤상연, 허태균. 2014. 누가, 왜 불법도박을 할까? 불법도박 경험수준에 따른 심리적 특성. 한국심리학회지:문화 및 사회문제 20(2):155-176.

이창호. 2014. 청소년의 사이버불링 실태조사. 한국청소년정책연구원.

이창호, 이경상. 2013. 소셜미디어 이용시간이 청소년의 사이버불링에 미치는 영향 탐구: 네트워크 특성을 중심으로. 한국청소년연구 24(3):259-285.

이창훈, 김은경. 2009. 청소년의 휴대폰을 이용한 음란물 유통 실태 및 원인에 관한 연구. 한국형사정책연구원 보고서.

이춘화, 조아미. 2004. 청소년 성매매의 상습화 예방 및 치료프로그램 개발 연구. 한국청소년개발원.

이해경, 이경성, 신현숙. 2004. 청소년의 성매매 경험 유무를 변별하는 심리사회적 특성 연구. 청소년학연구 11(1):297-315.

이혜연. 2006. 청소년 정보통신윤리교육 현황과 활성화방안. 정보처리학회지 13:34-44.

이혜원. 2006. 청소년 정보통신 윤리교육 현황과 활성화 방안. 정보처리학회지 13(1):34-44.

임성범. 2013. 대학생의 도박중독 요인에 관한 연구: 도박동기, 자기효능감, 자기조절의 매개효과를 중심으로. 보건사회연구 33(2):489-524.

임혁백. 2005. IT와 공공거버넌스의 새로운 패러다임. 정보통신정책연구원 보고서.

장우영. 2006. 인터네규제의 정치: 내용규제의 고찰을 중심으로. 사회과학연구 14:34-71.

장재영, 김범수. 2016. 동기적, 사회적 그리고 환경적 요인이 해커의 기술습득에 미치는 영향. Information Systems Review 18(1):57-76.

장준오. 2004. 사이버상의 청소년일탈에 관한 연구. 한국형사정책연구원 연구보고서.

장필화, 김애령, 백재희, 원미혜. 2002. 성매수 대상 청소년 심층조사 연구. 청소년보호위원회.

저작권보호센터. 2014 저작권보호 연차보고서. 한국저작권단체협의회 저작권보호센터.

전병주, 윤상용. 2015. 남성의 성매매 태도에 영향을 미치는 요인에 관한 연구: 연령군 비교를 중심으로. 한국콘텐츠학회논문지 15(1):159-170

정승민. 2008. 인터넷사기의 동향 및 원인에 관한 연구. 한국범죄심리연구 4(2):193-225.

정완. 2005. 인터넷사기의 신종유형과 법제도적 대응방안. 경희법학 40:57-75.

정완. 2009. 인터넷법연구. 한국형사정책연구원.

정진수, 정완, 김은경. 2000. 신종성폭력연구. 한국형사정책연구원.

정찬모, 이원태, 유지연, 황지연, 권헌영, 이현수. 2007. 온라인 도박의 규제. 정보통신정책연구원.

정해상. 2015. 사행산업의 환경변화와 법정책적 대응방안. 스포츠와법 18(2):71-94.

정혜원 2010. 청소년단계에서 사이버비행의 변화에 관한 연구: 일반긴장이론, 자기통제이론, 비행기회이론을 중심으로. 형사정책연구 21(2): 263-288.

조병인외. 2000. 사이버범죄에 관한 연구. 한국형사정책연구원 보고서.

조아라, 이정윤. 2010. 사이버공간에서의 악성댓글 사용에 대한 탐색적 연구. 청소년상담연구 18(2):117-132.

조윤오. 2013. 신사이버불링 유형과 문제점. 〈학교폭력 2.0: 사이버불링 실태와 해법 세미나 자료집〉. 한국정보화진흥원.

주승희. 2008. 현행 사이버 명예훼손죄 법리의 문제점 및 사이버 모욕죄 도입의 정당성 검토. 한국형사정책연구원 추계 세미나 자료집.

천정웅. 2000. 청소년 사이버일탈의 특성과 유형에 관한 연구. 청소년학연구 7:97-116.

최명일. 2009. 인터넷음란물 노출에 영향을 미치는 요인과 음란물 노출이 실제 성태도에 미치는 영향에 관한 연구. 한국언론학보 53(2):49-69.

최정임, 정동훈. 2014. 스마트폰을 통한 청소년의 성관련 콘텐츠 노출 원인 분석. 한국콘텐츠학회논문지 14(4):445-455.

최해연, 곽윤영, 배주미. 2015. 청소년 성매매피해의 심리사회적 결정요인. 재활심리연구 22(1):223-236.

최홍석. 2009. 디지털 위험사회 대응 정책방안. 한국정보화진흥원 보고서.

추병완. 2001. 정보윤리교육론. 울력.

추병완. 2005. 정보윤리교육의 체계화 방안. 정보사회윤리학. 이한출판사.

치안연구소. 2000. 사이버스페이스의 범죄현황과 경찰의 대응방안. 치안연구소 보고서.

탁희성. 2008. 디지털콘텐츠 불법유통의 실태와 대책. 한국형사정책연구원 보고서.

한국소비자원. 2009. 2009년도 전자상거래 소비자피해동향 조사연구.

한국인터넷진흥원. 2009. 2008년 정보보호실태조사.

한국정보문화진흥원. 2007. 댓글의 함의와 역기능 해소방안.

한정희, 장활식. 2007. 인터넷에서의 디지털 음악 저작권침해 행동에 관한 연구. 정보시스템연구 16:135-158.

한종욱. 2004. 청소년 사이버비행자의 사회유대요인에 관한 연구. 한국경찰학회보 3:367-384.

행정안전부. 2011. 2010년 정보문화실태조사.

홍봉선, 남미애. 2010. 청소년 성문화 의식조사를 통한 청소년 성매매 방지대책연구. 한국여성인권진흥원 연구보고서.

홍봉선, 남미애. 2012. 청소년의 인터넷음란물 접촉정도가 성폭력과 성매매에 미치는 영향. 한국아동복지학 40:9-39.

홍영수, 김동기 2011. 청소년의 스트레스, 자아존중감 및 자기통제감과 사이버비행의 구조적 관계: 남녀 차이를 중심으로. 청소년학연구 18(1):127-148.

황상민. 2000. 사이버공간에 또 다른 내가 있다. 김영사.

황성기. 2008. 한국에서의 인터넷규제: 쿼바디스 인터넷? 한국의 인터넷을 논한다. 권헌영외 저. 서울경제경영.

황성기. 2009. 한국에서의 인터넷자율규제 활성화를 위한 제도적 방안. KISO저널 40-55.

황성현. 2006. 미국과 한국 청소년들의 약물남용에 관한 비교연구. 제2차 한국범죄학회 학술대회 발표논문.

황승흠, 황성기, 김지연, 최승훈. 2004. 인터넷 자율규제. 커뮤니케이션북스.

황창근. 2010. 인터넷상 불법정보 규제법제의 분석. 세계헌법연구 15:519-546.

Adams, M.S., C.T. Robertson, P. Gray-Ray, and M.C. Ray. 2003. Labeling and Delinquency. Adolescence 38:171-186.

Agnew, R. 1984. Goal Achievement and Delinquency. Sociology and Social Research 68:437-51.

Agnew, R.. 1992. Foundation for a General Strain Theory of Crime and Delinquency. Criminology 30:47-87.

Agnew, R. 1993. Why They do It? An Examination of the Intervening Mechanic between Social Control Variables and Delinquency. Journal of Research of Crime and Delinquency 28:126-56.

Agnew, R. 1994. The Techniques of Neutralization and Violence. Criminology 32:555-80.

Agnew, R. 2001. Building on the Foundation of General Strain Theory. Journal of Research in Crime and Delinquency 38:319-61.

Agnew, R. and A.R. Peters. 1986. The Techniques of Neutralization. Criminal Justice and Behavior 13:81-97.

Agnew, R. and H.R. White 1992. An Empirical Test of General Strain Theory. Criminology 30:475-99.

Akers, R.L. 1985. Deviant Behavior: A Social Learning Approach. 3rd Edition. Belmont, CA: Wadsworth.

Alexy, E.M., A.W. Burgess, T. Baker and S.A. Smoyak. 2005. Perceptions of Cyberstalking amomg College Students. Brief Treatment and Crisis Intervention 5:279-289.

Allen, M, T. Emmers, L. Gebhardt, and M.A. Giery. 1996. Exposure to Pornography and Acceptance of Rape Myths. Journal of Communication 45(1):5-26.

Al-Rafee, S. and T.P. Cronnan. 2006. Factors that Influence Attitude toward Behavior. Journal of Business Ethics 63:237-259.

Amir, M. 1971. Patterns in Forcible Rape. Chicago: University of Chicago Press.

Balog, K.E., S.A. Hemphill, N.A. Dowling, and J.W. Toumbourou. 2014. A Prospective Study of Adolescent Risk and Protective Factors for Problem Gambling among Youth Adults. Journal of Adolescence 37:215-224.

Barak, A. and W.A. Fisher. 1997. Effect of Interactive Computer Erotica on Men's Attitudes and Behavior toward Women: An Experimental Study. Computers in Human Behavior 13:353-69.

Baron, S.W., L.W. Kennedy, and D.R. Forde. 2001. Male Street Youth's Conflict: The Role of Background, Subcultural, and Situational Factors. Justice Quarterly 18:759-89.

Barrett. N. 1997. Digital Crime: Policing the Cybernation. Kogan: Page.

Beaver, W. and S. Paul. 2011. Internet Pornography: Variables Related to Use among Traditional Aged College Students. Sociological Viewpoints Fall:25-38.

Bhat, C.S. 2008. Cyber Bullying: Overview and Strategies for School Counsellors, Guidance Officers, and All School Perssonel. Australian Journal of Guidance and Counselling 18(1):53-66.

Blevins, K and T. Holt. 2009. Examining the Virtual Subculture of Johns. Journal of Contemporary Ethnography 8(5):619-648.

Bocij, P. 2006. Cyberstalking: Harrassment in the Internet Age and How to Protect Your Family. Praeger.

Bossler, A.M. and T.J. Holt. 2010. The Effects of Self-Control on Victimization in the Cyberworld. Journal of Criminal Justice 38:227-236.

Brownmiller, S. 1975. Against Our Will. New York: Bantam.

Bursik, R.J. and H.G. Grasmick. 1993. Neighborhoods and Crime: The dimension of effective community control. Lexington Books.

Buzzell, B., Foss, D. and Middleton, Z. 2006. Explaining Use of Online Pornography: A Test of Self-Control Theory and Opportunities for Deviance. Journal of Criminal Justice and Popular Culture 13: 96-116.

Cohen, L.E. and H.G. Felson. 1979. Social Change and Crime Rate Trends: A Routine Activity Approach. American Sociological Review 46:505-24.

Burt, M.R. 1980. Cultural Myths and Supports for Rape. Journal of Personality and Social Psychology 38:217-30.

Cernkovich, S.A. and P.C. Giordano. 1992. School Bonding. Race. and Delinquency. Criminology 30: 261-91.

Chapple, C.L. 2005. Self-Control, Peer Relations, and Delinquency. Justice Quarterly 22:89-106.

Check, J. and N.M. Malamuth. 1983. Violent Pornography, Feminism and Social Learning Theory. Aggressive Behavior 9:106-7.

Check, J. and N.M. Malamuth. 1985. Pornography and Sexual Aggression: A SocialLearning Theory Analysis. In M. McLaughlin.(ed). Communication Yearbook. Beverly Hills, CA: Sage.

Chiroro, P., G. Bohner, G.T. Viki, and C.I. Jarvis. 2004. Rape Myth Acceptance and Rape Proclivity. Journal of Interpersonal Violence 19(4):427-42.

Cohen, A.K. 1955. Delinquent Boys. New York: Free Press.

Cohen, L. and M. Felson. 1979. Social Change and Crime Rate Trends: A Routine Activities Approach. American Sociological Review 44:588-608.

Cohen, L.E., J.R. Kluegel, K.I. Land. 1981. Social Inequality and Predatory Criminal Victimization: An Exposition and Test of a Formal Theory. American Sociological Review 46:505-24.

Cornish, D.B. and R.V. Clarke. 1986. The Reasoning Criminal: Rational Choice Perspectives on Offending. New York: Springer-Verlag.

Daft, R.L. and R.H. Lengel. 1984. Information Richness: A New Approach to Managerial Behavior and Organization Design. Research in Organizational Behavior 6:191-233.

Dodder, R.A. and S.P. Hughes. 1993. Neutralization of Drinking Behavior. Deviant Behavior 14:65-79.

Donnerstein, E. 1984. Pornography: Its Effect on Violence against Women. In N. Malamuth and E. Donnerstein(eds.), Pornography and Sexual Aggression. New York: Academic Press.

Dubey, R. 2004. Cyber Crimes: In India Legal Perspective.

http:// www.mondaq.com/i_article.asp?articleid=28603.

Duff, L. and S. Gardiner. 1996. Computer Crime in the Global Village. International Journal of the Sociology of Law 24:211–228.

Elliott, D.S., D. Huizinga, and S. Ageton. 1985. Explaining Delinquency and Drug Use. Beverly Hills: Sage.

Evans, T.D., F.T. Cullen, V.S. Burton, R.G. Dunaway, and M.L. Benson. 1997. The Social Consequences of Self-Control: Testing the General Theory of Crime. Criminology 35:475–501.

Fotinger, C.S. and W. Ziegler. 2004. Understanding a Hacker's Mind: A Psychological Insight into the Hijacking of Identities. Austria: RSA Security.

Fulk, J., J. Schimitz, and C.W. Stainfield. 1990. A Social Influence Model of Technology Use. In J. Fulk and C. Steinfield(eds.), Organizations and Communication Technology. Philadelphia: Temple University.

Gibbs, J.P. 1975. Crime, Punishment, and Deterrence. New York: Elsevier Scientific.

Gibbs, J.J. and D. Giever. 1995. Self-control and Its Manifestations among University Students: An Empirical Test of Gottfredson and Hirschi's General Theory of Crime. Justice Quarterly 12:231–245.

Gottfredson, M. and T. Hirschi. 1990. A General Theory of Crime. Stanford, California: Stanford University Press.

Grasmick, H.G., C.R. Tittle, R.J. Burski, and B.K. Arneklev. 1993. Testing the Core Empirical Implications of Gottfredson and Hirschi's General Theory of Crime. Journal of Research in Crime and Delinquency 30:5–29.

Griffiths, M. 2003. Internet Gambling: Issues, Concerns, and Recommendations. Cyberpsychology and Behavior 6:557–568.

Hay, C. and W. Forrest. 2008. Self-Control Theory and the Concept of Opportunity: The Case for a More Systematic Union. Criminology 46(4):1039–71.

Heimer, K. 1997. Socioeconomic Status, Subcultural Definitions, and Violent Delinquency. Social Forces 75:799–833.

Higgins, G.E. 2005. Can Low Self-Control help with the Understanding of the Software Piracy Problem? Deviant Behavior 26:1–24.

Higgins, G.E. and D.A. Makin. 2004. Does Social Learning Theory condition the Effects of Low Self-Control on College Student's Software Piracy? Journal of Economic Crime Management 2:1-22.

Higgins, G.E., A.L. Wilson, and B.D. Fell. 2005. An Application of Deterrence Theory to Software Piracy. Journal of Criminal Justice and Popoular Culture 12:166-184.

Higgins, G.E. and A.L. Wilson. 2006. Low Self-Control, Moral Beliefs and Social Learning Theory in University Student's Intentions to Pirate Software. Security Journal 19:75-92.

Higgins, G.E., B.D. Fell, and A.L. Wilson. 2006. Digital Piracy: Assessing the Contributions of an Integrated Self-Control Theory and Social Learning Theory using Structural Equation Modeling. Criminal Justice Studies 19:3-22.

Hindelang, M.J. 1970. The Commitment of Juveniles to Their Misdeeds: Do Delinquent Drift? Social Problems 17:502-509.

Hindelang, M.S. M. Gottfredson and J. Garofalo. 1978. Victims of Personal Crime. Cambridge, Mass: Ballinger.

Hinduja, S. 2007. Neutralization Thoey and Online Software Piracy: An Empirical Analysis. Ethics and Information Technology 9:187-204.

Hinduja, S. 2008. Deindividuation and Internet Software Piracy. Cyberpsychology and Behavior 11:391-398.

Hinduja, S. and J. Ingram. 2008. Self-Control and Ethical Beliefs on the Social Learning of Intellectual Property Theft. Western Criminology Review 9(2):52-72.

Hinduja, S. and J.W. Patchin. 2008. Cyberbullying: An Exploratory Analysis of Factors related to Offending and Victimization. Deviant Behavior 29:129-156.

Hirschi, T. 1969. Causes of Delinquency. Berkeley: Free Press.

Hoffman, J. and A. Miller. 1998. A Latent Variable Analysis of General Strain Theory. Journal of Quantitative Criminology 14:83-111.

Holt, T. and K. Blevins. 2007. Examining Sex Work from the Client's Perspective: Assessing Johns using Online Data. Deviant Behavior 28:333-354.

Holt, T. and A. Bossler. 2009. Examining the Applicability of Lifestyle-Routine Activities Theory for Cybercrime Victimization. Deviant Behavior 30:1-25.

Hoilt, T. and J.D. Strumsky, O. Smirnova and M. Kilger. 2012. Examining the Social Networks of Malware Writers and Hackers. International Journal of Cyber Criminology 6(1):891-903.

Holtfreter, K., M.D. Resig, N.L. Piquero, and A.R. Piquero. 2010. Low Self-Control and

Fraud: Offending, Victimization and Their Overlap. Criminal Justice and Behavior 37:188–203.

Humphreys. B.R. and L. Perez. 2012. Participation in Internet Gambling Market. Journal of Internet Commerce 11:24–40.

Ingram, J.R. and S. Hinduja. 2008. Neutralizing Music Piracy: An Empirical Examination. Deviant Behavior 29:334–366.

Jackson, E.F., C.R. Tittle, and M.J. Burke. 1986. Offense–Specific Models of the Differential Association Process. Social Problems 33:335–356.

Jesen, G.R, J.P. Gibbs, and M. Erickson. 1978. Perceived Risk of Punishment and Self–Reported Delinquency. Social Forces 57:57–78.

Joinson, A.N. 2003. Understanding the Psychology of Internet Behavior. Palgrave McMillian.

Jordan, T. and P. Taylor. 1998. A Sociology of Hackers. Sociological Review 46:757–780.

Jordan, T. and P. Taylor. 2004. Hactivism and Cyberwars. New York: NY: Routledge.

Joseph. J. 2003. Cyberstalking: An International Perspective, in Dot.cons: Crime, Deviance and Identity on the Internet, Y. Jewkes(ed). Bristol: The New Police Bookshop.

Kaplan, H.B. 1980. Deviant Behavior in Defense of Self. New York: Academic Press.

Kaplan, H.B., S.S. Martin, and R.J. Johnson. 1986. Self–Rejection and the Explanation of Deviance: Specification of the Structure among Latent Constructs. American Journal of Sociology 92:384–411.

Kiesler, S., J. Siegel. and T.W. McGuire. 1984. Social Psychological Aspects of Computer–mediated Communication. American Psychologist 39:1123–34.

Kowalski, R.M. S.P. Limber and P.W. Agatston. 2008. Cyber Bullying: Bullying in the Digital Age. Blackwell Publishing.

Krohn, M.D., W.F. Skinner, J.L. Massey, and R.L. Akers. 1985. Social Learning Theory and Adolescent Cigarette Smoking: A Longitudinal Study. Social Problem 32:455–73.

LaGrange, T.C. and R.A. Silverman. 1999. Low Self–Control and Opportunity: Testing the General Theory of Crime as an Explanation for Gender Differences in Delinquency. Criminology 37:41–72.

Leeson, P.T. and C.J. Coyne. 2006. The Economics of Computer Hacking. Journal of Law, Economics and Policy 1:511–532.

Lemert, E. 1951. Social Pathology. New York: McGraw–Hill.

Levy, S. 1984. Hackers: Heroes of the Computer Revolution. New York: Anchor Press.

Longshore, D. 1998. Self-Control and Criminal Opportunity: A Prospective Test of the General Theory of Crime. Social Problems 45:102-113.

Lussier, P, J. Proulx, and M. LeBlanc. 2005. Criminal Propensity, Deviant Sexual Interests and Criminal Activity of Sexual Aggressors against Women: A Comparison of Explanatory Models. Criminology 43(1):249-281.

Malamuth, N.M. and J. Check, 1981. The Effects of Mass Media Exposure on Acceptance of Violence against Women: A Field Experiment. Journal of Research in Personality 15:436-46.

Malamuth, N.M., T. Addison, and M. Koss. 2000. Pornography and Sexual Aggression. Annual Review of Sex Research 11:26-91.

Malin, J. and Fowers, B. 2009. Adolescent Self-Control and Music and Movie Piracy. Computers in Human Behavior 25: 718-722.

Marcum, C.D., G.E. Higgins, and M. L. Ricketts. 2010. Potential Factors of Online Victimization of Youth: An Examination of Adolescent Online Behaviors Utilizing Routine Activity Theory. Deviant Behavior 31:381-410.

Markowitz, F.E. and R.B. Felson. 1998. Social Demographic Attitudes and Violence. Criminology 36:117-38.

Matheson, K. and M.P. Zanna. 1989. The Impact of Computer-Mediated Communication on Self-awareness, Computers in Human Behavior 4: 221-33.

Matsueda, R.L. 1982. Testing Control Theory and Differential Association: A Causal Modeling Approach. American Sociological Review 47:489-504.

Matsueda, R.L. 1992. Reflected Appraisals, Parental Labeling, and Delinquency: Specifying a Symbolic Interactionist Theory. American Journal of Sociology 97:1577-1611.

Matsueda, R.L. and K. Heimer. 1987. Race, Family Structure and Delinquency: A Test of Differential Association and Social Control Theories. American Sociological Review 52:826-40.

Matsueda, R. and K. Anderson. 1998. The Dynamics of Delinquent Peers and Delinquent Behavior. Criminology 36(2):269-308.

Mazarolle, P. and A. Piquero. 1997. Violent Responses to Strain: An Examination of Conditioning Influences. Violence and Victims 12:323-43.

McFarlane, L. and P. Bocij. 2005. An Expoloration of Predatory Behavior in Cyberspace: Toward a Typology of Cyberstalker. First Monday 8(0):

McGloin, J.M. and Shermer, L.O. 2009. Self-control and Deviant Peer Network Structure.

Journal of Research in Crime and Delinquency 46:35-72.

McQuade, S.C. 2006. Understanding and Managing Cybercrime. Pearson: Boston.

Merton, R.K. 1938. Social Theory and Social Structure. New York: Free Press.

Meier, R.F. and T.D. Miethe. 1993. Understanding Theories of Criminal Victimization, in Crime and Justice Vol 15, A.J. Reiss and M. Tonry(eds.). Chicago: University of Chicago Press.

Meldrum, R., Young, J. and Weerman, F. 2009. Reconsidering the Effect of Self-Control and Delinquent Peers. Journal of Research in Crime and Delinquency 46(3):353-376.

Miethe, T.D., M.C. Stafford, and J.S. Long. 1987. Social Differentiation in Criminal Victimization: A Test of Routhin Activities/Lifestyle Theory. American Sociological Review 52:184-194.

Miller, W.B. 1958. Lower Class Culture as a Generating Milieu of Gang Delinquency. Journal of Social Issues 14:5-19.

Minor, W.W. 1981. Techniques of Neutralization: A Reconceptualization and Empirical Examination. Journal of Research in Crime and Delinquency 18:295-318.

Minor, W.W. 1984. Neutralization as a Hardening Process: Considerations in Modeling of Change. Social Forces 62:995-1019.

Mishra, A. and D. Mishra. 2008. Cyberstalking: A Challenge for Web Security. in Cyber Warfare and Cyber Terrorism, L.J. Janczewski and A.M. Colarik(Eds.) Hershey, PA: Information Science Reference.

Mishra, S.. Lalumiere, M.L., and Williams, R. 2010. Gambling as a form of risk-taking individual differences in personality, risk-accepting attitude and behavioral preferences for risk. Personality and Individual Differences 49:616-621.

Mitchell, J., R.A. Dodder, and T.D. Norris. 1990. Neutralization and Delinquency: A Comparison by Sex and Ethnicity. Adolescence 25:487-497.

Mitchell, K.J., D. Finkelhor, and J. Wolak. 2003. The Exposure of Youth to Unwanted Sexual Material on the Internet. Youth and Society 34(3):330-58.

Mitchell, K.J., D. Finkelhor, and J. Wolak. 2007. 뷰nline Requests for Sexual Pictures from Youth Risk Factors and Incident Characteristics. Journal of Adolescent Health 41:196-203.

Morenoff, J.D., R.J. Sampson, and S.W. Raudenbush. 2001. Neighborhood Inequality, Collective Efficacy and the Spatial Dynamics of Urban Violence. Criminology 39:17-60.

Morris, R.G. and A.G. Blackburn. 2009. Cracking the Code: An Empirical Exploration of Social Learning Theory and Computer Crime. Journal of Crime and Justice 32:1-35.

Morris, R.G. and G.E. Higgins. 2009. Neutralizing Potential and Self-Reported Digital Piracy: A Multitheoretical Exploration among College Undergraduates. Criminal Justice Review 34:173-195.

Nagin, D.S. and R. Paternoster. 1993. Enduring Individual Differences and Rational Choice Theories of Crime. Law and Society Review 3:467-96.

Osgood, D.W., J.K. Wilson, P.M. O'Malley, J.G. Bachman, and L.D. Johnston, 1996. Routine Activities and Individual Deviant Behavior. American Sociological Review 61:635-55.

Owens, E.W., R.J. Behun, J.C. Manning, and R.C. Reid. The Impact of Internet Pornography on Adolescents: A Review of the Research. Sexual Addiction and Compulsivity 19:99-122.

Parker, D.B. 1998. Fighting Computer Crime. New York: Wiley Computer Publishing.

Patchin, J.W. and S. Hinduja. 2011. Traditional and Nontraditional Bullying among Youth: A Test of General Strain Theory. Youth and Society 43(2): 727-751.

Paternoster. R. 1989. Decision to Participate in and Desist from Four Types of Common Delinquency: Deterrence and Rational Choice Perspective. Law and Society Review 23:7-40.

Paternoster, R. and R. Brame. 1997. Mutiple Routes to Delinquency? A Test of Developmental and General Theories of Crime. Criminology 35:49-84.

Paternoster, R., L. Saltzman, T.G. Chiricos, and G.P. Waldo. 1983. Perceived Risk and Social Control: Do Sanctions really Dctor? Law and Society Review 17:457-79.

Peace, A., D. Galletta, and J. Thong. 2003. Software Piracy in the Workplace: A Model and Empirical Test. Journal of Management Information Systems 20:153-177.

Piliavin, I., C. Thornton, R. Gartner, and R.L. Matsueda, 1986. Crime, Deterrence, and Rational Choice. American Sociological Review 51:101-119.

Phillips, F. and G. Morrissey. 2004. Cyberstalking and Cyberpredators: A Threat to Safe Sexuality on the Internet. Convergence 10:66-79.

Piquero, N.L. and M.D. Sealock. 2000. Generalizing General Strain Theory: An Examination of an Offending Population. Justice Quarterly 17:449-84.

Pittaro, M.L. 2007. Cyberstalking: An Analysis of Online Harrassment and Intimidation. Internaltional Journal of Cyber Criminology 1:180-197

Pogarsky. G. 2002. Identifying Deterrable Offenders: Implications for Research on

Deterrence. Justice Quarterly 19:431–453.

Pogarsky, G. 2007. Deterrence and Individual Differences among Convicted Offenders. Journal of Quantitative Criminology 23: 59–74.

Postmes, T. and R. Spears. 1998. Deindividuation and Anti-Normative Behavior: A Meta-Analysis. Psychological Bulletin 102:238–59.

Pratt, T.C. and F.T. Cullen. 2000. The Empirical Status of Gottfredson and Hirschi's General Theory of Crime: A Meta-analysis. Criminology 38:931–964.

Pratt, T.C., K. Holtfreter, and M.D. Resig. 2010. Routine Online Activity and Fraud Targeting: Extending the Generality of Routine Activity Theory. Journal of Research in Crime and Delinquency 47:267–296.

Prentice-Dunn, S. and R.W. Rogers. 1982. Effects of Public and Private Self-Awareness on Deindividuation and Aggression. Journal of Personality and Social Psychology 43:503–513.

Priest, T.B. and J.H. McGrath. 1970. Techniques of Neutralization: Young Adult Marijuana Smokers. Criminology 8:185–194.

Qunsay, V.L. 1984. Sexual Aggression: Studies of Offenders against Women. In D. Weisstub(ed), Law and Mental Health. New York: Pergamon.

Reicher, S.D., R. Spears, and T. Postmes. 1995. A Social Identity Model of Deindividuation Phenomena. In W. Stroebe and M. Hewstone(eds.), European Review of Social Psychology, vol 6. Chichester: Wiley.

Resig, M.D., T.C. Pratt, and K. Holtfreter. 2009. Perceived Risk of Internet Theft Victimization: Examining the Effects of Social Vulnerability and Impulsivity. Criminal Justice and Behavior 36:369–384.

Reyns, B.W. 2013. Online Routines and Identity Theft Victimization: Further Expanding Routine Activity Theory beyond Direct-Contact Offenses. Journal of Research in Crime and Delinquency 50(2):216–238.

Reyns, B.W., B. Henson and B.S. Fisher. 2011. Being Pursued Online: Applying Cyberlifestyle-Routine Activities Theory to Cyberstalking Victimization. Criminal Justice and Behavior 38:1149–1169.

Reyns, B.W., B. Henson and B.S. Fisher. 2012. Stalking in the Twilight Zone: Extent of Cyberstalking Victimization and Offending among College Students. Deviant Behavior 33:1–25.

Rosenberg, M., C. Schooler, and C. Schoenbach. 1989. Self-Esteem and Adolescent Problem: Modeling Reciprocal Effects. American Sociological Review 54:1004–18.

Sampson, R.J. and W.B. Groves. 1989. Community Structure and Crime: Testing Social-Disorganization Theory. American Journal of Sociology 94:774-802.

Sampson, R.J., S.W. Raudenbush, and F. Earlls. 1997. Neighborhoods and Violent crime: a Multi-level Study of Collective Efficacy. Science 227:918-23.

Shark, K. and S. Earle. 2003. Cyberpunters and Cyberwhores: Prostitution on the Internet. In Y. Jewkes(ed), Dot Cons, Crime, Deviance and Identity on the Internet. Portland, OR: Willan Publishing.

Shaw, C. and H. McKay. 1969. Juvenile Delinquency and Urban Areas. Chicago: University of Chicago Press.

Sherman. L.W. and D.A. Smith, 1992. Crime. Punishment. and Stake in Conformity: Legal and Informal Control of Domestic Violence. American Sociological Review 57:680-690.

Shinder, D.L. and E. Tittel. 2002. Scene of the Cybercrime: Computer Forensics Handbook. Syngress Publishing.

Short, J.F. 1957. Differential Association and Delinquency. Social Problems 4:233-39.

Short, J., E. Williams, and B. Christie. 1976. The Social Psychology of Telecommunications. London: Wiley.

Simons, R.L., C. Johnson, R.D. Conger, and G. Elder. 1998. A Test of Latent Trait versus Life-Course Perspectives on the Atability of Adolescent Antisocial Behavior. Criminology 36:217-43.

Skinner, B.F. and A.M. Fream. 1997. A Social Learning Theory Analysis of Computer Crime among College Students. Journal of Research in Crime and Delinquency 34:495-518.

Smith, D.A. and R. Paternoster. 1990. Formal Processing and Future Delinquency: Deviance Amplication as Selection Artifact. Law and Society Review 24:1109-1131.

Smith, T. R. 2004. Low Self-Control, Staged Opportunity, and Subsequent Fraudulent Behavior. Criminal Justice and Behavior 31:542-63.

Spano, R. and J.D. Freilich. 2009. An Assessment of the Empirical Validity and Conceptualization of Individual Level Multivariate Studies of Lifestyle/routine Activities Theory Published from 1995 top 2005. Journal of Criminal Justice 37:305-314.

Spinello, R.A. 2000. Cyberethics: Morality and Law in Cyberspace. Sudbury, MA: Jones & Barlett Publishers.

Spitzberg, B. and G. Hoobler. 2002. Cyberstalking and the Technologies of Interpersonal

Terrorism. New Media and Society 14:71–92.

Sproull, L. and S. Kiesler. 1986. Reducing Social Context Cues: Electronic Mail in Organizational Communication. Management Science 32: 1492–1512.

Steel, Z. and A. Blaszczynski. 1998. Impulsivity, Personality Disorders and Pathological Gambling Severity. Addiction 93:895–905.

Strawhun, J., N. Adams, and M.T. Huss. 2013. The Assessment of Cyberstalking: An Expanded Examination including Social Networking, Attachment, Jealousy and Anger in relation to Violence and Abuse. Violence and Victims 28:715–730.

Sutherland, E.H. 1947. Principles of Criminology. Philadelphia: Lippincott.

Sykes, G.M. and D. Matza. 1957. Technique of Neutralization: A Theory of Delinquency. American Sociological Review 22:664–70.

Taylor, P.A. 1999. Hackers: Crime and the Digital Sublime. New York: Routledge.

Thomas, D. and B.D. Loader. 2000. Cybercrime: Law Enforcement, Security and Surveillance in the Information Age. New York: Routledge.

Thompsen, P.A. 1996. Whats Fueling the Flames in Cyberspace? A Social Influence Model. In S. Lance, R. Jacobson, and S.B. Gibson(eds.), Communications and Cyberspace. New Jersey: Hampton Press.

Thornhill, R. and C.T. Palmer. 2000. A Natural History of Rape: Biological Bases of Sexual Coercion. Cambridge, MA: MIT Press.

Thurman, Q.C. 1984. Deviance and Neutralization of Moral Commitment: An Empirical Analysis. Deviant Behavior 5:291–304.

Tittle, C. 1975. Labeling and Crime: An Empirical Evaluation. In he Labeling of Deviance, W. Gove(ed.). New York: Wiley.

Tittle, C.R. 1980. Sanctions and Social Deviance: The Question of Deterrence. New York: Praeger.

Tochkov, K. 2010. Self control deficits and pathological gamblin. International Journal of Psychological Studies 2(2):65–69

Topalli, V. 2005. When Being Good is Bad: An Expansion of Neutralization. Criminology 43:797–835.

Turgeman–Goldsmith, O. 2005. Hacker's Accounts: Hacking as a Social Entertainment. Social Science Computer Review 23:8–23.

Turgeman–Goldsmith, O. 2009. The Rhetoric of Hacker's Neutralization. In Crime of the Internet, F. Schmaller and M. Pittaro(eds.). Prentice Hall.

Turkle, S. 1995. Life on the Screen: Identity in the Age of the Internet. New York: Touchstone.

Waldo. G.P. and T.G. Chiricos. 1972. Perceived Penal Sanctions and Self-reported Criminality: A Neglected Approach to Deterrence Research. Social Problems 19:522-540.

Wall, D.S. 2001. Cyber Crimes and the Internet. In Crime and the Internet. D.S. Wall(ed). New York: Routledge.

Wall, D.S. 2007. Cybercrime: The Transformsation of Crime in the Information Age. Polity Press.

War, M. and M. Stafford. 1991. The Influence of Delinquent Peers: What They think or What They do? Criminology 29:851-866.

Wiatrowski, M.D., D.B. Griswold, and M.K. Roberts. 1981. Social Control Theory and Delinquency. American Sociological Review 46:525-41.

Willard, N.E. 2006. Cyberbullying and Cyberthreat: Responding to the Challenge of Online Social Aggression, Threats, and Distress. Eugene, OR: Center for the Safe and Responsible Internet Use.

Williams, M. 2006. Virtually Criminal: Crime, Deviance, and Regulation Online. New York: Routledge.

Williams. K.R. and R. Hawkins. 1986. Perceptual Research on General Deterrence: A Critical Review. Law and Society Review 20: 545-572.

Wilson, H.W. and C.S. Wilson. 2010. The Role of Youth Problem Behaviors in the Path from Chil Abuse and Neglect to Prostitution: A Prospective Examination. Journal of Research on Adolescence 20(1):210-236.

Wilson, W.J. 1996. When Work Disappears Knopf.

Wolak, J., K. Mitchell and D. Finkelhor. 2007. Unwanted and Wanted Exposure to Online Pornography in a National Sample of Youth Internet Users. Pediatrics 119(2):247-257.

Wolfgang, M.E. and F. Ferracuti. 1967. The Subculture of Violence. London: Tavistock.

Wood, R.T. and R.J. Williams. 2009. Problem Gambling on the Internet: Implications for Internet Gambling Policy in North America. New Media and Society 9:520-542.

Yar, M. 2005. The Novelty of Cybercrime: An Assessment in light of Routine Activity Theory. European Journal of Criminology 2(4):407-427.

Ybarra, M.L. and K.J. Mitchell. 2005. Exposure to Internet Pornography among Children and Adolescents: A National Survey. CyberPsychology and Behavior 8:473-486.

Ybarra, M.L, K.J. Mitchell, M. Hamberger, M. Diener-West, and P.J. Leaf. 2011. X-rated Material and Perpetration of Sexually Aggressive Behavior among Xhildren and Adolescents: Is There a Link? Aggressive Behavior 37:1-18.

Zimbardo, P.G. 1969. The Human Choice: Individuation, Reason, and Order vs. Deindividuation, Impulse and Chaos. In Nebraska Symposium on Motivation, W.J. Arnold and D. Levine(eds.). Lincoln: University of Nebraska Press.

Zimring. F.E. and G. Hawkins. 1973. Deterrence: The Legal Threat in Crime Control. Chicago: University of Chicago Press.

INDEX

(ㅇ)

(ㅈ)

저자 소개

약력

- 고려대학교 사회학과 졸업
- 고려대학교 대학원 사회학 석사
- 미국 위스컨신대학교(매디슨) 사회학 박사
- 現 숭실대학교 정보사회학과 교수

저서

- 『사이버공간의 사회심리학』 (2009)
- 『청소년비행과 범죄연구』 (2012)
- 『현대사회와 범죄』 (2013)
- 『청소년비행론』 (2013)
- 『일탈과 범죄의 사회학』 (2015)
- 『사이버비행과 범죄의 원인 연구』 (2017)

도서출판
그린

사이버범죄학 (제2판)

초판발행	2011년 08월 29일
2판발행	2017년 08월 25일
저 자	이성식
발행처	도서출판 **그린**
발행인	윤 덕 우
출판등록	제8-161호(1995. 5. 3.)
주소	서울특별시 서대문구 연희로5길 50 (우)03716
전화	02)333-2574, 2575
Fax	02)333-2561
E-mail	greenpress@greenpress.co.kr
Homepage	http://www.greenpress.co.kr

정가 : 15,000원

ISBN : 978-89-5727-260-2 (93350)